JE SUIS UNE FÉE DU LOGIS

Collection « Guides de premiers secours »

Des sujets de société, traités avec humour, sous l'angle du conseil.

Déjà parus :

Je dors mal !, Olivier Follin et Stéphanie Condis

Je suis débordé(e) à la maison !, Claire Mazoyer et Béatrice Carrot

Je suis nul en orthographe, Jean-Michel Ouillon

Je suis bloqué devant ma toile !, Olivier Wahl

Je suis maman et je m'éclate !, Kim Allouche

Mes enfants sont accros aux jeux vidéo !, Jean-Michel Oullion

Ma femme préfère George Clooney, Isabelle Danel et Fred Journet

Plus belle ma vie en entreprise, Sylvie Laidet

C'est décidé je pars, Assia Rabinowitz

Marre de préparer les repas !?, Béatrice Carrot et Véronique Bévierre

Ils sont fous ces Américains !, Tamarik

À paraître :

Écrire, de la page blanche à la publication, Marianne Jaeglé

Le piano, c'est facile, Daniel Ichbiah

Les Grands romans Français, Christophe Hardy

Claire Mazoyer et Alexia Guérin-Petitot

JE SUIS UNE FÉE DU LOGIS

GUIDE DE PREMIERS SECOURS POUR BIEN TENIR MA MAISON

Les Carnets **de l'info**

Dédicace

À tous ceux qui par leur travail quotidien, souvent ignoré, rendent la maison douce à vivre.

À Alice, Floris, Maxence, Flavie, Maud et Jean, qui mettent tant de vie à la maison.

Préface

Avez-vous déjà joué à ce jeu : « Si j'étais... une maison[1], je serais... » ? La maison de ma grand-mère, une cabane dans les arbres, mon premier studio, un cabanon au bord de l'eau, ma chambre d'étudiant...
Pour chacun de nous, le mot « maison » revêt une signification et des associations de pensées multiples. Nous l'avons déjà imaginée et aménagée en rêve des centaines de fois, quels que soient sa taille, les moyens financiers que nous pouvons y mettre, le temps dont nous bénéficions.

Dans cet ouvrage, nous vous invitons à investir votre « logis » pour améliorer votre vie quotidienne, avec simplicité et humour.
Au fil des chapitres, nous vous donnerons méthodes et combines pour entretenir sa maison, soigner son linge, concevoir des rangements quotidiens ou saisonniers, planifier courses et menus, organiser un départ en vacances, recevoir ses amis... bref, plein d'astuces, pour vous sentir bien, chez vous !

Tenir sa maison est une suite sans fin de détails qui peuvent sembler ennuyeux, monotones, répétitifs... mais « quand ces détails sont parfaits, ils nous équilibrent, quand ils sont négligés, ils sont comme de petites bêtes qui nous irritent » (Dominique Loreau, *L'Art de la simplicité*).
Ce livre n'est en rien réservé aux femmes, même si la parité pour le mot « fée » n'existe pas ! Nous invitons tous les « magiciens » du logis – vous, les hommes – à ouvrir ce livre et à s'approprier ces lignes.

---

1. Nous rassemblons sous le terme de « maison » tout espace habité et animé par une ou plusieurs personnes (studio, appartement, duplex, maison, etc.).

Légendes des encadrés

Conseil de pro

Astuces

Attention

Bon à savoir

Sommaire

Introduction

En rentrant du travail le soir, vous imaginez volontiers une fée qui, d'un coup de baguette magique, élimine la pile de linge et, d'une pluie d'étoiles, fait étinceler la maison !
Mais tenir sa maison ne relève pas de la magie !

Entre l'être imaginaire disposant de pouvoirs magiques et Mary Poppins, héroïne de roman, il y a la *vraie vie*, la vie quotidienne, où il y a beaucoup à faire. Tenir sa maison, c'est ce que l'on pourrait appeler le « home management » !
Il s'agit de gérer une véritable entreprise de « services à la personne » – au service des personnes qui y vivent – où vous exercez cent professions : vous êtes à la fois chef de cuisine, comptable, infirmier, responsable de com, agent d'entretien, responsable des achats, chauffeur...
Le « produit final » de l'« entreprise maison » est de créer un cadre affectif et matériel où chacun évolue, se construit et se réalise en toute sécurité. Lorsque l'organisation du « home » est « huilée », le bien-être de tous est en grande partie assuré !
Tenir sa maison : l'expression parle d'elle-même. Lorsque vous lâchez ce que vous tenez en main, par la loi de la pesanteur, cela tombe ! La maison n'échappe pas à cette règle.
Mettez en place les éléments nécessaires au bon fonctionnement du « chez-soi », sinon celui-ci vous échappe et devient un magma de choses à faire, qui finit par être gluant, étouffant, plombant !

« Lorsqu'on tient sa maison, deux fonctions cohabitent en une seule personne : le directeur général de l'entreprise, qui pense, coordonne, et l'ouvrier, qui exécute de ses mains. Sans le premier, la maison va à l'aveuglette, comme un orchestre sans chef » – Paulette Bernège, dans *Le Ménage simplifié ou la Vie en rose*, écrit en 1935 ! Le problème ne date pas d'hier...

La vraie « fée du logis » doit avoir en main ces deux « baguettes » : les outils d'organisation du quotidien et les compétences techniques nécessaires pour bien réaliser les tâches ménagères.

Les outils d'organisation du quotidien

Le directeur général de la maison a une vision d'ensemble et organise le travail. (Nous vous renvoyons à *Je suis débordé(e) à la maison* de Claire Mazoyer et Béatrice Carrot, éditions Les Carnets de l'Info, qui donne les méthodes et conseils d'organisation au quotidien. Nous en rappellerons quelques notions dans le chapitre 1.)

Les compétences techniques

Souvent, le même « home manager » réalise les tâches ménagères et devient « home maker » ! Tout le livre a pour but d'explorer de manière professionnelle les différents secteurs d'activité de votre « société » :

- le ménage quotidien et saisonnier : quels produits, quel matériel pour nettoyer quels matériaux, comment réaliser les rangements et nettoyages saisonniers, pièce par pièce... ;
- l'entretien du linge avec techniques et astuces... Et même quelques notions de couture ;
- les petites réparations et le bricolage au quotidien ;
- les critères de choix des différents appareils ménagers présents chez vous ou que vous souhaitez acquérir ;
- quelques astuces de cuisine ;
- comment mieux préparer les voyages et laisser sa maison en partant ;

...et plein d'autres aspects du quotidien à découvrir au fil des pages.

Le texte est illustré d'exemples

À la fin de chaque chapitre, vous trouverez des fiches téléchargeables sur le site de l'éditeur, **<www.lescarnetsdelinfo.com>**. Nous vous encourageons à vous les approprier.
Un glossaire vous permettra de comprendre les mots techniques employés dans certains chapitres.
En fin d'ouvrage, un lexique vous aidera à retrouver les rubriques présentes dans plusieurs chapitres.

1

De la fée du logis au « home manager »

80 % des frictions dans la famille viennent du quotidien... Manque de temps certes, mais peut-être aussi de communication et d'organisation ! Le risque de ne pas prévoir et organiser, c'est d'en vouloir à l'autre de sa propre insatisfaction...

Votre maison est-elle une SA ou une SARL?
Si c'est une société anonyme, la maison n'est à personne : quelles pertes subies, par manque d'organisation, d'ordre ou de délégation ! Quel coût en termes d'énervement, de frustration, de stress, qui pénalisent le capital santé et sérénité !
Si c'est une SARL, le bon fonctionnement de l'entreprise dépend de tous les actionnaires, et chacun s'investit selon ses moyens pour faire gagner tout le monde !
Réfléchissez à la délégation et à la participation de chacun dans votre entreprise !
Le « home manager » que vous êtes pense au partage des responsabilités, selon les compétences, l'âge, les capacités de chacun : les garçons aiment en général davantage les tâches ponctuelles que les actions « routinières »...

La planification du travail

Le but de l'organisation du quotidien est de transformer nos désirs et souhaits en décisions réalistes puis en action.
Il s'agit de passer de la phrase : « Il faut réparer le robinet qui fuit », à celle-ci : « Quand et comment vais-je réparer le robinet qui fuit » !
Il faut changer la serrure de la cave, qui n'est pas sûre : cela doit être fait avant le départ en vacances, donc noter à quelle date vous allez le faire, sachant qu'il faudra relancer le serrurier plusieurs fois !

Un petit tableau peut vous aider dans votre travail de planification.
Commencez par lister les choses à faire soit par semaine, soit par domaine d'activités. Par exemple, le nettoyage saisonnier des chambres.
Puis donnez-leur un ordre de priorité en fonction de la date butoir pour les exécuter et du temps nécessaire pour les réaliser.
Réfléchissez à la personne la plus compétente et/ou la plus disponible pour les faire : vous allez donc

déléguer, ce qui fait partie de votre travail de « dirigeant ».

Voici un exemple pratique de tâches à réaliser :

Fiche planification du travail

À faire Semaine du 25 au 31 janvier	Ordre de priorité	Temps pour le faire	Date butoir pour le faire	Qui d'autre que moi peut le faire
Appeler le serrurier	2	5 mn	Mercredi	Paul !
Réserver les billets pour les vacances	1	1/2 h	21 février	PERSONNE !!
Archiver les papiers déjà traités	3	1 h	Dimanche 31 janvier	Moi, avec Paul (et une musique sympa)

Comment répartir le travail de la maison, entre parents, enfants – dès qu'ils commencent à marcher – ou colocataires ? Voici un exemple de tableau des « TIF » : travaux d'intérêt familial !
Il est à construire selon les âges.
Pour qu'il fonctionne, il faut que chacun se sente impliqué : il est normal qu'un enfant puisse choisir à un moment donné une tâche sans qu'elle lui soit imposée. Il s'engage à la réaliser : c'est ce qu'on appelle le « contrat ». S'il oublie ou s'il ne fait pas son « TIF », une autre tâche l'attend, qu'il n'a pas choisie mais qu'il connaît d'avance...
Le tableau variera, il ne sera pas le même en période scolaire et pendant les vacances.
Revoyez régulièrement les « TIF » pour que cette organisation soit dynamique et facile à vivre pour tous.

Voici un exemple familial - **Fiche Travaux d'intérêt familial :**

	Lundi	Mardi	Mercredi	Jeudi	Vendredi	Samedi	Dimanche
rangement petit déjeuner	LE DERNIER QUI PREND SON PETIT DEJEUNER : tout ranger, plus coup de balai, merci						
préparation déjeuner	Léa	Léa	Léa	Léa	Léa	Franck	Léa + 1
mise du couvert déjeuner	ceux qui déjeunent à la maison					Floris	Maud +1
rangement déjeuner	do it yourself					tous ensemble	
vaisselle déjeuner	do it yourself					tous ensemble	
préparation dîner	Léa	Léa	Léa	Léa	Franck	Floris et Flavie	Franck
mise du couvert dîner	Max	Floris	Alice	Max	Alice	Flavie	Max
vaisselle dîner	Franck	Franck	Franck	Franck	Franck	Franck	Franck
ranger les courses					Alice		
descendre poubelle	Alice	Alice	Alice	Alice	Alice	Alice	Alice
verre + emballages	Alice	Alice	Alice	Alice	Alice	Alice	Alice
LINGE							
mise en route de la machine	Léa	Léa	Léa	Léa	Léa	Léa	Léa
étendage pliage			tous ensemble				tous ensemble
repassage							
MÉNAGE	Alice s'engage à faire sa chambre						
salle de bains, baignoire et lavabo			Max		Flavie		
salle de bains, sol			Alice		Floris		
toilettes			Léa		Léa		

Cela peut vous sembler compliqué, mais si chacun choisit de s'investir dans l'« entreprise », tout le monde y gagne.

Les outils du « home manager »

Les listes

Avoir tout dans la tête est tout simplement épuisant ! Se souvenir de tout vous « prend la tête »; cela empêche d'autres informations d'atteindre votre cerveau déjà saturé, et votre énergie de circuler. Cela vous rend indispensable : comme il n'y a pas de traces écrites de ce qu'il faut faire, vous seul devez le faire !!

On peut lister énormément de choses... sans devenir « listomaniaque » !

Voici quelques exemples de listes, ou plutôt d'« inventaires » :

- liste des adresses et téléphones utiles au quotidien (numéros d'urgence, copains de classe de votre fils, commerçants et artisans de confiance...);
- liste de courses hebdomadaires;
- liste de quelques menus qui vous sauvent quand vous n'avez plus aucune idée, vos recettes préférées glanées dans une revue ou essayées par un copain;
- adresses des restos que vous avez appréciés, des bons plans de week-end, d'un gîte recommandé par un ami, etc.;
- check-list des affaires à emporter pour partir en vacances (fiche technique téléchargeable, en fin de chapitre 9, « Voyage en tapis volant »);
- liste d'adresses et téléphones importants et utiles au quotidien;
- le dossier « enfant » : scolarité, activités extrascolaires, etc.;
- liste des cadeaux : désir exprimé par votre enfant ou compagnon... Cadeaux utiles : abonnement à une revue, ticket prépayé pour une ou plusieurs séances de cinéma... Vous pouvez aussi lister ce que vous avez déjà acheté (pendant un voyage merveilleux) en prévision de fêtes ou anniversaires, mais que vous oubliez ensuite au fond d'un placard (lequel, au fait ?);
- liste des vêtements à acheter (en prévision des soldes);
- liste des nettoyages saisonniers;

- liste des petites réparations à faire dans la maison ;
- liste des choses à acheter... quand vous aurez gagné au Loto ;
- liste du contenu d'un carton que vous n'ouvrez que rarement ;
- liste de ce que vous avez entreposé au garage ou à la cave ;
- liste de vos rêves les plus fous : voyages, achats...

Il ne s'agit pas de passer de longs moments à faire vos listes, puis de les oublier dans un carnet. Elles sont là pour vous aider à vider votre cerveau, pas à vous étouffer ! Rangez-les dans votre « Home GPS », à la rubrique correspondante.

Le classeur « Home GPS »

Ce classeur est la banque de données de votre maison. Il est l'outil qui vous permet de retrouver facilement toutes les informations concernant la maison, et de déléguer en toutes circonstances : la baby-sitter sait où trouver les numéros d'urgence, votre enfant retrouve sa carte de piscine toujours au même endroit, votre compagnon peut même faire le ménage de ce samedi (ça arrive, ça ?).

Pour plus d'informations sur son emploi, nous vous renvoyons au livre *Je suis débordé(e) à la maison !*.

Rangez ce classeur toujours au même endroit, pratique et facile d'accès pour tous.

Prenez un classeur à deux anneaux et avec un dos assez épais (5 cm). Utilisez des intercalaires A4 + (24 x 32 cm) pour signaler les rubriques que vous aurez choisies.

Au fil des chapitres, vous trouverez des fiches téléchargeables. Glissez celles qui vous intéressent dans une pochette plastique et placez-la à la rubrique correspondante, ainsi que toutes les infos qui vous sont utiles au quotidien.

Le calendrier perpétuel

Il permet d'inscrire les événements récurrents, comme les anniversaires, et de planifier les activités saisonnières.

Fiches téléchargeables sur <www.lescarnetsdelinfo.com>

Fiche technique n° 1 - Calendrier perpétuel

Mois de : Année :

Jour	Événements	Personne concernée
1		
2		
3	Anniversaire Claire	
4		
5		
6		
7		
8		
9		
10		
11		
12		
13		
14		
15		
16		
17		
18		
19		
20		
21		
22		
23		
24		
25		
26		
27		
28		
29		
30		
31		
Activités sans jour fixe	Événements	Personne concernée
	Trier les décos de Noël	
	...	

Fiche technique n° 2 - Planification du travail (Cf. exemple p. 21)

Fiche technique n° 3 - Travaux d'intérêt familial (Cf. exemple p. 22)

2

Bibidi bobidi bou et c’est nickel partout !

Nous rêvons tous d’une formule magique pour que du sol au plafond tout brille, que tout soit nickel partout.

En formation, il est souvent arrivé que les stagiaires commencent la session sur le ménage en soupirant. À la fin, elles commentent : « Cette session était très enrichissante, tout le monde a beaucoup ri en utilisant la microfibre et le balai des chiottes... Et ça nous a donné envie de faire le ménage ! »
Lorsqu'on sait faire les choses, elles finissent par devenir plus faciles à réaliser.

Quelles bonnes raisons peut-on trouver pour réaliser cette tâche ingrate et fatigante qu'est faire le ménage ?
Faire le ménage, c'est débarbouiller sa maison ! Même les maisons tombent malades si elles ne sont pas entretenues et finissent par rendre malades ceux qui y vivent.
Entretenir sa maison, c'est finalement se protéger soi-même : c'est quand même ce que vous avez de plus précieux chez vous !
Faire le ménage peut même être envisagé comme un excellent « antidépresseur » : « Passer le chiffon à poussière pour essuyer en même temps les poussières de notre esprit ! Trois bouchons de cire sur un sol malmené restent le meilleur antidépresseur. Il y aura toujours ceux qui choisiront de s'allonger sur un divan et ceux qui préféreront le déplacer : je suis des seconds. » (Constance Chaillet, journaliste.)

Le ménage est une activité physique, on ne peut le nier, et comme telle a des avantages non négligeables : « Il suffit de vingt minutes par semaine de travail domestique pour stimuler la santé mentale. » (Étude du *British Journal of Sports Medicine*, citée in *Le Quotidien du médecin*, avril 2008.)
Voilà qui est encourageant pour attaquer la crasse avec plus d'entrain !
De plus, le ménage a un côté gratifiant : on voit le résultat – ça sent bon et ça brille !

Organiser le ménage

« La perfection ne consiste pas à faire des choses extraordinaires, mais à faire des choses ordinaires de façon extraordinaire » (dicton japonais).
Pour faire le ménage, il ne suffit pas d'avoir « deux petits bras et deux petites jambes » : il faut aussi une « grosse tête » !
Une activité, même la plus manuelle comme le ménage, demande de la réflexion pour être effectuée soigneusement !
Nous vous proposons de repenser votre plan de ménage pour qu'il prenne juste le temps qui lui correspond et pour que le nettoyage soit fait régulièrement, ce qui prend moins de temps et moins d'énergie que de décrasser ce qui est devenu très sale.

Commencez par lister ce que vous avez à nettoyer.
Combien y a-t-il de pièces dans la maison ?
Dans chaque pièce, quels sont les matériaux à entretenir ?
Le temps de ménage n'est pas le même pour un studio et pour un château, ni dans un intérieur dépouillé et dans le salon d'un collectionneur de poupées de porcelaine !

Posez-vous ensuite la question : qui va faire ce ménage et quand ?
Vous seul ? En famille, vous et votre conjoint, votre colocataire ? Une aide à domicile ?
Répondre à ces questions vous permet d'établir un plan d'attaque réaliste !
Une idée : vous pouvez nettoyer une pièce par jour... Il y a sept jours dans la semaine. Choisissez un jour pour chaque pièce, ce qui vous prendra peu de temps, ou choisissez un jour pour nettoyer plusieurs pièces, ainsi vous ne ferez pas le ménage tous les jours !
Vous pouvez faire le ménage deux fois par semaine, selon le modèle ci-dessous, ou décider de le déléguer une fois par semaine.

Pour estimer le temps de travail nécessaire (pour vous ou pour votre aide à domicile), voici quelques indications.

S'il s'agit d'un entretien « rapide », comptez :

Pièce	Durée
chambre	15 mn
séjour	20 mn
bureau	10 mn
salle de bains	15 mn
toilettes (si à part)	10 mn
cuisine	30 mn

Pour un entretien plus approfondi, comptez :

Pièce	Durée
chambre	30 mn
séjour	30 mn
bureau	15 mn
salle de bains	30 mn
toilettes (si à part)	10 mn
cuisine	45 mn

N'oubliez pas le principe fondamental, la technique des petits pas : un quart d'heure chaque jour est plus facile à trouver qu'une heure une fois par semaine.

Une fois que vous avez fait le « tour du propriétaire », faites votre plan :
- ce qui est à faire toutes les semaines ;
- ce qui est à faire une fois par mois ;
- ce qui est à faire... de temps en temps...

Vous trouverez des modèles d'organisation au fil de ce chapitre.
En voici un exemple.
Répartissez le ménage sur les quatre semaines du mois. Si votre ménage est fait deux fois par semaine, vous pouvez organiser le travail ainsi :

Périodicité	Mardi	Jeudi
Toutes les semaines	Salle de bains Cuisine	Chambres parents et enfants Salon
Semaine 1	Détartrer la baignoire et le lavabo à fond Nettoyer les traces sur les murs et les portes (une pièce par mois)	Changer les draps des parents Faire les vitres du salon
Semaine 2	Nettoyer les W.-C. et le sol à fond Nettoyer le réfrigérateur à fond	Changer les draps des enfants Faire les vitres de la chambre des enfants Dépoussiérer les radiateurs et les plinthes
Semaine 3	Nettoyer la poubelle de la salle de bains ou le panier à linge sale (une fois par trimestre) Nettoyer la hotte	Nettoyer l'intérieur d'un placard de la cuisine Changer les draps des parents Nettoyer les cadres, les téléphones et les traces des murs (une ou deux pièces par mois)
Semaine 4	Une fois par trimestre : - nettoyer le rideau de douche ou les grilles de ventilation, ou nettoyer le carrelage de la douche à fond - nettoyer la cuisinière et le micro-ondes à fond	Changer les draps des enfants Aspirer sous les lits Enlever les taches des tapis (une pièce par mois) Aspirer les tissus des fauteuils et sous les canapés (une pièce par mois)

Avantage de cette méthode : votre maison est entretenue régulièrement et dans les recoins les plus souvent oubliés.

Vous n'aurez plus le « syndrome du ménage de printemps », à faire quand vous allez partir en vacances et n'avez plus aucun courage !

Que signifie nettoyer ?

Faire le ménage, c'est éliminer la saleté, porteuse d'agents allergènes (acariens...) et qui favorise la propagation des microbes, et donc des maladies.
La saleté vient :
- de la poussière ;
- des micro-organismes : bactéries et virus, moisissures ;
- des salissures d'origine diverse (boue, pollution...).

Comment l'éliminer ? quatre éléments interviennent dans cette élimination :
- l'action chimique – ce sont les produits employés ;
- la température de l'eau ou de la vapeur qui décolle la saleté ou la « cuit » ;
- l'action mécanique – il faut frotter pour éliminer la crasse (ça s'appelle l'« huile de coude » !) ;
- le temps de lavage, ou de contact du produit sur la surface à nettoyer, est important pour décoller la saleté ou agir sur les microbes.

Ces quatre paramètres sont liés les uns aux autres : si vous réduisez le temps d'action du produit ou le temps de nettoyage, pour un cycle court de lavage du linge, il faut augmenter l'action chimique en mettant un peu plus de produit pour parvenir au même résultat.

Les produits d'entretien

Lorsque nous parlons d'« action chimique » des produits, nous ne parlons pas de produits nocifs pour la planète ! Nous donnons simplement quelques notions de chimie, qui aident à comprendre ce qui se passe quand on nettoie... et pourquoi parfois on n'obtient aucun résultat !
L'élément chimique des produits permet de détruire la saleté par la décomposition des molécules (il élimine la crasse) ou par l'inhibition des micro-organismes (il tue les moisissures ou les microbes).

Les produits d'entretien à avoir chez soi

Il n'est pas nécessaire d'avoir beaucoup de produits. Il suffit d'un minimum, efficaces sur plusieurs supports. Employez de préférence des produits écologiques : ils sont naturels, les matières actives sont végétales. Généralement, ils sont plus concentrés, ce qui réduit les emballages et permet d'en consommer moins. Nous trouvons qu'ils sont moins efficaces sur des taches anciennes et la crasse accumulée que des produits contenant plus de substances chimiques. Les détergents écologiques n'ont pas en même temps une action désinfectante, comme cela peut être le cas pour un gel détergent additionné de Javel.

Voici une liste minimum de produits d'entretien pour nettoyer un maximum de supports sans accidents. Vous y ajouterez ceux qui correspondent aux matériaux de votre maison et/ou ceux que vous préférez.

Produit	Action	Utilisation	Où l'acheter	Prix
Alcool ménager	Dégraisse. Désinfecte. Nettoie les ampoules, le verre dépoli, le cristal...	Laisse moins de traces qu'une solution aqueuse, car plus volatil. Utiliser pur.	Grandes surfaces	2 euros le litre
Bicarbonate de sodium	Absorbe les mauvaises odeurs (frigidaire, poubelle, armoires, valises et sacs...).	Utiliser pur. Saupoudrer ou laisser une petite quantité, dans une boîte au couvercle perforé.	Grandes surfaces, drogueries	5 euros les 250 g
	Blanchit (joints de salle de bains).	Faire une pâte en ajoutant un peu d'eau. Rincer.		
	Décrasse par abrasion.	Faire une pâte en ajoutant un peu d'eau. Rincer.		

▷

Produit	Action	Utilisation	Où l'acheter	Prix
Bicarbonate de sodium	Ravive les couleurs des tapis. Éloigne cafards et fourmis	Saupoudrer, laisser agir quelques heures et aspirer. Placer la poudre sur le trajet des insectes.		
Cire	Nourrit, protège, fait briller.	Dure (cire d'abeille) ou liquide : appliquer avec un chiffon doux, laisser sécher, lustrer pour faire briller.	Grandes surfaces, drogueries	
Détergent sols	Émulsionne les salissures.	Dilué dans de l'eau. Le rinçage n'est pas nécessaire. Cif cocktail de plantes. Ou utiliser un détergent neutre écologique. Arbre vert écologique romarin. Peut être remplacé par le savon noir ou par un liquide vaisselle neutre.	Grandes surfaces Grandes surfaces	2 euros le litre 2,30 euros le litre
Détergent sanitaires et cuisine	Décolle la saleté par émulsion. Il contient souvent en plus un détartrant et un désinfectant, sauf les produits écologiques.	Utiliser pur. Respecter le temps d'action. Rincer ensuite à l'eau chaude. Ajax gel salle de bains	Grandes surfaces	2,30 euros le litre
Détartrant	Élimine le tartre de la cuvette des W.-C.	Bref W.-C. jumbo fresh	Grandes surfaces	1,60 euro le flacon

▷

Produit	Action	Utilisation	Où l'acheter	Prix
Gel W.-C.	Utiliser une fois tous les quinze jours.	ou Écoplanète Carrefour	Grandes surfaces	1,80 euro le flacon
Huiles essentielles désinfectantes	Citron : antiseptique*, antibactérien*. Tea tree ou « arbre a thé » antibactérien* et antifongique : tue moisissures et champignons.	Utiliser en très petites quantités : quelques gouttes à ajouter dans le produit employé.	Magasins bio	12 euros le flacon
Liquide vaisselle Neutre ou à pH acide	Détergent et dégraissant (vaisselle, taches de graisse sur les nappes ou les tee-shirts).	Utiliser pur ou additionné de vinaigre blanc, pour renforcer la brillance de la vaisselle. Paic citron Palmolive pH neutre	Grandes surfaces	 3 euros le litre 3 euros les 500 ml
Pierre d'argile naturelle	Poudre abrasive Utilisée pour les sanitaires et surfaces de cuisine. Plus abrasif que le bicarbonate de sodium.	Mouiller une éponge. Prendre un peu de poudre sur l'éponge et faire mousser. Frotter. Rincer. Laisse un dépôt blanc et raye si on l'utilise trop souvent. Employer seulement une fois par mois.	Grandes surfaces, drogueries	12 euros la boîte

▷

Produit	Action	Utilisation	Où l'acheter	Prix
Produit à vitres	Élimine les salissures des vitres et glaces. Peut être remplacé par de l'eau vinaigrée.	Utiliser pur.	Grandes surfaces	2 euros le vaporisateur de 500 ml
Savon de Marseille (pur)	Blanchit et désinfecte (linge). Dégraisse (sols et surfaces).	En paillettes. Dissoudre dans l'eau chaude.	Grandes surfaces	3 euros le bloc de 400 g
Savon noir à l'huile de lin	Nettoie les sols en pierre, marbre, bois, ardoise... Dégraissant plus puissant que le savon de Marseille (hotte, four).	En pâte. Ou liquide. Dissoudre dans l'eau tiède. Il n'est pas nécessaire de rincer la solution lorsqu'on l'utilise pour laver un sol.	Grandes surfaces, magasins de bricolage	4 euros le pot de 1 kg 4 euros le litre
Vinaigre blanc (vinaigre d'alcool)	Détartre sanitaires (robinets, murs, pommes de douche), appareils ménagers, surfaces. Possède un certain pouvoir désinfectant, antiparasite et antifongique (tue moisissures et champignons). Fait briller (vitres, vaisselle, miroirs...).	S'utilise pur ou dilué. L'action est renforcée lorsqu'on le fait chauffer ou lorsqu'on le mélange à de l'eau chaude.	Grandes surfaces	1 euro le litre Se vend aussi en bidons de 5 litres, en grandes surfaces.

En plus de nettoyer, il faut aussi détacher : les tapis, les tissus de fauteuils, une table en bois...
Voici quelques produits de détachage que vous trouverez en droguerie ou dans les grandes surfaces :

Produit	Action	Utilisation	Prix
Rubigine	Enlève les taches de rouille.	Utiliser pur sur la tache. Rincer ensuite.	6 euros le flacon
Terre de Sommières	Enlève les taches et absorbe les liquides.	Saupoudrer sur la tache. Laisser agir. Brosser.	6 euros les 250 g
K2R spray	Absorbe la graisse.	S'emploie sur des tissus de fauteuils ou tentures.	Entre 3 et 6 euros
Scrubb's Ammonia	Nettoie les tapis et les moquettes	Imprégner un chiffon microfibres de produit. Frotter la tache. Laisser agir.	Environ 10 euros le bidon de 500 ml
Hagerty Silver Foam	Nettoie l'argenterie	Mouiller l'éponge. Faire mousser le produit. Frotter. Rincer et sécher.	

Attention, sécurité !

Conservez les produits hors de portée des enfants, dans des récipients soigneusement étiquetés.

Voir au chapitre 8, que faire en cas d'ingestion de produits toxiques.

Lisez les modes d'emploi des produits.
Vérifiez le dosage : vous pouvez souvent diminuer les quantités par rapport aux indications des fabricants.
Les produits sont parfois vendus concentrés par souci écologique : il faut alors les diluer dans de l'eau.

Conseil de pro

Versez votre produit détergent sanitaire, ainsi que le vinaigre blanc, dans un vaporisateur : vous en consommez nettement moins et la répartition du produit sur la surface à nettoyer est plus régulière.

À savoir :

Lorsque vous achetez un savon (savon de Marseille ou savon de toilette), ouvrez le paquet même si vous ne l'utilisez pas tout de suite, le savon va sécher et il durera plus longtemps.
Quand, au contraire, votre savon est tout desséché, faites-le tremper deux heures dans une petite bassine d'eau tiède. Reformez une boule avec le savon ramolli.
Gardez l'eau savonneuse pour vos nettoyages !

Quelques notions à connaître

Pour éviter d'abîmer les matériaux, il faut tenir compte de la composition chimique des produits et de leur action sur eux.

Le pH des produits

De son nom complet « potentiel hydrogène », il mesure l'acidité de l'eau et des produits, sur une échelle numérotée de 0 à 12 :
- de 0 à 7, ce sont les produits acides, comme le vinaigre, le citron ;
- à 7, ce sont les produits neutres (l'eau a normalement un pH neutre ; certains détergents sont neutres, comme le liquide vaisselle Palmolive pH neutre) ;
- de 7 à 14, ce sont les produits basiques, appelés aussi alcalins, comme les savons, l'eau de Javel, ou les produits ammoniaqués.

Attention : si l'on mélange un produit « acide » avec un produit « basique », le pH de la solution obtenue devient « neutre ». Par exemple, si vous ajoutez du vinaigre dans une eau additionnée de savon de Marseille, c'est comme si vous laviez seulement avec de l'eau !

Par contre, un produit neutre peut être mélangé avec un produit acide ou basique.
Vous pouvez ajouter du vinaigre dans un détergent neutre pour éliminer le calcaire en même temps que la crasse. Vous pouvez par exemple ajouter une cuillère de vinaigre dans le Palmolive vaisselle pH neutre.
Un produit acide peut être mélangé avec un autre acide : le Paic citron peut être mélangé avec du vinaigre blanc, pour renforcer le pouvoir détartrant.
Donc, regardez sur les étiquettes le pH du produit avant de faire des mélanges qui sont déconseillés dans certains cas.

Quelques recettes de produits d'entretien « maison »
Vous pouvez fabriquer votre produit « 3D » : détergent, désinfectant et détartrant.
Pour un vaporisateur de 600 ml, versez 200 ml de vinaigre blanc et 10 gouttes d'huiles essentielles de tea tree. Complétez la bouteille avec le détergent neutre – par exemple, le nettoyant multi-usages Monoprix vert.
Pour réaliser ce mélange, utilisez votre verre doseur ou un biberon et un vaporisateur acheté en jardinerie.

Vous pouvez fabriquer votre produit à vitres en mettant 1/3 de vinaigre blanc dans un vaporisateur. Complétez avec de l'eau.

L'action des produits sur la saleté
Les produits agissent différemment sur la saleté. On les classe selon le résultat que l'on veut obtenir :

	Action	Caractéristiques	Type de produits	Précautions d'emploi
Les abrasifs*	Ils permettent d'éliminer la saleté par frottement	Poudres	Bicarbonate de sodium	Peuvent rayer s'ils sont trop durs pour le support.
			Pierre d'argile Gros sel	Ce dernier est doux, car il fond au fur et à mesure de l'emploi, sur une surface humide.
		Gels		Ont une action moins agressive pour le support.
		Éponge grattante	En nylon	Selon la couleur, sont de plus en plus abrasives (blanc, rouge, vert, noir).
		Boules	En métal	Rayent l'émail des sanitaires et l'inox. À proscrire.
Les détergents*	Ils décollent la saleté et la maintiennent en suspension par émulsion	Liquides ou poudres		Sont utilisés purs ou dilués (voir ci-dessus)
Les désinfectants	Ils éliminent, tuent ou inhibent les microbes (virus ou bactéries)		Vinaigre blanc Huiles essentielles désinfectantes (tea tree, citron)	Pur ou dilué Action combinée avec un détergent

▷

	Action	Caractéristiques	Type de produits	Précautions d'emploi
Les détartrants	Ils éliminent le calcaire	Produits au pH acide	Vinaigre blanc Jus de citron	Ils attaquent les supports calcaires (marbres...).
Les dégraissants	Ils dissolvent les graisses	Souvent alcalins	Dégraissants végétaux Savon noir	Utiliser dissous dans l'eau chaude
Les absorbants	Ils absorbent les graisses ou les liquides	Poudres	Terre de Sommières, bicarbonate de sodium...	Saupoudrer sur la tache. Laisser agir. Brosser

Le matériel de nettoyage

En entreprise, le matériel de travail est renouvelé souvent pour augmenter la productivité et l'efficacité.
Et chez vous ? L'aspirateur est tristement relégué dans un coin, un chiffon plein de poussière est en boule, un balai aux poils affaissés est coincé derrière la porte...
Un bon ouvrier a de bons outils !
Pour effectuer un travail professionnel, il vous faut du matériel :
• efficace : utilisant les nouvelles technologies, qui vous fait gagner du temps ;
• en bon état : par exemple, un balai muni de poils ! et assez large pour couvrir une grande surface de travail, des chiffons en microfibres* propres ;
• ergonomique :
- le manche du balai doit être adapté à votre taille : il doit vous arriver à l'épaule, pour ne pas avoir à vous casser les reins ;
- le tuyau d'aspirateur doit lui aussi être adapté ;
- employez une balayette et une pelle munie d'un long manche pour éviter de vous baisser...
Voici une liste de matériel utilisé pour les différents nettoyages dans la maison. Il ne s'agit pas de les avoir tous : vous choisirez ceux qui vous conviennent le mieux.

Action	Matériel	Caractéristiques	Utilisation
Dépoussiérage	Chiffons	En microfibres*	Très grand pouvoir absorbant, ne laisse pas de traces
		Coton blanc ou éponges	Nettoyages divers
		Vieux lainages	Faire briller meubles cirés (et chaussures)
	Plumeau	En microfibres* ou électrostatique	Dépoussiérage des plinthes, cadres, radiateurs...
	Pelle et balayette		
Nettoyage « à sec » des sols	Aspirateur	voir chapitre 7 pour les caractéristiques techniques et le choix	Moquettes ou tapis
	Balai	Fibres nylon	Carrelages, terrasses...
	Balai rasant ou balai plat	Avec une bande (ou frange) microfibre*	Parquets, carrelages, sols en marbre...
Lavage des sanitaires et des sols	Chiffons	En microfibres*	Utiliser des couleurs différentes pour le dépoussiérage (bleu) et le lavage (rouge)
	Éponges	cellulosiques	S'abîment assez vite
	« tamponges »	Éponge munie d'un « grattant » blanc	Abrasives. (voir plus bas)
	Serpillière	En microfibres*	Utiliser sur un balai-brosse ou sur un balai plat et seau
	Balai « espagnol »	Utiliser avec seau spécifique	Lavage des sols carrelés
	Balai rasant	Avec une bande microfibre*	Parquets, carrelages
	Brosse	Nylon	Pour brosser carrelages

▷

Action	Matériel	Caractéristiques	Utilisation
	Vieille brosse à dents Gants Vaporisateurs	 Latex ou vinyl Pour votre produit « 3D », le vinaigre blanc...	Pour détartrage des endroits difficiles (le latex peut provoquer des allergies cutanées ; il existe des gants doublés de coton)

Le tableau ci-dessous donne une gamme de matériel et de prix : là encore, il ne s'agit pas de tout acheter, mais de choisir le type de matériel que vous préférez.

Matériel	Prix
Dépoussiérage	
chiffons microfibres	entre 3 et 5 euros
(vendus par 3, 4 ou plus)	entre 5 et 8 euros
gant microfibre	entre 3 et 4 euros
plumeau électrostatique	entre 4 et 6 euros
plumeau microfibres	environ 8 euros
pelle et balayette grand manche	entre 6 et 10 euros
Nettoyage « à sec » des sols	
balai fibre de nylon	environ 7 euros
balai rasant ou plat	environ 15 euros
frange microfibre de rechange	environ 6 euros
Lavage des sols	
serpillière microfibre	entre 6 et 8 euros
balai espagnol tête microfibre	environ 13 euros
« tête » microfibre de rechange	entre 4 et 6 euros
seau adapté au balai espagnol	environ 5 euros
balai plat frange microfibre	entre 10 et 15 euros
frange microfibre de rechange	de 4 à 6 euros
balai plat système « presse » Vileda	de 15 à 20 euros
frange microfibre de rechange	environ 8 euros
seau adapté avec « presse »	de 8 à 11 euros

▷

Salles de bains	
brosse nylon	entre 3 et 5 euros
balai triangulaire pour frotter les murs Vileda	environ 14 euros
tête de rechange pour balai triangulaire	environ 8 euros
raclette douche en plastique (ne raye pas)	de 5 à 8 euros
Lavage des vitres	
combiné mouilleur et raclette en caoutchouc	de 10 à 14 euros

Vous trouverez ce matériel en grandes surfaces ou dans les magasins de bricolage. Ceux-ci offrent de larges gammes de matériels et produits d'entretien pas plus coûteux que ceux des grandes surfaces.

En fin de chapitre, nous vous proposons une petite liste minimum, à emporter pour faire vos achats, quand vous vous installez !

Conseil de pro

Le meilleur matériel pour laver le sol est le balai plat ou « rasant », muni de microfibre, qui s'essore dans un seau spécial, sans avoir à se baisser ni à plonger les mains dans l'eau.
Il a une surface de contact avec le sol plus large que le balai « espagnol » et permet de mieux nettoyer en faisant moins d'efforts.
Vous enlevez très facilement la microfibre fixée au balai et elle se lave en machine, à 60 °C.

Prévoyez aussi un escabeau de trois marches.
Pour le nettoyage des vitres et parties hautes, une aide à domicile ne peut pas monter plus que ces trois marches. S'il lui arrive un accident étant sur un escabeau plus haut, votre responsabilité est engagée.
Si vous avez 3,50 m de hauteur sous plafond, faites faire vos carreaux par une entreprise spécialisée !

Le nettoyeur à vapeur : ce petit bijou vous permet de tout faire, sans produit !
Il est écologique car il n'utilise que de l'eau, aucun produit n'est nécessaire.

Il permet de travailler sans effort : ce sont la force et la chaleur de la vapeur qui décollent la saleté.
Il désinfecte, en éliminant acariens et moisissures.
Étudiez ses caractéristiques techniques au chapitre 7.

Il permet de :
- décoller la saleté dans les recoins (joints de douches, tours de robinets, coins dans la cuisine...) et dégraisser ;
- faire les vitres sans produit ;
- nettoyer les matelas, tapis, fauteuils et rideaux...

Vous en aurez l'utilité si votre logement est suffisamment grand et si vous-même ou votre aide à domicile vous en servez assez souvent.
Si vous voulez l'utiliser ponctuellement ou l'essayer avant de l'acheter, vous pouvez le louer (www.kiloutou.fr).

Regroupez votre matériel et les produits au même endroit pour gagner du temps, et surtout enfermez les produits d'entretien pour éviter les intoxications. Voir au chapitre 8, « Santé et sécurité : suivez Mme Pomfresh ».

Suspendez les balais grâce à un support à pinces caoutchoutées.

Conseil de pro

Nous déconseillons l'usage des lingettes, sauf pour un dépannage express.
Elles finissent par coûter cher. De plus, elles laissent une pellicule légèrement collante sur les surfaces. Enfin, elles sont polluantes : elles contiennent des substances toxiques qui se dégagent dans l'atmosphère. Les lingettes présentent un inconvénient environnemental majeur : celui d'augmenter considérablement la quantité de déchets ménagers, alors que la plupart des flacons de produits détergents sont repris par la collecte sélective.

Les techniques pour nettoyer sa maison

Pour ne pas avoir à nettoyer, évitez de salir !

Le propre appelle le propre ! Pratiquez la « tolérance zéro » ! Pour éviter que le désordre et la saleté s'installent, voici quelques astuces qui simplifient le ménage.

Dans la salle de bains

Utilisez gels douches et pousse-mousse au lieu de savon, qui laisse des dépôts dans le lavabo et la douche.
Mettez un sac en plastique dans la poubelle ! Changez le sac, votre poubelle reste propre.

Astuce

Si vous laissez au fond de la poubelle une réserve de quelques sacs, plus d'excuses pour ne pas remplacer celui qu'on jette !

Rincez la douche et passez un chiffon microfibre* sur les parois, après chaque usage ; elle s'encrasse moins vite.
Laissez le chiffon microfibre* sur le tuyau du lavabo et il y a plus de chances pour qu'il soit utilisé !

Et apprenez à le faire à tous les utilisateurs de ces lieux.

Pour le séjour et les chambres
Essuyez vos pieds en entrant chez vous ! Frottez-les sur le paillasson, ne vous contentez pas de l'enjamber (non, nous n'allons pas vous faire mettre des patins !).

Si vous avez le choix (et si vous aimez), préférez les sols « lisses » – parquets, sols stratifiés, grès cérame... – à la moquette : c'est plus facile à entretenir et vous évitez les acariens qui s'installent dans les tapis et moquettes.

Éliminez les « nids à poussière » : « sculptures surchargées n'ayant même pas le mérite de la beauté, fleurs de papier, fanfreluches d'abat-jour, draperies inutiles... et tout le bric-à-brac décoratif de nos anciennes cheminées ! » (dans *Le Ménage simplifié ou la Vie en rose*). Vous vivrez mieux et laisserez mieux circuler les énergies dans un intérieur plus dégagé.

Pensez à l'entretien des matériaux au moment de l'achat : les tapis en fibre de coco font un effet superbe dans le salon mais ne sont pas très faciles à nettoyer...

Apprenez à toute la famille à ranger au fur et à mesure ! Aller jusqu'au bout de ses gestes, au quotidien, facilite le nettoyage de printemps.

Ne partez jamais les mains vides ! Prenez un objet à remettre dans une autre pièce lorsque vous allez dans celle-ci : en allant dans la salle de bains, rangez une brosse à cheveux laissée dans l'entrée un jour de panne de réveil !

Astuce pour les familles

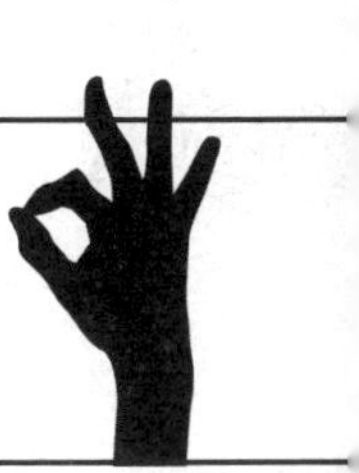

Proposez ce jeu, le « poubellathlon » : chacun doit trouver 10 ou 26 objets à jeter ou à ranger en moins de 10 minutes dans la pièce. C'est plus drôle si tout le monde s'y met.

En cuisine

Placez une feuille de papier aluminium sur votre grille de four, ou utilisez la lèchefrite pour contrôler les débordements des gratins et tartes.

Nettoyez au fur et à mesure !

Passez tout de suite une lavette ou une éponge sur la table sale, ou sur la cuisinière si le lait déborde : une fois collée, la saleté est plus difficile à faire partir.
Essuyez rapidement une éclaboussure sur le sol ou sur le carrelage.
Enlevez une tache le plus vite possible : elle part beaucoup facilement. Plus vous tardez à nettoyer, plus l'entretien sera difficile...

Travaillez de manière ordonnée

Dans chaque pièce, suivez un ordre pour nettoyer plus vite, sans rien oublier et sans salir ce que vous venez de nettoyer !
Travaillez de haut en bas : dessus de cadres, lampes puis tables, puis barreaux de chaises... La poussière tombe, selon la loi de la pesanteur !
Commencez par un angle de la pièce, et dépoussiérez en faisant le tour de cette pièce, jusqu'à revenir au point de départ.
Ensuite, nettoyez ce qui ce trouve au centre : table basse, fauteuils... Finissez par le sol.

Conseils de pro pour dépoussiérer

Pliez votre microfibre en quatre. Passez-la sur la surface à nettoyer. Puis retournez-la et dépoussiérez une autre surface. Puis vous la repliez et ainsi de suite : vous pourrez nettoyer huit surfaces avec le même chiffon, toujours propre.
Un gant microfibre vous permet de travailler avec la main bien à plat, ce qui augmente la surface de travail.

Pour les recoins ou rainures, glissez votre index dans la microfibre et passez-la dans la rainure, au lieu de passer le chiffon à plat.
Pensez aussi au cure-dent ou au coton-tige !
À proscrire : les sprays « dépoussiérants » ! Ils laissent une pellicule blanchâtre sur les meubles et finissent par les encrasser davantage.

Travaillez sans risques

Mettez-vous accroupi ou à genoux pour les nettoyages en partie basse (par exemple, pour nettoyer une table basse) ou aspirer sous un lit.
Utilisez un escabeau et ne montez pas sur l'étagère d'une armoire, ou sur une chaise en paille !

Conseils pratiques pour un ménage plus facile

Enfilez une tenue confortable et légère (le ménage donne chaud !) : jeans, vieux tee-shirt et baskets.
Rassemblez votre matériel et les produits dont vous allez avoir besoin et emportez tout en une seule fois : mettez un grand tablier à poches, bien enveloppant ! Vous pourrez y fourrer chiffons, produits, jouets qui traînent... Ou prenez une « caisse », style boîte à outils, ou un casier à bouteilles, ou un seau dans lequel vous placez produits et ustensiles (sac-poubelle, chiffon, plumeau, éponges...). Vous emportez tout d'un seul coup !
Préparez aussi la pièce avant le nettoyage : commencez par ranger ce qui traîne et déplacez éventuellement chaises, fauteuils...
Unifiez les tâches : passez le chiffon à poussière dans toutes les pièces, puis aspirez partout.
Concentrez-vous sur la pièce dans laquelle vous êtes, pendant le temps que vous vous êtes fixé.
Écoutez en même temps votre musique préférée !

Les techniques de ménage, pièce par pièce

Muni de bons produits et de bons ustensiles, attaquez pièce par pièce l'entretien.

Règle générale de nettoyage

Aérez ! Chaque pièce doit être aérée 10 mn par jour, pour éliminer mauvaises odeurs et microbes (voir chapitre 8.

Pour un ménage « express »

Lors d'une visite impromptue, quelques petits détails suffisent à rendre la maison accueillante :
- aérez la pièce et passez ensuite un spray d'huiles essentielles de lavande ;
- videz la corbeille à papiers, les vases de fleurs fanées ;
- regroupez les revues et livres sur les étagères ou dans la bibliothèque et/ou posez dans une autre pièce ce qui n'a pas sa place dans le salon ;
- vérifiez que les éclairages fonctionnent : qu'ils soient branchés, que les ampoules ne soient pas grlllées ;
- retapez les coussins ;
- replacez les rideaux harmonieusement, et le tour est joué !

Côté salle de bains :
- nettoyez les W.-C. et rabattez leur couvercle ;
- remettez du papier dans le dérouleur ;
- secouez le tapis de bain et videz la poubelle ;
- vérifiez qu'il reste du savon et changez la serviette ;
- vaporisez un peu d'huile essentielle de lavande.

Le ménage régulier

Il ne s'agit pas de faire le ménage tous les jours, mais de planifier un ménage simple pour un intérieur agréable à vivre.

Voici le type de travail à réaliser vous-même ou à demander à votre aide à domicile, lorsqu'on parle de ménage régulier.

Le ménage des chambres

Matériel	Produits	Méthode de travail
Un chiffon à poussière en microfibre Un plumeau Un chiffon microfibre pour les vitres (pour un petit nettoyage rapide si nécessaire) L'aspirateur ou le balai rasant et/ou la serpillière...	Produit à vitres Détergent pour le sol (si nécessaire)	1. Aérez. 2. Videz la corbeille. 3. Rangez les vêtements. 4. Faites le lit si nécessaire ! 5. Dépoussiérez au chiffon ou au plumeau : cadres, bureau, chaise, tête de lit, lampes et rebord intérieur de fenêtre... 6. Nettoyez le miroir. 7. Terminez par le sol : aspirez ou passez le balai rasant et lavez si nécessaire (avec une serpillière humide seulement ou en utilisant un détergent pour le sol, selon le revêtement de sol[1]).

1. Nous vous indiquons par la suite l'entretien de quelques matériaux spécifiques.

Le ménage du salon/bureau

Matériel	Produits	Méthode de travail
Un chiffon à poussière en microfibre Un plumeau Un chiffon microfibre pour les vitres (pour un petit nettoyage rapide si nécessaire) L'aspirateur ou le balai rasant et/ou la serpillière...	Produit à vitres Détergent pour le sol (si nécessaire)	1. Aérez. 2. Videz la corbeille et le cendrier et nettoyez-le. Arrosez les plantes, changez l'eau des fleurs... 3. Débarrassez et nettoyez la table basse. 4. Rangez les revues... 5. Dépoussiérez cadres, canapés et fauteuils, bibelots, chaises, étagères, lampes... 6. Regonflez les coussins des canapés. 7. Terminez par le sol : aspirez ou passez le balai rasant et lavez si nécessaire. (avec une serpillière humide seulement ou en utilisant un détergent pour le sol, selon le revêtement de sol[2]).

2. Vous trouverez plus loin l'entretien spécifique des sols.

Pour le ménage du bureau, soyez attentif à ce qu'aucun papier ne puisse s'envoler du fait des courants d'air. En nettoyant le bureau, frottez spécialement le devant de ce meuble ainsi que les poignées ou boutons de tiroirs, plus encrassés.

Le ménage du couloir et des escaliers

Matériel	Produits	Méthode de travail
Un chiffon à poussière en microfibre Un plumeau Un chiffon microfibre pour les vitres (pour un petit nettoyage rapide si nécessaire) L'aspirateur ou le balai rasant et/ou la serpillière...	Produit à vitres	1. Dépoussiérez : cadres, meubles. 2. Passez l'aspirateur ou balayez et/ou lavez, selon le revêtement de sol. Si vous balayez : nettoyez l'escalier de haut en bas, puis dépoussiérez (rampe, plinthes, cadres). Si vous aspirez : dépoussiérez (rampe, plinthes, cadres), puis nettoyez, de bas en haut.

La touche finale

L'esthétique est facteur de sérénité lorsqu'on entre dans une pièce.

Jetez un petit coup d'œil en quittant la pièce pour vérifier que :

- les fenêtres sont fermées et les stores, rideaux, voilages harmonieusement placés ;
- les coussins des fauteuils sont retapés : ils sont prêts à vous accueillir douillettement ;
- chaque meuble et objet est harmonieusement disposé ;
- la lumière est éteinte lorsque vous quittez la pièce ;
- vous n'avez pas oublié votre chiffon sur la table !

Le ménage de la salle de bains

Matériel	Produits	Méthode de travail
Une éponge « grattant blanc » et un chiffon microfibre* pour le lavabo et la douche. Identifiez l'éponge W.-C. par la couleur de l'éponge ou en la marquant au marqueur indélébile. Des gants Une serpillière microfibres avec son système adapté (balai rasant ou balai espagnol)	Produit détergent, détartrant et désinfectant (3D) en vaporisateur Produit à vitres Détergent pour le sol	1. Aérez. 2. Videz la poubelle et nettoyez-la si nécessaire. 3. Secouez tapis de bain et serviettes et suspendez-les. 4. Balayez. 5. Lavabo, douche, baignoire : - vaporisez le produit 3D ; - frottez avec l'éponge, en nettoyant l'intérieur de la bonde (trou d'évacuation d'eau) ; - nettoyez le porte-savon ; - rincez à l'eau assez chaude pour faire fondre la graisse et le détergent ; - passez ensuite un filet d'eau très froide sur les surfaces, cela ralentit les dépôts de calcaire et évite les moisissures ; - séchez avec le chiffon microfibre ; - nettoyez le miroir (chiffon et produit à vitres). 6. Lavez le sol (balai rasant ou balai espagnol, avec détergent pour le sol).

Le nettoyage des W.-C.

Matériel	Produits	Méthode de travail
Une éponge « grattant blanc» pour les W.-C. Une éponge « grattant blanc » et un chiffon microfibre* pour le lavabo et la douche.	Produit détergent, détartrant et désinfectant (3D) en vaporisateur Produit à vitres Détergent pour le sol	1. Tirez la chasse d'eau et passez la balayette dans la cuvette. 2. Nettoyez le réservoir d'eau. 3. Nettoyez le couvercle, l'abattant, la lunette et le pied du W.-C. avec l'éponge W.-C. et le produit « 3D ». 4. Frottez l'intérieur de la cuvette avec le produit 3D et l'éponge W.-C. 5. Nettoyez aussi les murs autour du W.-C. 6. Tirez la chasse d'eau et rincez.

▷

Le nettoyage des W.-C.

Matériel	Produits	Méthode de travail
Identifiez l'éponge W.-C. par la couleur de l'éponge ou en la marquant au marqueur indélébile. Des gants Une serpillière microfibres avec son système adapté (balai rasant ou balai espagnol)		7. Séchez la lunette et refermez le battant (pour des raisons d'hygiène et de confort il ne faut pas les laisser relevés et humides). Appliquez régulièrement un produit détartrant. 8. Nettoyez régulièrement le dérouleur de papier W.-C. et veillez à replacer le rouleau sur le dérouleur, et un rouleau de rechange sur la chasse d'eau ou la tablette à proximité (mais pas par terre !). 9. Lavez le sol (balai rasant ou balai espagnol, avec détergent pour le sol).

Lorsque les matériaux de la salle de bains sont en bon état (carrelage, robinetterie, etc.), il n'est pas nécessaire de beaucoup frotter pour éliminer la saleté. Celle-ci se dépose en surface et s'élimine facilement au contact du produit.

Le nettoyage de quelques éléments de la salle de bains

Le verre à dents : faites-le tremper dans l'eau vinaigrée quand les enfants ne sont pas là – ce n'est pas de la limonade !

Vous pouvez aussi nettoyer le verre à dents au lave-vaisselle.

Les peignes et brosses : faites-les tremper dans le lavabo propre, ou une petite bassine, rempli d'eau tiède, en ajoutant 3 cuillères à soupe de bicarbonate de sodium. Puis brossez avec une brosse à ongles. Rincez.

Conseils de pro

Évitez de rincer les éléments sanitaires à l'eau trop chaude : elle coagule les résidus de crasse et les poudres abrasives. Les éponges abrasives – « grattant » vert ou noir – rayent l'émail et encore plus les revêtements sanitaires en plastique, ainsi que le marbre. Elles provoquent des microfissures où la crasse s'installe encore plus facilement ! Utilisez le « grattant » blanc et évitez d'utiliser les crèmes et poudres récurantes trop fréquemment.

Attention : si vos canalisations d'eaux usées sont raccordées sur une fosse septique, utilisez uniquement un produit organique (pas de Javel, ni de produits chimiques) pour ne pas détruire la flore de la fosse septique.

Le nettoyage de la cuisine

Matériel	Produits	Méthode de travail
Éponge et chiffon microfibre Chiffons Gants Serpillière microfibres avec son système adapté (balai rasant ou balai espagnol)	Produit détergent, détartrant et désinfectant (3D) en vaporisateur Produit à vaisselle Détergent pour le sol	1. Aérez. 2. Débarrassez la table. 3. Faites la vaisselle et rangez-la. 4. Nettoyez la plaque de cuisson, la hotte et le four micro-ondes avec le produit 3D. Rincez. 5. Passez le chiffon microfibres dans le réfrigérateur, sur les portes (placards...). 6. Videz la poubelle (lavez-la si nécessaire) et changez le sac. 7. Nettoyez le plan de travail et l'évier. 8. Nettoyez le sol (balai rasant ou balai espagnol).

Pour le nettoyage des appareils ménagers, nous vous renvoyons au chapitre 7.

L'entretien spécifique de quelques matériaux

Voici un petit récapitulatif de l'entretien de certains matériaux : ce n'est pas exhaustif, étant donné la variété et la complexité des revêtements de la maison !

Renseignez-vous bien à l'acquisition d'un nouveau meuble ou bibelot pour savoir sa composition et la façon de le nettoyer.

L'entretien des sols

Rappel : tous les sols lisses peuvent être dépoussiérés soit à l'aspirateur, soit au balai « rasant » ou au balai « plat ».

Le lavage des sols se fait avec le système que vous avez choisi : balai plat ou balai espagnol, ou serpillière.

Matériau	Particularités	Entretien régulier	Nettoyage approfondi
Carrelage		Dépoussiérer. Nettoyer à l'eau tiède additionnée de détergent. Le rinçage n'est pas nécessaire	Brosser au balai brosse avec une solution vinaigrée. Bien rincer. Ou utiliser le nettoyeur vapeur.
Tomettes	Ce revêtement craint les acides, et les taches de graisse.	Dépoussiérer. Nettoyer à l'eau tiède additionnée de détergent neutre, ou à l'eau savonneuse. Le rinçage n'est pas nécessaire.	Nettoyer avec un produit à base d'huile de lin ou de savon noir. Taches de graisse : si la tache vient d'être faite, saupoudrer de terre de Sommières. Laisser sécher. Balayer ou aspirer ensuite.
Béton ciré		Dépoussiérer. Nettoyer à l'eau tiède savonneuse (savon noir) ou à l'eau tiède additionnée de détergent neutre.	En principe, le revêtement imperméable ne nécessite pas d'autre entretien régulier.

▷

Matériau	Particularités	Entretien régulier	Nettoyage approfondi
Marbre	Le marbre est une pierre calcaire attaquée par les acides : attention, pas de vinaigre pour nettoyer les sols en marbre ou des éléments en marbre dans une salle de bains !	Dépoussiérer au balai « rasant », plus efficace que l'aspirateur pour ce revêtement. Nettoyer à l'eau tiède savonneuse (savon noir) ou à l'eau tiède additionnée de détergent neutre + un petit bouchon d'alcool ménager, pour éviter de laisser des traces de lavage.	Cristallisation (par un spécialiste). Pour le travertin, Pierre calcaire, brosser à fond avec un balai brosse et du savon noir. Ou utiliser le nettoyeur à vapeur.
Linoléum	Sensible aux produits alcalins (les savons).	Dépoussiérer au balai « rasant ». Nettoyer à l'eau tiède.	Eau tiède additionnée de détergent neutre. Passer un shampoing cirant et laisser sécher. Taches noires de cirage : alcool ménager.
Tapis en coco		Dépoussiérer à l'aspirateur.	Nettoyage à sec, avec un shampoing poudre.
Parquets	**Bois ciré.** La cire est la protection la plus fragile du bois. Elle laisse pénétrer les liquides et le bois se tache facilement.	Dépoussiérer au balai « plat » ou à l'aspirateur.	Étaler de la cire liquide de façon régulière sur le parquet, ou sur les parties les plus sales. Laisser sécher et lustrer à la cireuse.

▷

Matériau	Particularités	Entretien régulier	Nettoyage approfondi
Parquets			Taches d'eau : passer dans le sens du bois une paille de fer fine (00) imbibée d'essence de térébenthine. Puis cirer et lustrer. Taches de graisse : saupoudrer au plus vite de la Terre de Sommières. Cirer si nécessaire.
	Bois huilé. L'huile imprègne en profondeur les fibres du bois et protège le parquet de façon plus durable.	Dépoussiérer au balai plat ou à l'aspirateur. Passer ensuite le balai plat avec une frange microfibre* très essorée.	Appliquer avec une serpillière essorée un savon spécial pour parquets huilés, dilué dans l'eau. Rincer. Laisser sécher. Taches : passer un peu d'huile pour parquet avec un chiffon.
	Bois vitrifié. Le vernis imprègne légèrement le bois et permet une protection de surface, qui tend à s'écailler avec le frottement.	Dépoussiérer au balai plat ou à l'aspirateur.	Passer un balai plat légèrement humide. Tous les ans, utiliser un rénovateur spécifique pour parquets vitrifiés. Normalement, les taches ne pénètrent pas dans le parquet vitrifié. S'il est écaillé, traiter comme le parquet ciré.

Conseil de pro

Un paillasson à l'entrée d'une pièce en parquet retient les gravillons qui risquent de rayer celui-ci.

Ne pas laisser l'eau ou d'autres liquides stagner sur un parquet (attention aux pots de fleurs).

L'entretien des moquettes

Nous leur dédions un paragraphe à part, surtout en raison du détachage qui s'impose.
Pour l'entretien « régulier », il suffit d'aspirer.
Pour un nettoyage approfondi, utilisez du bicarbonate de sodium ou une mousse du commerce, qui mouille moins la moquette que le shampoing.
Répandez uniformément la poudre ou la mousse sur la moquette. Faites pénétrer avec une brosse ou un balai-brosse. Laissez agir 2 à 3 heures. Aspirez.
Vous pouvez aussi utiliser le nettoyeur à vapeur : il est très efficace pour nettoyer et raviver les couleurs. Mais ne l'utilisez pas sur les moquettes en laine (elles risquent de feutrer*).
On reconnaît une moquette en laine au toucher ! Comme un pull, elle est plus douce et plus épaisse qu'une moquette synthétique.

Le détachage des moquettes

Si vous agissez tout de suite, il suffit souvent de frotter la tache avec un chiffon propre imbibé d'eau. Si la tache persiste, il convient d'employer un produit spécifique. Le « Scrubb's Ammonia » est très efficace.
Voici un petit tableau récapitulatif du détachage des moquettes :

Nature de la tache	Produits spécifiques
Taches albumineuses (chocolat, confiture, fruits, lait, œuf, sang, sauces, vomissures)	Shampoing ou mousse pour moquette. Puis tamponner au vinaigre blanc.
Taches colorées (alcool, bière, café, Coca-Cola, herbe, moutarde, peinture à l'eau, suie, thé, urine, vin)	Shampoing ou mousse pour moquette. - Taches de thé sur une moquette synthétique : on peut utiliser du jus de citron pur. Bien rincer ensuite. - Taches d'urine : l'eau additionnée de bicarbonate de sodium élimine les odeurs. - Taches de vin : tamponner la tache à l'eau gazeuse.
Taches grasses (beurre, huile, cirage, encre, parfum, rouge à lèvres)	Saupoudrer de Terre de Sommières, laisser agir une nuit. Aspirer. Puis shampoing ou mousse si la tache persiste.
Chewing-gum	Frotter la tache avec un glaçon. Gratter légèrement et brosser.
Bougie	Laisser sécher la tache. Gratter le maximum avec l'ongle ou le dos d'un couteau. Poser un papier absorbant (buvard, sopalin, papier toilette) sur la tache. Poser un fer tiède sur le papier. Déplacer souvent le papier jusqu'à ce que la tache soit absorbée. Puis saupoudrer de terre de Sommières et laisser agir. Aspirer.

Source : Centre scientifique et technique du bâtiment, publié dans le *Guide de maintenance des sols textiles*.

L'entretien du mobilier

Nous passons en revue quelques matériaux utilisés couramment.

Matériau	Particularités	Entretien régulier	Nettoyage approfondi
Bois ciré, verni	Le bois est facilement rayé, et quelle que soit sa protection, il absorbe les taches : éviter de placer un objet humide sur le bois. Il craint la chaleur : - éviter de mettre un meuble en bois près d'une source de chaleur ; - éviter de placer un objet trop chaud directement sur le bois.	Certains meubles en bois sont anciens et les revêtements sont fragiles. Il faut toujours connaître le type de protection avant de nettoyer un meuble en bois. Conseil d'ébéniste : employer seulement un chiffon doux (vieux tee-shirt) ou un plumeau pour dépoussiérer les meubles anciens.	Éviter de mettre des produits sur les meubles anciens pour les nettoyer. Se renseigner auprès d'un ébéniste. Bois blanc : frotter à l'eau et au savon de Marseille. Laisser sécher. Tache d'eau ou de graisse : saupoudrer tout de suite de Terre de Sommières. Tache d'encre : tamponner avec de la Rubigine, puis absorber avec un chiffon.
Teck	Très résistant, il est souvent utilisé pour les meubles d'extérieur.	Dépoussiérer.	Protéger le bois par de l'huile de teck. En extérieurs, frotter les meubles en teck avec une brosse douce, à l'eau salée : le sel concentre l'humidité et empêche le teck de sécher trop vite. Pour les taches, voir ci-dessus.

▷

Matériau	Particularités	Entretien régulier	Nettoyage approfondi
Inox	Il est attaqué par le sel, les aliments acides (moutarde, vinaigre...).	Nettoyer régulièrement. Nettoyer avec une microfibre et de l'eau tiède, additionnée de détergent neutre (ou liquide vaisselle). Ne pas utiliser d'abrasifs* qui rayent l'inox. Frotter dans le sens du grain de l'inox. Rincer, bien essuyer pour éviter les traces d'eau.	Nettoyer les traces de calcaire au vinaigre blanc, rincer rapidement et bien sécher.
Cuir	Le cuir des canapés est sensible à la chaleur : il se craquelle si l'atmosphère est trop sèche ou s'il est insuffisamment nourri. Il est décoloré par une trop forte lumière.	Dépoussiérer le cuir avec un chiffon très doux et faiblement humide. Sécher soigneusement.	Étaler le produit spécifique en petites quantités sur un chiffon puis passer ce chiffon sur le cuir. Laisser sécher et lustrer avec un chiffon très doux. De temps en temps, décrasser le cuir avec un produit spécial. Astuce : on peut, en cas de dépannage, utiliser un peu de lait de toilette pour bébé : frotter doucement le cuir avec un chiffon doux imprégné de lait. Ne jamais laisser

▷

Matériau	Particularités	Entretien régulier	Nettoyage approfondi
Cuir			sécher une tache sur le cuir. Passer tout de suite un chiffon ou une éponge légèrement humide. Tache de graisse : saupoudrer de talc ou de Terre de Sommières ; laisser agir quelques heures. Brosser.
Écran plasma	Procéder toujours lorsque l'appareil est éteint.	Dépoussiérer au chiffon microfibres ou au plumeau.	Utiliser un gel spécial pour écrans plasma, avec un chiffon microfibres.
Écran LCD	Procéder toujours lorsque l'appareil est éteint.	Dépoussiérer au chiffon microfibres ou au plumeau.	Passer doucement, sans frotter, un chiffon de coton doux (mouchoir ou gant de toilette) humide (eau froide).
Plexiglas	Ne jamais utiliser de produit alcoolisé (le produit à vitres en contient) car l'alcool ternit le plexiglas.	Dépoussiérer au chiffon microfibres humide (eau) ou au plumeau. Ne jamais dépoussiérer au chiffon sec, car de petites particules peuvent rayer le plexiglas.	

L'entretien de quelques objets et bibelots

En formation, une stagiaire dont le mari est antiquaire hésite à nettoyer les théières en argent anciennes. Je lui explique la méthode. Dès qu'elle rentre chez elle, elle demande à son fils d'essayer avec elle, « au cas où... » ! Elle m'appelle aussitôt pour dire : « C'est magique, ça a très bien marché ! En deux minutes la théière était comme neuve ! »

Nous vous proposons quelques méthodes pour nettoyer les objets auxquels vous tenez.

Matériau	Particularités	Entretien régulier	Nettoyage approfondi
Argenterie (seulement pour des pièces sans charnières ni vis, et sans incrustation d'autres matériaux)	Ne jamais utiliser d'abrasif qui raye l'argent.	Frotter doucement à l'eau tiède et au détergent neutre. Rincer et sécher. Attention : n'employez pas de chiffon en laine pour l'argenterie : la laine noircit l'argent !	Faire chauffer de l'eau salée dans une casserole : 1 cuillère à soupe de sel pour une casserole d'eau. Plonger les pièces d'argenterie enveloppées de papier aluminium, une ou deux minutes. Rincer. Sécher. Ou employer un produit spécial argenterie Hagerty Silver Foam. Faire mousser et étaler sur l'argenterie. Rincer à l'éponge. Sécher.
Bois laqué		Dépoussiérer avec un chiffon microfibre.	Enlever les traces de doigts avec un chiffon microfibre humide.

▷

Matériau	Particularités	Entretien régulier	Nettoyage approfondi
Bronze		Dépoussiérer avec un chiffon microfibre ou un plumeau.	Frotter doucement à l'eau savonneuse dans laquelle on a ajouté un peu d'alcool ménager. Sécher avec un chiffon doux et faire briller. Ou nettoyer à l'« eau japonaise », vendue en droguerie. Tache de vert-de-gris : brosser avec du vinaigre dans lequel on a dilué une cuillère de sel. Essuyer.
Cristal	Lustres	Dépoussiérer avec un plumeau.	Frotter délicatement les pampilles avec un chiffon imbibé d'alcool ménager.
	Carafes et vases	Laver à l'eau savonneuse. Rincer. Bien sécher pour éviter les traces de gouttes calcaires.	Emplir de vinaigre blanc et d'eau chaude. Laisser agir toute une nuit. Pour un vase, frotter les marques calcaires avec du sel fin. Pour une carafe, ajouter du gros sel et secouer vigoureusement la carafe. Rincer et sécher.

▷

Matériau	Particularités	Entretien régulier	Nettoyage approfondi
Étain		Dépoussiérer.	Frotter délicatement l'objet avec une microfibre et de la bière chaude ; laisser sécher ; lustrer avec un chiffon doux.
Fer forgé		Dépoussiérer.	Frotter avec une éponge humidifiée dans l'eau chaude et un détergent neutre. Bien rincer. Sécher. Après nettoyage : frotter avec un peu d'huile de lin. Laisser sécher. Faire briller.
Ivoire	Attention aux objets patinés : le nettoyage les abîme.	Dépoussiérer avec une microfibre ou un plumeau.	Frotter délicatement avec une microfibre et de l'eau tiède. Sécher.
Laiton		Dépoussiérer.	Appliquer du vinaigre blanc salé et chaud, avec une microfibre. Rincer. Sécher et lustrer au chiffon doux.
Osier	Attention aux vernis colorés qui s'abîment à l'eau.	Dépoussiérer avec un chiffon microfibre ou une brosse à habits.	Brosser délicatement à l'eau tiède additionnée de quelques gouttes de jus de citron. Bien rincer. Sécher.

▷

Matériau	Particularités	Entretien régulier	Nettoyage approfondi
Porcelaine		Dépoussiérer au chiffon microfibre ou au plumeau.	Frotter délicatement avec l'eau savonneuse très mousseuse. Bien rincer. Sécher délicatement avec un séchoir électrique s'il y a beaucoup de petits recoins.
Tissus de fauteuils		Brosser.	Taper pour faire sortir la poussière. Aspirer avec le suceur « brosse ronde » et/ou passer la brosse du nettoyeur à vapeur. Taches : saupoudrer de terre de Sommières. Laisser agir plusieurs heures, puis brosser.
Téléphone (combiné)	Attention aux écrans cristaux liquides des portables ! Pour ces appareils, passer seulement un chiffon microfibre sec.	Dépoussiérer.	Frotter avec un chiffon microfibre et un peu d'alcool ménager ou de produit à vitres (ne pas vaporiser le produit sur l'appareil !).

Astuces pour le nettoyage des vitres

• Plus vous vaporisez de produit sur la vitre, plus il est difficile de l'éliminer et plus vous aurez de traces.

• Ne nettoyez pas les vitres lorsque le soleil tape sur la fenêtre : le produit sèche trop vite et laisse des traces.

• Si vos vitres ne sont pas très sales, il suffit de passer une microfibre humide (eau) ou une boule de papier journal : l'encre d'imprimerie contient de l'alcool qui nettoie les vitres.

• Si vos vitres sont très exposées à la pluie qui laisse un dépôt calcaire, vaporisez du vinaigre pur sur la vitre. Laissez agir cinq minutes. Puis vaporisez à nouveau votre produit et nettoyez.

• Le système « mouilleur et raclette » comme les « pros » est très efficace, sauf si vos fenêtres ont beaucoup de petits carreaux.

• Le nettoyeur vapeur est aussi très efficace, sauf pour de très petites surfaces.

Attention : avec ces deux méthodes, protégez le sol sous la fenêtre par des chiffons, pour que les gouttes sales ne tachent pas.

• Dépoussiérez le sol après avoir nettoyé les vitres.

Le « grand ménage de printemps », pièce par pièce

Ce nettoyage est une tradition dans plusieurs cultures, où elle revêt une valeur symbolique de renouveau. Il se fait au printemps, époque où la nature recommence à vivre...

C'est aussi le moment où le soleil commence à entrer dans la maison : il signale la poussière et la saleté d'un rayon éclatant !

Aérer et taper literie et tapis pour faire sortir la poussière de chez soi, lessiver les sols... et on se sent revivre !

Pour ce grand ménage, procédez par étapes, petit à petit, tout au long de l'année. Vous n'aurez plus le syndrome du « GRAND nettoyage de printemps » où toute la maison est à nettoyer en même temps !

Conseil de pro

On arrive à faire cet entretien en profondeur en ajoutant à chaque ménage régulier un « petit quelque chose », différent à chaque fois : dépoussiérer les plinthes, ou enlever les traces de doigts sur les murs...

Voici un plan de travail, établi selon une fréquence moyenne. Vous l'adapterez à vos besoins et à votre rythme.
Ces tableaux vous seront utiles pour organiser votre travail et celui de votre aide à domicile.
Notez dans votre calendrier perpétuel le mois choisi pour le grand ménage de chaque pièce de la maison et insérez-le dans le Home GPS.
En fin de chapitre, la fiche technique n° 2 propose un tableau « pense-bête » pour noter au fur et à mesure ce qui a été nettoyé.

Le nettoyage en profondeur du séjour, du bureau ou des chambres
Certains éléments de la maison sont à nettoyer plus ou moins souvent. Nous vous donnons une fréquence « moyenne » qui varie selon la localisation (un logement en ville se salit plus qu'une maison à la campagne), et selon les allées et venues (si vous rentrez le soir chez vous après la journée de travail, ou si vous êtes toute la journée à la maison, avec un ou plusieurs enfants et/ou des animaux).

Ce qu'il convient de nettoyer une fois par trimestre

Que faire ?	Avec quoi ?	Comment ?
Aspirer derrière les canapés	Aspirateur, plumeau	Tirez le canapé. Dépoussiérez les plinthes au plumeau, aspirez derrière et sous le canapé.
Plinthes	Plumeau	Dépoussiérez.
Radiateurs	Plumeau ou aspirateur (accessoire tube souple)	Dépoussiérez. La poussière installée dans le radiateur se soulève avec la chaleur et se colle sur les murs.
Fenêtres Quand vous nettoyez les vitres, profitez-en pour nettoyer aussi les encadrements de fenêtres.	Microfibres, seau, éponge, détergent Produit à vitres Ou mouilleur et raclette	Nettoyez d'abord les encadrements de fenêtre avec de l'eau additionnée de détergent, et une vieille éponge. Faites ensuite les vitres au chiffon microfibre ou au mouilleur et à la raclette.
Traces portes et murs (sauf sur le papier peint non lavable)	Seau, chiffon microfibre, savon de Marseille	Frottez les traces avec la microfibre et l'eau savonneuse. Rincez à l'eau claire. Il sera parfois nécessaire d'employer le « grattant blanc » d'une éponge, en frottant avec précautions.
Tissus des fauteuils et canapés	Aspirateur (suceur brosse ronde ameublement)	
Nettoyer les combinés de téléphone	Chiffon microfibre et alcool ménager ou produit à vitres	

▷

Certaines tâches à faire seulement une fois par an

Que faire ?	Avec quoi ?	Comment ?
Voilages et rideaux		Voilages : lavez-les en machine. Reportez-vous au chapitre 5. Rideaux : prévoyez un nettoyage au pressing tous les trois ans si votre logement ne se salit pas beaucoup, ou passez dessus le nettoyeur à vapeur.
Murs	Balai plat et frange microfibre	Dépoussiérez et enlevez les toiles d'araignée. Si les cadres accrochés au mur sont petits, vous pouvez les décrocher délicatement. Nettoyez le mur. Dépoussiérez l'arrière du cadre avant de le suspendre à nouveau.
Lustres et lampes	Plumeau	Dépoussiérez, une fois éteints !
Dessus d'armoires	Escabeau et microfibre	Dépoussiérez. Le plumeau microfibre peut vous permettre d'accéder au dessus de l'armoire sans escabeau !
Aspirer derrière les meubles déplaçables	Aspirateur	Déplacez le meuble. Aspirez le mur derrière le meuble, l'arrière du meuble et le sol.
Étagères des bibliothèques	Plumeau et/ou microfibre	Dépoussiérez : enlevez quelques livres, puis faites glisser les livres petit à petit vers la partie de l'étagère nettoyée.

▷

Que faire ?	Avec quoi ?	Comment ?
Cirer les meubles (seulement les meubles cirés !)	Cire, chiffon en coton, chiffon en laine	Appliquez un peu de cire, laissez sécher une heure puis faites briller au chiffon de laine. Travaillez dans le sens du bois. Une petite brosse peut vous aider à nettoyer les reliefs du bois.
Vitres des cadres	Microfibre, produit à vitres	Appliquez le produit sur le chiffon (et non directement sur la vitre) et nettoyez la vitre du cadre. L'eau vaporisée sur le cadre risque de s'infiltrer sous celui-ci et d'abîmer le tableau, dessin, photo... et l'encadrement s'il est ancien.
Moquettes, tapis et/ou autre revêtement de sol à fond	Aspirateur et/ou balai plat	Voir ci-dessus, paragraphe « L'entretien spécifique des sols ».
Meubles terrasse et jardin	Microfibre et détergent	Nettoyez selon le matériau. Rincez et séchez. Si ce mobilier de jardin a passé l'hiver dehors, nettoyez-le au printemps. Si vous le rangez à l'abri, nettoyez-le à la fin de l'été.

Pour les chambres, pensez en plus à nettoyer la literie :
- une fois par trimestre, ou plus souvent si nécessaire, changez les alèses des matelas et les sous-taies d'oreillers, qui protègent ceux-ci des auréoles difficiles à nettoyer ;

- une fois par an, procédez à un nettoyage plus approfondi :

Matelas	Aspirateur, nettoyeur à vapeur	Aspirez le matelas et passez-le à la vapeur. Retournez-le selon la saison : certains matelas sont bifaces. Pour nettoyer des taches d'urine : agissez au plus vite ! Saupoudrez de bicarbonate de sodium. Laissez agir une demi-heure. Aspirez. Répétez l'opération si nécessaire. Cela élimine surtout l'odeur. Frottez ensuite au nettoyeur à vapeur ou à l'eau tiède savonneuse pour éliminer l'auréole jaunâtre. Pour nettoyez des taches de sang : frottez à l'eau froide savonneuse (savon de Marseille).
Couettes et/ou couvertures, oreillers		Portez les couettes et couvertures au pressing, sauf si vous avez une machine à laver 6 ou 8 kg : dans ce cas, vous pouvez les nettoyez chez vous. Placez alors dans la machine avec la couette deux ou trois balles de tennis : voir au chapitre 5, paragraphe « Les balles de lavage ».

Le nettoyage en profondeur de la salle de bains

Nous vous donnons quelques conseils pour nettoyer le lavabo, la douche, les W.-C. et le sol avant de reprendre le tableau de périodicité.

Rappel : attention aux éléments en marbre et pierres reconstituées – n'utilisez pas de produits acides.

Le lavabo

Frottez en insistant sur les recoins sales ou difficiles d'accès avec une éponge douce (on peut aussi utiliser une vieille brosse à dents) ou le nettoyeur à vapeur.
Séchez avec le chiffon microfibre le mur derrière le lavabo et sous le lavabo.
Passez une éponge imbibée de vinaigre blanc sur les robinetteries et sur les éléments chromés. Sécher (sans rincer) avec un chiffon microfibre sec.

La douche et/ou la baignoire

Nettoyez la bonde d'évacuation (soulevez le bouchon et enlevez les cheveux).
Vaporisez le produit détergent « 3D », ce qui permet d'accéder aux endroits difficiles. Laissez agir, frottez à l'éponge, avec le grattant blanc.
Rincez à l'eau chaude.

Pour la porte de douche, impossible à nettoyer et toujours pleine de dépôts de savon et de calcaire : vaporisez de vinaigre blanc pur. Laissez agir 15 minutes. Frottez à l'éponge avec le grattant blanc.
Pour ralentir les dépôts de calcaire, effectuez toujours un dernier rinçage à l'eau froide.
Séchez si possible ensuite à la raclette en plastique (voir « matériel de nettoyage ») ou au chiffon microfibre sec.
Vous pouvez aussi utiliser le nettoyeur à vapeur pour les carrelages de douche et la porte de douche : l'accessoire pistolet haute pression ou petite buse est très efficace. Voir au chapitre 7.

Les robinets : passez une éponge imbibée de vinaigre blanc pur, puis sécher.
Attention : certains matériaux sont en réalité du plastique recouvert d'une pellicule de couleur « chrome » qui s'abîme si on y laisse le vinaigre trop longtemps.

La pomme de douche : pour retirer le calcaire incrusté dedans, laissez-la tremper environ 10 mn dans un bol rempli d'eau chaude et de 10 cuillères à soupe de vinaigre blanc. Brossez-la avec une vieille brosse à dents. Rincez.

Les W.-C.

Désinfectez la balayette en la laissant tremper quelques minutes dans les W.-C. propres (!), après avoir versé un produit détartrant et désinfectant dans l'eau (Bref W.-C. ou Écoplanète). Tirez la chasse d'eau pour rincer la balayette.

N'oubliez pas de nettoyer aussi le porte-balayette !

En plus des éléments cités plus haut, présents dans toutes les pièces : radiateurs, fenêtres, traces sur les portes, nous vous indiquons comment nettoyer les éléments spécifiques de la salle de bains.

Ce qu'il convient de nettoyer une fois par trimestre dans la salle de bains

Que faire ?	Avec quoi ?	Comment ?
Bouches de ventilation VMC	Détergent « 3D », Chiffons microfibre, seau	Dépoussiérez avec un chiffon microfibre. Nettoyez à l'eau savonneuse et rincez.
Rideau de douche	Vinaigre blanc	Faites tremper le rideau dans de l'eau et du vinaigre blanc (50/50), surtout le bas du rideau s'il est jauni. Puis lavez en machine.
Panier à linge sale	Chiffon microfibre et détergent	Nettoyez-le à l'eau additionnée de détergent et rincez. Séchez avant d'y remettre du linge, pour que ce dernier ne moisisse pas. Ou, si votre panier est en tissu, lavez-le en machine.

Que nettoyer une fois par an ?

Que faire ?	Avec quoi ?	Comment ?
Armoires de toilette	Détergent « 3D », Chiffon microfibre	Videz l'armoire, étagère par étagère, et nettoyez avec le chiffon microfibre et le détergent. Rincez. Profitez-en pour trier les affaires de toilette (voir chapitre 3, « Ranger au fil des saisons »).
Éclairage	Chiffon microfibre	Dépoussiérez les appliques ou globes.
Lessiver les murs de la salle de bains et enlever les toiles d'araignée	Détergent « 3D », chiffon microfibre, seau	Nettoyez avec le chiffon microfibre et le produit, rincez à l'eau claire. Ou passez le nettoyeur à vapeur sur les murs, s'ils sont carrelés.
Sol	Détergent « 3D », serpillière microfibres, brosse et seau ou nettoyeur à vapeur	Brossez le sol avec la brosse et le détergent. Ou versez sur le sol un mélange à parts égales d'eau et de vinaigre chaud (sauf sur le marbre). Laissez agir 30 mn minimum. Rincez à l'eau claire avec la serpillière. Ou passez le nettoyeur vapeur.

Si l'émail des lavabos, baignoires, est agressé (par des passages répétés d'abrasifs), la saleté s'incruste dans les microfissures. Elle est donc beaucoup plus difficile à éliminer.

Pour enlever les traces jaunes persistantes sur les vieux lavabos et baignoires : faites une pâte avec du bicarbonate de sodium et de l'eau oxygénée et frottez.

Ou nettoyez à la pierre d'argile : mouillez une éponge et prenez un peu de pâte ; faites mousser. Frottez avec le grattant blanc de l'éponge. Rincez à l'eau tiède.

Pour nettoyer les W.-C., voici plusieurs méthodes :
- Videz le fond de la cuvette, en chassant, avec la main, l'eau vers le siphon. Recueillez l'eau restante dans un seau, avec une éponge. Mettez un quart de litre de vinaigre blanc et 5 cuillères à soupe de bicarbonate de sodium. Laissez agir toute la nuit. Frottez avec l'éponge W.-C. avant de tirer la chasse d'eau pour rincer.
- Vous pouvez aussi frotter avec la pierre d'argile, en faisant une pâte avec de l'eau.
- Ou bien, utilisez une pierre ponce pour gratter les traces de calcaire dans les endroits difficiles.
- Au pire des cas, utilisez des cristaux de soude. Versez-les dans la cuvette des W.-C. Laissez agir toute la nuit, brossez avec la balayette et rincez.

Astuces pour éliminer les moisissures dans les joints de carrelage ou de douche

Les moisissures sont des micro-organismes qui se développent lorsqu'il y a de la chaleur et de l'humidité.
Pour éviter leur développement, aérez la salle de bains et/ou vérifiez le système de VMC*.
Ensuite, pour éviter l'humidité persistante, séchez au maximum les murs de la douche après chaque utilisation, en passant une microfibre* sèche.

Pour éliminer les traces noires, voici plusieurs systèmes :
- Vaporisez régulièrement du vinaigre blanc pur ou dilué avec de l'eau (50/50).
- Pour une action plus « musclée », faites une pâte avec le bicarbonate de sodium et du vinaigre. Appliquez sur les joints et brossez avec une brosse ou une vieille brosse à dents.
- Le nettoyeur à vapeur est très efficace pour éliminer les moisissures.

Le nettoyage en profondeur de la cuisine

Nous vous conseillons de nettoyer toutes les semaines :

- la plaque de cuisson, avec le produit spécifique pour la vitrocéramique ou votre « 3D » ;
- la poubelle, avec le produit « 3D » ; rincez et séchez ; saupoudrez le fond de bicarbonate de sodium avant de replacer un sac en plastique.

Deux fois par mois, prévoyez le nettoyage des appareils ménagers : le réfrigérateur, le four, le micro-ondes et la hotte (pour l'entretien spécifique, nous vous renvoyons au chapitre 7.

Une fois par trimestre : les mêmes éléments que dans la salle de bains. Nous vous envoyons au tableau ci-dessus.

Enfin, une fois par an, nettoyez :

L'intérieur et le dessus des placards	Détergent « 3D », Chiffon microfibre, seau ou bassine.	Videz le placard. Nettoyez à l'aide du chiffon microfibre et du détergent. Rincez. Profitez de ce nettoyage pour faire le tri (voir chapitre 3).
Le congélateur	Chiffon microfibre, seau	Voir chapitre 7.
L'éclairage	Chiffon microfibre	Dépoussiérez. Dégraissez si nécessaire avec un chiffon microfibre et le détergent « 3D ».
Les murs	Détergent « 3D », microfibre, seau, ou appareil à vapeur	Nettoyez avec le chiffon microfibre et le produit, rincez à l'eau claire. Ou passez le nettoyeur à vapeur sur les murs, s'ils sont carrelés.

Le sol	Détergent « 3D », serpillière microfibre, brosse et seau, ou nettoyeur à vapeur	Brossez le sol avec la brosse et le détergent, ou versez sur le sol un mélange à parts égales d'eau et de vinaigre chaud. Laissez agir 30 mn minimum. Rincez à l'eau claire avec la serpillière. Ou utilisez le nettoyeur vapeur.

Quelques petites réparations simples

Agissez rapidement, plutôt que d'attendre que les choses soient plus abîmées ! Il faudra alors souvent les changer complètement, ce qui vous coûte plus cher...
Là encore, la baguette magique ne suffit pas ! Nous vous donnons quelques éléments à mettre en œuvre, avant d'appeler un technicien.

Déboucher un lavabo ou une douche
Utilisez une ventouse : faites couler de l'eau dans le lavabo puis actionnez la ventouse de façon énergique. Vous déboucherez de façon plus efficace le lavabo si vous pouvez accéder au siphon.
Mettez des gants ! Placez un seau sous le lavabo. Dévissez le bas du siphon (à l'aide de la pince universelle si nécessaire). Enlevez tout ce qui bouche. Passez le plat d'un couteau à bout rond entre les deux parties du siphon. Nettoyez le. Revissez-le, en vérifiant que le joint d'étanchéité est bien placé et que l'eau ne coule pas.

Astuce

Pour que l'évier de la cuisine ou la baignoire ne se bouchent pas, saupoudrez un verre de bicarbonate de sodium dans le siphon. Laissez agir pendant une nuit. Le lendemain, fermez l'évier et remplissez-le d'eau bouillante. Ouvrez et laissez l'eau s'écouler. Le bicarbonate et l'eau bouillante dissolvent la graisse. Vous pouvez aussi utiliser la lessive de soude.

Attention aux déboucheurs actifs chimiques : ils attaquent les siphons en plastique et sont dangereux pour l'environnement.

Déboucher une canalisation

Si la canalisation est bouchée plus loin que le siphon, utilisez de la soude caustique et de l'eau bouillante.

Sur l'orifice de l'évier, déposez une cuillère à soupe de soude caustique.

Versez très lentement 3 à 4 litres d'eau bouillante. Faites très attention, et ne vous penchez pas trop près, car la soude brûlante peut mousser et faire des projections très dangereuses.

Vous pouvez aussi employer de la lessive de soude, vendue en grandes surfaces.

Déboucher les W.-C.

N'attendez pas que tout déborde, car c'est vraiment très désagréable...

Quand l'eau commence à avoir du mal à s'écouler, agissez !

Armez-vous de gants, d'un seau pour écoper un maximum d'eau.

Si le mal n'est pas très profond, vous pouvez démonter un cintre métallique et en faire une tige que vous enfoncez dans le fond des W.-C.

Si cela ne fonctionne pas, le principe est, comme pour le lavabo, de faire « ventouse ».

Attention : la ventouse classique utilisée pour les lavabos risque de casser le siphon des W.-C.

Astuces

Plusieurs systèmes sont possibles :

- sacrifiez un « balai espagnol », enfoncez-le énergiquement dans les W.-C., par la tête, puis tirez d'un coup sec ;
- ou bien fabriquez-vous une ventouse avec une bouteille en plastique : coupez-la en deux et conservez la partie du goulot ; enfoncez-la dans le W.-C. (goulot vers vous), puis tirez d'un coup sec, en répétant l'opération...

Si vous attendez trop avant d'agir, ou si aucune solution ne s'avère efficace, faites appel au plombier...

Nettoyer régulièrement le diffuseur d'eau du robinet
Dévissez-le et faites tremper le filtre quelques heures dans le vinaigre. Puis revissez-le.

Lorsqu'un robinet fuit, changez le joint au plus vite : vous économiserez beaucoup d'eau et le calcaire ne laissera pas de dépôt jaunâtre très difficile à éliminer.

ÉLIMINEZ LES « INDÉSIRABLES »

Malgré un bon nettoyage, les insectes, rongeurs et parasites peuvent s'installer chez vous !
Voici quelques moyens pour les chasser :
- en premier lieu, rangez la nourriture dans des conditionnements le plus hermétiques possible : boîtes en plastique bien fermées, pots en verre ;
- bouchez au maximum toutes les fissures et accès dans la cuisine et la salle de bains ;
- nettoyez régulièrement les placards, la poubelle et le sol.

Les acariens
Si vous avez un nettoyeur à vapeur, utilisez-le pour nettoyer matelas et sommiers une fois par an.
Si vous êtes dans une région ensoleillée, exposez la literie au soleil deux fois par an.
Vous pouvez aussi utiliser un mélange de 1/3 de vinaigre blanc, 2/3 d'eau et 8 gouttes d'huile essentielle de lavande, ou de citronnelle, ou d'eucalyptus, ou de tea tree : vaporisez sur les matelas, moquettes et tissus de fauteuils.

Les rongeurs
Utilisez des tapettes ou des graines empoisonnées.
Il est plus efficace, en ville, de faire appel au service de dératisation.
Les souris sont allergiques au poivre de Cayenne ! Répandez-en près de l'endroit où vous les avez vues apparaître pour qu'elles ne reviennent pas.

Les cafards (ou blattes)

Nettoyez les endroits de passage à l'eau de Javel, ou mettez des pièges bio vendus en droguerie ou en magasins bio.

Si vous êtes en appartement, informez le syndic, qui se mettra en contact avec le service « désinsectisation » de la ville.

N'écrasez pas les cafards : les œufs se répandent et vous risquez de les emmener ailleurs !

Les « poissons d'argent »

Nettoyez régulièrement les endroits humides, réduisez si possible l'humidité de la pièce ou de la zone (par la ventilation ou le chauffage), et supprimez les fuites : le manque d'eau est souvent fatal pour cet insecte.

Vaporisez le long des plinthes de l'huile essentielle de thym.

Les fourmis

Vous pouvez mettre sur leur trajet du bicarbonate de sodium.

À proximité des endroits où elles viennent (placards...), laissez un petit récipient de bicarbonate de sodium ou un demi-citron dans une coupelle.

Si ces techniques ne sont pas suffisantes, utilisez des pièges spéciaux.

Les termites

Vous vous rendrez compte de leur présence par de petits amas de sciure au pied des meubles et de petits trous bien circulaires dans le bois.

Il est nécessaire de déclarer leur présence et de faire appel à des spécialistes, car les termites peuvent se reproduire et endommager toutes les parties en bois de la maison (poutres...).

On peut traiter les meubles infestés en injectant un produit spécifique, vendu en droguerie, dans les trous laissés par les termites, si les traces sont fraîches.

Les mites
Il en est de deux sortes :
- mites alimentaires : le plus efficace est de poser des plaquettes collantes qui attirent les mites mâles. Ces pièges sont vendus en droguerie ou grandes surfaces ;
- mites des vêtements : plusieurs produits naturels sont efficaces : lavande, boules en bois de cèdre, marrons – surtout des marronniers à fleurs roses ! –, oranges piquées de clous de girofle (voir au chapitre 4, « Alice aux pays des senteurs », comment les confectionner).

Les araignées
Elles débarrassent les greniers de moucherons et moustiques...
Elles sont désagréables, mais dans nos contrées sont rarement dangereuses. Leur morsure peut cependant provoquer des allergies.
Éliminez celles que vous trouvez et enlevez leur toile...
Si vous les redoutez, utilisez un insecticide.

Pour chasser **les puces**, placez un bouquet de menthe poivrée entre les draps.

Pour éviter que **les mouches** rentrent dans une pièce, placez une boule de coton hydrophile imbibée d'essence de lavande au-dessus de l'armoire

Pour conclure, conjuguez : organiser, frotter, astiquer, aspirer, laver, avec régularité ! Vous verrez : votre maison et donc votre santé vous diront merci !

Pour aller plus loin :
- Michel Droulhiole, *Hop ! c'est propre*, Leduc Éditions, 2008 ;
- Raffa, *Le Grand Ménage. Mes recettes pour une maison propre naturellement*, Soliflor, 2008 ;
- site : <www.astruc.net>, jeu de « quizz » qui donne des centaines d'astuces de nettoyage et de bricolage au quotidien.

Check-list de la salle de bains, comme on aime la trouver :

- pièce aérée,
- linge sale dans le panier à linge sale,
- poubelle vidée,
- tapis de bains secoué,
- douche, baignoire, lavabos sans cheveux ni cercle de crasse,
- serviettes suspendues,
- sol sans inondations.

Check-list des W.-C., comme on aime les trouver :

- pièce aérée ou « désodorisée »,
- chasse d'eau tirée,
- cuvette nettoyée avec la balayette (si nécessaire),
- couvercle de la cuvette rabattu,
- papier toilette sur son dérouleur (remettre un rouleau si l'on en a fini un),
- sol propre, sans papier sale.

Ce qu'il faut faire en quittant la pièce : toujours se laver les mains après avoir été aux toilettes !

Vous vous installez, voici la liste du matériel et des produits à acheter :

Fiches téléchargeables sur <www.lescarnetsdelinfo.com>

Fiche technique n° 1 - Matériel et produits à avoir chez soi

Matériel		
balai plat système « presse » Marque Vileda		
Franges de rechange	4	2 pour dépoussiérer les sols 2 pour laver les sols
seau adapté au système « presse »	1	
Chiffons microfibres	4 bleus 4 rouges ou roses 2 jaunes ou verts	Poussière et vitres Salle de bains Cuisine
plumeau microfibre	1	
pelle et balayette long manche	1	
Aspirateur	Voir au chapitre 7 le modèle qui vous convient	
Brosse en nylon	1	
Gants	1 paire (ou deux) !	
Éponges avec grattant blanc	2	Salle de bains et W.-C.
cuvettes	1 ou 2	
Éponges avec grattant vert	1 ou 2	Pour la vaiselle

Produits	
Bicarbonate de sodium	
Terre de Sommières	
Alcool ménager	
Huiles essentielles	citron ou tea tree
Vinaigre blanc	
Détergent sols	Cif cocktail plantes ou Arbre vert romarin ou savon noir
Nettoyant cuisine, salle de bains	Ajax gel
Liquide vaisselle	Palmolive pH neutre
Gel détartrant W.-C.	Bref W.-C. Jumbo Fresh ou Écoplanète
Pierre d'argile	
Produit pour l'argenterie	Hagerty Silver Foam
Détachant tapis	Scrubb's AMONIA

Fiche technique n° 2 - Plan de nettoyage annuel

Chambres et séjour

Périodicité	Zone de travail et mobilier	Mois											
		J	F	M	A	M	J	J	A	S	O	N	D
MENSUEL	Aspirer derrière lits et canapés												
	Plinthes												
TRIMESTRIEL	Radiateurs												
	Fenêtres												
	Traces portes et murs												
	Aspirer les tapisseries des fauteuils												
	Téléphones												
	Vitres des cadres												
ANNUEL	Voilages et rideaux												
	Cirer les meubles												
	Aspirer derrière les meubles déplaçables												
	Éclairages												
	Dessus d'armoires												
	Plafonds (enlever les toiles d'araignée)												
	Dépoussiérer les murs												
	Intérieur des placards à vêtements												
	Moquettes et tapis à fond												
	Étagères des bibliothèques												
	Matelas, couettes et couvertures												
	Meubles terrasse et jardin												

Cochez la case correspondante le mois où la tâche a été effectuée.
Vous pouvez éditer ce tableau et l'afficher : chacun est responsable de son espace de vie et solidaire de la propreté de la maison.

Salle de bains

Périodicité	Zone de travail et mobilier	Mois											
		J	F	M	A	M	J	J	A	S	O	N	D
MENSUEL	Baignoire à fond, douche à fond												
	Lavabo à fond												
	W.-C. à fond												
	Poubelles												
TRIMESTRIEL	Radiateurs, grilles de ventilation												
	Fenêtres												
	Traces portes et murs												
	Carrelage de la douche à fond												
	Poussière des tuyaux, et des dessus d'armoires												
	Rideau de douche												
ANNUEL	Armoires de toilette												
	Sol à fond												
	Éclairages												
	Lessiver les murs de la salle de bains												
	Plafonds (enlever les toiles d'araignée)												

Cochez la case correspondante le mois où la tâche a été effectuée.
Vous pouvez éditer ce tableau et l'afficher : chacun est responsable de son espace de vie et solidaire de la propreté de la maison.

Cuisine

Périodicité	Zone de travail et mobilier	Mois											
		J	F	M	A	M	J	J	A	S	O	N	D
MENSUEL	Poubelle												
	Réfrigérateur												
	Portes des placards												
	Four et plaques de cuisson												
	Micro-ondes à fond												
	Hotte												
	Plinthes												
TRIMESTRIEL	Radiateurs												
	Fenêtres												
	Grilles de ventilation VMC												
	Argenterie												
ANNUEL	Intérieur et dessus des placards												
	Sol à fond												
	Lessiver les murs												
	Eclairage												

Cochez la case correspondante le mois où la tâche a été effectuée.
Vous pouvez éditer ce tableau et l'afficher : chacun est responsable de son espace de vie et solidaire de la propreté de la maison.

3

Mary Poppins et ce n'est plus le binz

Binz, bazar et cie sont le lot de bien des pièces de la maison, surtout à certains moments de l'année. Ranger, c'est l'occasion de trier, d'éliminer et de faire du vide dans les placards !

Nous rêvons tous d'avoir une maison rangée à fond, de la cave au grenier !

Nous vous proposons un calendrier annuel : vous allez déterminer un plan « d'attaque » pour réaliser un rangement régulier et progressif.

Au fil des mois, vous passez au crible tous les recoins de la maison en fractionnant la tâche pour la rendre plus facile.

Insérez ce calendrier dans votre Home GPS, puis... regardez-le au début du mois pour trouver le moment de vous lancer dans l'action !

• Janvier : c'est le moment de faire le rangement des décorations de Noël, du réveillon.
• Février : les papiers administratifs attendent un archivage annuel.
• Mars : dégagez un peu de temps pour trier les garanties et les factures des appareils ménagers.
• Avril : triez l'armoire à pharmacie.
• Mai : le printemps est là, rangez et triez les affaires d'hiver.
• Juin : avant de partir en vacances, classez et triez les affaires scolaires – vous gagnerez du temps pour la rentrée.
• Juillet-août : si les enfants sont partis, profitez-en pour ranger la cuisine et le garage.
• Septembre : l'année scolaire redémarre, c'est le bon moment pour trier les espaces de bureau, livres et revues, faire de la place sur les étagères.
• Octobre : l'hiver approche, les affaires d'été sont à ranger.
• Novembre : triez les jouets en prévision des braderies, et faire de la place pour les cadeaux de Noël.
• Décembre : soyez réaliste, vous n'avez pas le temps de ranger.

La méthode de rangement

Elle est la même pour tous les rangements. Avant de commencer, posez-vous ces questions :
- Qu'est-ce qui me plaît vraiment ?
- Qu'est-ce que j'ai envie de garder ?
- Est-ce que cela me sert vraiment ?
Si vous ne vous êtes pas servi d'un vêtement ou d'un objet depuis deux ans, vous pouvez songer à l'éliminer... Ensuite, préparez le matériel nécessaire : il vous faut trois « contenants » (paniers, corbeilles, cartons...) et un gros sac-poubelle.

La méthode de tri :
- videz le tiroir (ou le placard, ou l'étagère...) ;
- placez dans le premier panier ce qui est à remettre dans ce tiroir : vérifiez la logique de l'emplacement par rapport à l'usage ;
- placez dans le deuxième ce qui est à ranger ailleurs ;
- dans le troisième panier, mettez ce qui est à donner, à vendre ;
- dans le sac-poubelle, fourrez ce qui est à jeter, sans états d'âme !
- passez un coup de chiffon dans le tiroir ou lavez-le à l'eau savonneuse (sauf le bois) ;
- remettez en place les affaires contenues dans le premier panier ;
- prévoyez un petit temps pour ranger à sa place le contenu du deuxième panier « à ranger ailleurs » (le Playmobil resté coincé dans la pile de linge, ou la dernière BD restée sur le haut de l'étagère de la cuisine...) ;
- notez sur votre agenda le moment où vous irez « débarrasser » le contenu du troisième, ce qui est à donner, à vendre, à emporter à la déchetterie (le DVD de *Cendrillon* de votre fille, qui a maintenant dix-sept ans, du mobilier d'enfant devenu inutile...) ;
- jetez le sac-poubelle.
Cette méthode s'applique à tout endroit que vous voulez ranger à fond.

Pratique

À la poignée d'une porte peu visible, j'accroche un grand sac : dès qu'un objet n'a plus résidence chez moi, je l'y mets ! Dès que le sac est plein, je le donne à Emmaüs.

Le rangement au fil des mois

JANVIER / FÉVRIER : LES PAPIERS ADMINISTRATIFS

L'année est bien commencée. C'est le bon moment pour archiver les papiers administratifs de l'année antérieure.
Nous vous renvoyons au livre *Je suis débordé(e) à la maison !* pour le traitement et l'archivage des papiers.
En fin de chapitre, une fiche technique téléchargeable vous indique la durée légale de conservation des différents documents.

Anne raconte :
« J'ai réutilisé une boîte en métal pour les papiers de l'année.
Avant, tout était ensemble depuis treize ans ou plus, et nous ne distinguions pas entre classement et archivage.
Il y avait plusieurs genres de rangements : boîte de métal, boîte archives, pochettes cartonnées à élastiques empilées sur un rayon de la bibliothèque, et diverses autres bizarreries, et des doublons.
J'ai remis les boîtes d'archives en place, avec des pochettes à élastiques dedans pour chaque thème, quand il en est besoin : les relevés bancaires, les factures EDF, eau, téléphone, agrafés avec la date limite de conservation écrite dessus !
Ce fut ensuite un grand feu ce matin, des factures de téléphone, notamment, que nous avions gardées depuis... 1995 ! Et idem pour EDF.
J'ai regardé avec un plaisir non dissimulé la pile de documents (plus de 10 cm de haut) se consumer lentement...

Finalement, il n'y a pas tant de papiers que ça, je sais enfin exactement où tout se trouve et ça ne prend pas beaucoup de place ! »

Par exemple, archivez tout ce qui concerne la « banque » :
- mettez dans une enveloppe, où vous notez l'année, les reçus de carte bleue et les talons des chéquiers ;
- placez ensemble tous les relevés de compte ;
- insérez le tout dans une chemise en notant l'année dessus ainsi que l'année de destruction du dossier ;
- puis rangez cette chemise dans la boîte d'archive « banque ».

Pour les pros de l'informatique, stockez vos relevés électroniques dans votre ordinateur dans un dossier « banque ».

Rappel

L'archivage des documents permet de classer et d'éliminer les documents au fur et à mesure.

Rangez le document de l'année en cours dans la chemise correspondante sur le dessus de la pile : par exemple, la facture d'assurance voiture de 2009 dans la chemise « Assurance voiture ».

En même temps, retirez du dessous de la pile et détruisez la facture d'assurance la plus ancienne, celle de l'année 1999 – les factures étant gardées dix ans.

MARS : LES GARANTIES ET FACTURES DES APPAREILS

« Je me suis rendu compte que j'ai encore chez moi la garantie d'un vélo d'enfant donné à une cousine depuis longtemps ! »

Dans le chapitre 7, « Choisir : un elfe de maison ou un appareil ménager ? », nous vous proposons de constituer un classeur regroupant tout ce qui concerne vos appareils ménagers.

S'il n'est pas fait, constituez-le.

S'il est fait :
- jetez les garanties obsolètes ;
- jetez les garanties des objets cassés, vendus ;

- regroupez les factures pour chaque appareil (reportez-vous au chapitre 7).

Avril : l'armoire à pharmacie

Pour la santé de la famille, le tri des médicaments est à faire au moins une fois par an. Nous vous renvoyons au chapitre 8, « Santé et sécurité à la maison ».
Profitez-en pour trier l'armoire de toilette de la salle de bains :
- triez les bouteilles de shampoing, gel douche, bouts de savon, et jetez ce qui est inutilisable ;
- triez les cosmétiques et éliminez les fonds de tubes, surtout crèmes solaires et collyres ;
- éliminez tout ce qui a glissé derrière le lave-linge, les armoires (linge, pinces à cheveux, pinces à linge...) ;
- nettoyez l'armoire de toilette et l'armoire à pharmacie, et rangez-y à nouveau les produits.

Mai : le tri des affaires d'hiver

Rangez les affaires d'hiver et sortez celles d'été.
Pour les vêtements d'enfants, vous pouvez faire un rangement par taille, si vous avez plusieurs enfants.
Prenez :
- des boîtes de rangement en carton solide, où vous collez une étiquette indiquant la taille correspondant au vêtement (par exemple, « vêtements dix ans ») ;
- un grand sac plastique : vêtements « à donner » ;
- un sac-poubelle : vêtements non recyclables ;
- des cintres.

Sortez tous les vêtements d'hiver du placard (le linge est rangé propre ! – nous vous renvoyons au chapitre 5, et commencez le tri :
- rangez dans le carton ce qui est en bon état et servira pour un enfant plus jeune ;
- jetez ou... recyclez en chiffons pour lustrer les chaussures, par exemple, ce qui est en mauvais état ;
- glissez dans le grand sac plastique « à donner » ce que vous ne garderez pas mais qui est en bon état (propre, avec tous les boutons, non déchiré...) ;
- glissez un antimite dans la boîte du linge d'hiver ;

- triez et éliminez les sous-vêtements (élastiques abîmés, collants ou chaussettes troués, chaussettes dépareillées, tee-shirts décolorés...) ;
- sortez aussi ce qui est à emporter au pressing.
- nettoyez le placard.

Puis sortez la boîte de vêtements d'été, de la taille de l'enfant – il est nécessaire que celui-ci soit présent pour cette opération –, et commencez le tri :
- sortez de cette boîte ce qui est en bon état et qu'il va mettre cet été ;
- placez sur les cintres ou les étagères ce qui peut être mis directement dans le placard ; séparez ce qui a besoin d'un coup de fer ;
- mettez dans le grand sac plastique « à donner » ce qui a été gardé de l'été dernier, mais qui ne plaît pas à votre enfant ou est trop petit ;
- rangez les boîtes de vêtements d'hiver, et d'été non utilisés mais qui peuvent servir l'an prochain, bien fermées, soit en haut d'un placard, soit au grenier...

Faites de même avec les chaussures : pour le stockage, il vaut mieux prendre des cartons style déménagement où vous inscrivez les tailles au marqueur sur les quatre côtés. Cirez les chaussures avant de les ranger ou de les donner.
Astuce : pour celles que vous jetez, récupérez les lacets en bon état.
Passez un coup d'aspirateur dans le bas du placard avant d'y ranger les sandales et baskets.

Pour toute cette partie, nous vous renvoyons au chapitre 5.

Juin : le tri des fournitures scolaires

Dès les premiers jours de vacances scolaires, faites le tri des cartables :
- jetez les cahiers, dessins sans importance, avec votre enfant ;
- transformez les cahiers non finis en cahiers de brouillon pour la maison : il vous suffit de retirer les

feuilles utilisées et de marquer sur la couverture, au feutre, « cahier de brouillon » ;
- gardez les cahiers de leçons, utiles pour le travail de vacances, s'il s'avère nécessaire ;
- triez la trousse en rangeant les stylos en bon état et en mettant les usagés dans un pot à crayons. Le matériel : équerre, règle, gomme, taille-crayons, ciseaux... est réutilisé pour l'année suivante. Chaque enfant garde le sien.

Renflouez ainsi le stock de fournitures scolaires.
Avant de partir en vacances, achetez quelques fournitures générales et stockez-les. À la rentrée, vous n'achèterez plus que les fournitures spécifiques à chaque classe.

Selon ce que l'enfant a dans ses affaires et en fonction du stock, cochez avec lui ce qu'il reste à acheter.

À partir du collège ou avant, selon la débrouillardise de chacun, les enfants font seuls ces opérations. Veillez au recyclage : intercalaires, pochettes en plastique, classeur... Les enfants préfèrent toujours du neuf... soyons un peu écolos.

Juillet-août : le rangement de la cuisine

Si vous avez plus de temps à ce moment, ou avant de partir en vacances, profitez-en pour faire le tour de la cuisine et vider les placards.
Éliminez :
- ce qui est périmé* dans le fonds d'épicerie, le frigidaire ;
- ce qui est ébréché, tordu, rouillé ;
- ce qui est inutilisable (boîtes sans couvercle, casseroles dont le manche est dévissé – c'est dangereux pour l'utilisateur...) ;
- ce qui est en trop (sacs en plastique, boîtes de glaces ou bocaux vides « au cas où »...).
Nettoyez les placards à l'eau tiède additionnée d'un peu de liquide vaisselle et un chiffon microfibre*. Essuyez bien avant d'y ranger à nouveau les ustensiles ou les aliments.

Au retour des vacances, effectuez le nettoyage et le rangement dans des cartons du matériel d'été qui a servi pour les vacances :
- matériel de plage (bouée, seau, pelle, matelas...) ;
- matériel de montagne (chaussures, sac à dos, etc.) ;
- les cartes routières et les dépliants de vos excursions.
Triez vos photos et faites vos albums papier ou numériques pour profiter des souvenirs de vacances ! Le livre *Je suis débordé(e) à la maison* y consacre tout un chapitre.

Septembre

La rentrée arrive : tout le monde en profite pour prendre – ou reprendre – de bonnes habitudes !
Votre enfant démarre l'année scolaire avec des affaires toutes neuves. C'est l'occasion de l'aider à faire son « plan de rangement et de nettoyage » par zones, pour sa chambre.
Proposez-lui :
- semaine 1 : la zone du bureau ;
- semaine 2 : l'armoire ;
- semaine 3 : la zone du lit ;
- semaine 4 : la bibliothèque et/ou les étagères.
Dans chaque zone, il va trier et éliminer les « trucs » accumulés, passer le chiffon microfibre et ranger les affaires à leur place :
- le linge sale : au panier ! (vérifier sous le lit !) ;
- ranger les jouets en bon état par catégories ;
- classer les livres, les CD (mettre dans un sac ceux qui sont à rendre aux copains ou à la bibliothèque) ;
- trier les papiers divers et les ranger dans les pochettes correspondantes (cours, papiers activités extrascolaires...).

Conseil de pro

Passez un « contrat de rangement » avec les enfants : si une aide à domicile vient faire le ménage, votre enfant sait qu'il doit ranger tout ce qui traîne par terre ce jour-là, sinon elle ne passera pas l'aspirateur dans sa chambre et il s'engagera à le faire.

Octobre : le tri des affaires d'été

C'est le moment de trier et ranger les affaires d'été et de sortir celles d'hiver !

Novembre

Les fêtes approchent, et l'on fait la liste des cadeaux ! Avec les enfants, triez les jouets :
- éliminez ceux qui sont cassés, incomplets, plus adaptés à l'âge ;
- réparez ceux qui peuvent l'être et mettez-les de côté, pour les donner dans une braderie.

En conclusion : quel mois choisir pour le rangement du sac à main ?

Lorsque la mode est aux sacs « fourre-tout », l'expression correspond vraiment à la réalité... seulement, quand le portable sonne vous ratez l'appel, vous renversez tout sur le paillasson pour trouver une clef, vous êtes encombré de valises en sortant de l'aéroport et vous ne trouvez pas la carte de parking... et... avez-vous pesé ce genre de sac ? Quel poids !

Si vous avez un grand sac, utilisez le système de pochettes de couleur différente :
- une pour les papiers et l'argent ;
- une pour le maquillage d'appoint ;
- une pour les clefs (de voiture, de maison, cadenas de vélo...) ;
- une pour les petites choses utiles pour les enfants (antalgique, mouchoirs en papier, petit jeu, un crayon de couleur...) ;
- et un petit kit bureau : deux crayons, quelques post-it, la clef USB...
Et le portable dans la poche du sac prévue à cet effet, toujours au même endroit !
Une autre méthode consiste à avoir une ravissante pochette, un peu plus grande, garnie de compartiments où vous regroupez ces différents éléments... Au

moment de changer de sac, vous prenez la pochette et êtes sûre de ne rien oublier ! (la marque Tintamar en propose de très pratiques).

Vous trouverez des idées de rangements pour gagner de la place sur :

www.happyspace.fr
Voici quelques adresses pour donner ou vendre ce dont vous voulez vous débarrasser :
www.recupe.net.fr
www.emmaus-france.org
www.ebay.fr.
Si la brocante vous tente, ce site peut vous être utile :
www.vide-greniers.org

Vous pouvez aussi contacter votre mairie pour participer au vide-grenier et réserver un emplacement.
Faites le tri avec quelqu'un d'autre, c'est plus amusant. C'est un regard plus objectif qui se pose sur les objets et qui vous aide à vous libérer de la fausse culpabilité qui murmure : « Tu ne peux quand même pas éliminer cela, c'est un cadeau de tante Albertine... »
C'est particulièrement efficace pour la garde-robe : « La petite robe que je portais il y a dix ans... – Elle ne te va plus, et en plus elle est démodée ! »

Fiches téléchargeables sur <www.lescarnetsdelinfo.com>

Fiche technique n° 1 - Tableau annuel de tris et rangements

Rangement à faire	Mois pour l'effectuer	Date butoir
Papiers administratifs	Février	Fait pour le 20 février
Garanties appareils ménagers		
Armoire à pharmacie		
Vêtements d'hiver		
Affaires scolaires		
Cuisine		
Garage		
Bureau		
Affaires d'été : vêtements et matériel de vacances	Octobre	Avant les vacances de Toussaint
Jouets et jeux		

Fiche technique n° 2

Durée légale de conservation des documents

Parce qu'ils constituent un moyen de preuve pour justifier ou préserver vos droits, il est nécessaire de conserver vos papiers personnels pendant un certain temps. Cette durée varie selon les cas de quelques jours à plusieurs années. Il est donc indispensable de bien connaître ces délais avant de détruire vos papiers.

Le tableau ci-après passe en revue un certain nombre de papiers à conserver. Cette liste n'est pas exhaustive.

Nature du document	Durée	Remarques
ASSURANCE		
Avis d'échéance ou de prime	2 ans	Votre assureur peut vous réclamer le paiement de primes impayées pendant ce délai.
Contrats (auto et habitation) incluant une assurance responsabilité civile	10 ans (après résiliation du contrat)	En cas de fait dommageable, votre responsabilité peut être recherchée pendant 10 ans.
Contrat d'assurance décès	A vie	Par définition c'est au moment du décès qu'il prend effet.
Lettre de résiliation	2 ans	Délai pendant lequel un assureur peut contester les conditions de la résiliation de votre contrat.
AUTOMOBILE		
Bon de commande	Pendant la durée de conservation du véhicule	
Contravention	3 ans à compter de l'infraction	Les poursuites se prescrivent par 1 an et les peines par 3 ans.
BANQUE		
Chèque bancaire (encaissement)	1 an et 8 jours	Après ce délai, vous pouvez conservez le chèque à titre de reconnaissance de dette mais vous ne pourrez plus l'encaisser. Attention : le délai est d'un an pour les chèques postaux.
Contrats de prêt à la consommation	2 ans après la dernière mensualité	Pendant ce délai le banquier peut vous réclamer le paiement d'une échéance.
Contrats de prêt immobilier	10 ans après la dernière échéance de remboursement	Idem.
Relevés de compte / talons de chèque	10 ans	Délai pendant lequel vous pouvez faire rectifier une erreur sur votre compte par votre banque.
Coupons de valeurs mobilières	5 ans	Délai pour réclamer les intérêts et dividendes non versés.
CONSOMMATION		
Factures de biens de consommation	Durée de conservation du bien	Un vendeur peut vous poursuivre pendant un délai de deux ans si vous n'avez pas payé la marchandise délivrée. Conservez néanmoins vos factures tant que vous possédez les biens comme élément de preuve de leur valeur vis-à-vis de votre compagnie d'assurance, et durant le temps de la garantie contractuelle.
Contrat de déménagement	1 an à compter de la livraison des biens	Cela correspond au délai de recours contre un déménageur. Attention : en cas de dégradation sur vos biens, vous devez dans les 3 jours qui suivent la livraison adresser une lettre recommandée avec avis de réception du déménageur.
Factures d'eau	2 ans	Délai pendant lequel le paiement peut vous être réclamé si le service est délégué à une entreprise privée. Attention : le délai est de 4 ans s'il est assuré directement par la commune.
Factures d'électricité et de gaz	5 ans	Délai pendant lequel le paiement peut vous être réclamé.
Factures de téléphone	1 an	Idem.
Notes d'hôtel et de restaurant	6 mois	Délai pendant lequel les hôteliers et restaurateurs peuvent agir pour obtenir paiement des sommes qui leur sont dues. Mais conservez ces notes pendant 6 ans si vous avez opté pour l'imposition des frais réels. L'administration fiscale pourrait vous les réclamer, à titre justificatif, en cas de redressement.

Nature du document	Durée	Remarques
FAMILLE		
Accès relatifs aux successions / donations	A vie	Conservez-les pour revendiquer un droit en cas de litige avec les autres héritiers.
Contrat de mariage / PACS	A vie	Ces contrats peuvent avoir des effets qui pourraient être contestés même après la dissolution du mariage ou du PACS.
Convention d'indivision	Jusqu'à l'acte de partage	
Diplômes	A vie	Ces documents vous seront réclamés pour une inscription à un concours ou l'exercice de ceraines professions.
Jugement de divorce ou séparation de corps	A vie	Ils peuvent vous être demandés par différentes administrations pour l'octroi de certains droits.
Livret de famille / acte de reconnaissance d'un enfant naturel	A vie	Ces documents relatent la vie de la famille et doivent être conservés par les enfants, même après le décès ou le divorce de leurs parents.
IMPOTS		
Impôt sur le revenu (avis d'imposition)	Au moins 4 ans	L'administration dispose d'un délai de recouvrement jusqu'à la fin de la 3ᵉ année qui suit celle au titre de laquelle l'imposition est due. Le délai est de 10 ans lorsque l'administration relève une omission ou une insuffisance de déclaration, qu'elle soit volontaire ou pas.
Redevance télévision (jusqu'en 2004)	3 ans	Délai pendant lequel l'administrateur peut vous en réclamer le paiement.
Taxes d'habitation et foncière (avis d'imposition)	Entre 2 ans et 10 ans	Le délai est en principe de 2 ans : l'administration peut exercer un redressement jusqu'au 31 décembre de l'année suivant la période d'imposition. Mais le délai est de 10 ans si l'administration répare une erreur ou une insuffisance d'imposition liée à l'absence ou à l'inexactitude de la déclaration.
LOGEMENT		
Charges de copropriété (appels de fond relevés de charges) / justificatifs de paiement	10 ans	Délai durant lequel le syndic peut vous réclamer le paiement de vos charges.
Contrat de location	5 ans après la fin du bail	Délai d'action en paiement des loyers et des charges.
Quittance de loyer, avis d'échéance, régularisation des charges, justificatifs du paiement	5 ans	Idem.
Factures de travaux	10 ans 30 ans	Délai de recours lorsque les travaux sont réalisés par un commerçant. Délai lorsqu'ils le sont par un artisan (hors garantie décennale).
Titre de propriété immobilière	A vie	
SANTE		
Dossiers médicaux	A vie	Conservez les dossiers les plus importants (carnets de santé, radiographies, résultats d'analyse...).
Factures d'hôpital	30 ans	Délai pendant lequel l'hôpital peut vous en réclamer le paiement. Le délai n'est que de 4 ans pour un établissement public ayant un comptable public.
Factures des cliniques privées	10 ans	
Prestations d'assurance maladie,familiales	2 ans (à compter du premier jour du trimestre qui suit celui auquel se rapporte la prestation)	Délai pour réclamer le paiement d'une prestation. Les caisses ont le même délai pour obtenir le remboursement d'un trop-perçu (court à compter du paiement au bénéficiaire).
VIE PROFESSIONNELLE		
Attestations de chômage	A vie pour la liquidation des droits à la retraite	Les ASSEDIC peuvent vous réclamer un trop-perçu pendant 5 ans (en cas de fraude ou de fausse déclaration, le délai est de 30 ans). Mais attention vous ne disposez que de 2 ans pour réclamer le paiement de vos allocations à compter du jour où vous remplissez les conditions pour y prétendre.
Bulletins de salaire / contrat de travail	A vie	Conservez-les jusqu'à la liquidation de la retraite afin de justifier des emplois occupés.
Relevé de points de caisses de retraite	A vie	Gardez-les au moins jusqu'à la liquidation de la retraite. Au-delà, il est utile pour la pension de réversion du conjoint.

Source : GMF.

4

Alice au pays des senteurs

« L'odeur, au quotidien, donne sens à la vie. La maison est un véritable coffre à odeurs. Chaque espace est délimité par des odeurs caractéristiques, qui reflètent notre identité et notre mode de vie[2]. »

2. Dominique Larue, *Odeurs de maisons*, éditions du Garde-Temps, 2001.

Diffuser de bonnes odeurs dans la maison

Prenez le temps de « humer » les odeurs quotidiennes : café au lait, odeur de votre bébé, du linge fraîchement repassé, du bon pain de votre boulanger, du gâteau sortant du four.
Difficiles à déterminer, elles se mêlent de façon unique pour chaque maison.
Les odeurs évoquent souvent des souvenirs de personnes, de moments ou de lieux... l'odeur de parfum, du buffet de la maison du grand-père, de la cave de la maison de vacances !
Il vaut mieux conserver les bonnes odeurs et chasser les mauvaises !
Nous l'avons déjà dit : aérer largement chaque pièce dix minutes par jour est le premier remède aux odeurs désagréables et aux polluants divers.
Il s'agit ensuite de purifier et de parfumer l'ambiance, sans incommoder.
Voici l'état d'esprit d'une « fée du logis », qui est peut-être le vôtre :
« Les mauvaises odeurs lui font vraiment horreur
Les parfums synthétiques qu'on trouve à Prisunic
Bourrés d'produits chimiques la rendent plutôt sceptique.
C'est pourquoi elle milite pour qu'on réhabilite
Le papier d'Arménie qui, lui, est sans soucis. »

Quelques moyens pour diffuser de bonnes odeurs

Le papier d'Arménie
Vendu en droguerie ou en pharmacie, il absorbe les odeurs.
Placez un tiers de feuille dans un cendrier et brûlez-le.
Il possède également des vertus antiseptiques, qui contribuent à purifier l'air de votre domicile.

Les huiles essentielles, en diffuseur et/ou en spray

Vous pouvez utiliser un diffuseur d'huiles essentielles : achetez un diffuseur électrique qui va permettre un dégagement des senteurs par évaporation, ce qui est meilleur pour la santé que de brûler les huiles essentielles.

Pour la maison, vous trouvez des mélanges d'huiles essentielles tout prêts très agréables.

Pour les diffuseurs, vous pouvez choisir entre : eucalyptus, sapin, lavande, citron, selon vos préférences.

Précaution : les huiles essentielles se dosent en gouttes, ne dépassez pas les doses prescrites, car certaines peuvent être toxiques ; lisez bien les modes d'emploi.

Vous les trouverez en magasin « bio » ou en herboristerie.

Vous pouvez trouver aussi des sprays de mélange d'huiles essentielles bio. Ne les pulvérisez pas pour des enfants de moins trois ans.

Autre façon d'employer les huiles essentielles : versez dans un petit vase des huiles essentielles et plongez-y une dizaine de bâtonnets : le parfum va se répandre par les bâtonnets imprégnés de senteur.

Dans votre sac d'aspirateur, placez un peu de talc parfumé ou bien des désodorisants pour aspirateur disponibles en grandes surfaces ou en droguerie. En passant l'aspirateur, l'air dégagé sera parfumé.

Et pour les odeurs de tabac, si vos amis fument dans la maison, remplissez les cendriers de sable mélangé à des herbes de Provence.

Les lampes Berger sont aussi très efficaces, ainsi que les bougies parfumées.

Les bonnes odeurs dans les placards

• Laissez souvent le soir la porte des placards de vêtements ouverte.

• Nettoyez régulièrement les vêtements.

• Saupoudrez du bicarbonate de sodium à l'intérieur des chaussures.

(Nous vous renvoyons au chapitre 5).

• Placez au fond du placard une petite boîte ouverte,

remplie de bicarbonate de sodium, qui absorbe les odeurs. Vous pouvez en placer aussi au fond des valises peu utilisées, des sacs ou des chaussures de sport...

• Faites de temps en temps brûler un peu de papier d'Arménie à l'intérieur de vos placards : placez la petite bandelette dans une coupelle ou un cendrier, et une fois allumée elle se consume en dégageant son parfum.

• Suspendez un petit sachet de tissu d'organza ou de tulle rempli de capsules de cardamome ou de clous de girofle.

Travaux manuels : fabriquez des oranges piquées de clous de girofle

Préparez-les pour qu'elles sèchent sans pourrir :
- préchauffez le four à 50 °C ou thermostat 1 ;
- tracez sur l'orange, avec un stylo, les motifs que vous souhaitez et piquez sur ces traits les clous de girofle ;
- fendez la peau de l'orange entre les clous ;
- enfilez les oranges sur une brochette et laissez-les au four pendant douze heures ;
- une fois les oranges sorties du four, placez-les dans des coupelles ou suspendez-les avec des cordons aux poignées des fenêtres, elles dégageront une très bonne odeur.

À chaque fête de Noël, c'est une tradition et un jeu de patience pour petits et grands !

Chasser les odeurs de la cuisine

Dans la pièce

Mettez en route la hotte aspirante dès que vous cuisinez.

Attention : l'odeur des aliments est tellement bien aspirée que l'on en oublie ce qui cuit et l'odeur du brûlé n'arrive pas jusqu'à nos narines.

Aérez bien la pièce, fermez la porte s'il y en a une !

Si l'odeur persiste, branchez votre diffuseur d'huiles essentielles.

Odeurs d'égouts et de canalisations
Versez deux ou trois cuillères à soupe de bicarbonate de sodium dans l'évier ; versez-y ensuite de l'eau bouillante vinaigrée, dans une proportion de 50/50. Laissez agir au moins une à deux heures ce mélange avant de réutiliser l'évier.

Poubelles
Nettoyez-les régulièrement, avec de l'eau chaude vinaigrée. Essuyez-les.
Saupoudrez ensuite le fond de la poubelle d'une cuillère à soupe de bicarbonate de sodium.

Réfrigérateur
Nettoyez à l'eau chaude vinaigrée. Essuyez.
Placez dans le haut du réfrigérateur une coupelle contenant du bicarbonate de sodium. Changez-la tous les quinze jours, en nettoyant le réfrigérateur.
Nous vous proposons de nettoyer ce dernier avant d'y ranger votre nouveau plein de courses, c'est le meilleur moyen d'éviter de laisser au fond le vieux bout de saucisson, le reste de pizza oublié...

Chasser les odeurs des animaux

• Lavez les sols à l'eau et au vinaigre blanc : mettez un verre de vinaigre pour un demi-seau d'eau tiède.
• Saupoudrez de bicarbonate de sodium les tissus ou les housses des canapés.
• Changez la litière toutes les semaines ; c'est valable aussi pour la cage des oiseaux, du hamster ou de tout animal domestique partageant votre maison et qui enchante la vie de vos enfants.

À savoir : n'employez surtout pas d'eau de Javel car les chiens et les chats sont très attirés par cette odeur. Ils détestent en revanche l'ammoniaque : vous pouvez laver le sol avec un détergent ammoniaqué (voir chapitre 2).

Astuce bio

Pour fabriquer un déodorant pour les coussins et paniers des animaux, mélangez 3 ou 4 gouttes de chacune des huiles essentielles suivantes : cannelle, girofle, pamplemousse et menthe, dans 200 ml d'eau additionnée de 3 cuillères à soupe de vinaigre d'alcool blanc. Versez dans un vaporisateur. Vaporisez sur le panier de votre chien ou de votre chat et sur les coussins.

Les plantes dans la maison

Les plantes ne servent pas uniquement à embellir les salons.
Elles ont une efficacité reconnue pour absorber les substances toxiques et la pollution de la maison.
Les principaux polluants dans le logement sont :
- les COV : composés organiques volatiles, présents dans de nombreux matériaux de construction ou revêtements (peintures murales...) ;
- le monoxyde de carbone ;
- les ondes électromagnétiques ;
- l'ammoniac ou le benzène, composants présents dans les produits d'entretien.
Les plantes absorbent les substances toxiques par les feuilles, les tiges ; puis elles les transforment ou les éliminent de l'atmosphère.

En fonction des polluants, quelles plantes choisir ? :

Les polluants	Où se trouvent-ils ?	Plantes efficaces pour lutter contre eux
Monoxyde de carbone	Fumée de cigarette, chauffage, cuisinière, colles, vernis, encres.	- Chlorophytum (phalangère ou plante araignée) - Cycas revoluta (cycas du Japon) - Pothos (arum grimpant)
Formaldéhyde	Peintures, papiers peints, colles, matériaux de construction.	- Anthurium andreanum (langue des fées) - Palmier Areca - Fougère de Boston - Ficus à feuilles de sabre - Gerbera - Spathiphyllum (fleur de lune)
Ammoniac, benzène	Produits d'entretien, de bricolage, matières plastiques.	- Chrysanthème - Arbre de Jade - Philodendron - Spathiphyllum (fleur de lune) - Anthurium
Ondes électro-magnétiques	Ordinateurs, téléphones, téléviseurs...	- Cactus du Pérou - Arbre de Jade - Cactus colonnaire

Vous trouverez toutes ces plantes, assez courantes, chez un fleuriste ou dans une jardinerie.

Faut-il beaucoup de plantes pour une « dépollution » efficace ?

Il ne s'agit pas d'avoir un jardin chez soi, ni d'en placer dans toutes les pièces : une plante peut suffire pour une surface de 10 m^2.

Il est cependant bon d'en avoir plusieurs, variées, selon leur action.

Renseignez-vous sur les plantes qui vous conviennent, en fonction :
- de la luminosité et de l'ensoleillement de votre logement ;
- de la température ;
- de l'humidité ;
- des polluants auxquels vous êtes le plus exposé.

Faites-vous indiquer leur entretien spécifique : les plantes sont des êtres vivants, qui ont besoin d'air, de lumière et d'eau...
N'oubliez pas de vous en occuper, sinon elles ne pourront pas remplir leur rôle et vous protéger !

Les fleurs qui égayent votre intérieur

« Derrière les ennuis et les vastes chagrins
Qui chargent de leur poids l'existence brumeuse,
Heureux celui qui peut d'une aile vigoureuse
S'élancer vers les champs lumineux et sereins ;

Celui dont les pensées, comme des alouettes,
Vers les cieux le matin prennent un libre essor,
Qui plane sur la vie, et comprend sans effort
Le langage des fleurs et des choses muettes ! »

Charles Baudelaire

Aimez-vous les fleurs ?
Aimez-vous la vie, vous émerveillez-vous devant la nature, la création ?
Si oui... mettez un peu de nature dans votre maison : une maison fleurie est accueillante, colorée, vivante...
Si non... passez au chapitre suivant !

À CHAQUE OCCASION SON BOUQUET

Les fleurs ponctuent les événements de la vie de la naissance à la mort...

• Pour une **naissance** offrez plutôt à la jeune maman un bouquet pastel, au printemps un bouquet de jonquilles et des petites fleurs blanches, roses ou bleues... L'heureux papa offre une brassée de roses rouges et une plante verte, ou un jeune arbre à replanter, symbole de longévité.

Le camélia est un signe d'admiration et de bonne chance ; il dit à l'occasion d'une naissance : « Sa destinée est entre vos mains. »

• Et très vite l'enfant va devenir un jeune amoureux... et va inviter sa douce pour un **dîner en amoureux** : si vous être fauché, une rose suffit ; pour les timides ou un tout premier rendez vous, offrez un gros bouquet de violettes. Pour décorer la table à la maison, prenez de la lavande et des agapanthes, qui ont des fleurs bleues.

• Pour la cérémonie des **fiançailles**, il est de coutume pour le fiancé de livrer une corbeille de fleurs blanches. Attention, l'œillet symbolise le mariage. Les invités doivent offrir des fleurs de couleur claire.

Il est d'usage de la part de la future belle-famille d'offrir un vase de cristal ou une coupe en métal argenté contenant des fleurs blanches.

• Pour un **anniversaire** vous offrez un bijou, un cadeau de petite taille : accompagnez-le d'un bouquet aux teintes pastel – évitez le jaune, couleur de l'infidélité. Offrez des fleurs de saison : tulipes en hiver avec du feuillage, par exemple ; frésia ou tubéreuses en été...

• Pour la **Saint-Valentin**, la simplicité du bouquet donnera force au message d'amour que vous voulez transmettre.

Le saviez-vous ? La tradition d'offrir des fleurs pour la Saint-Valentin remonte à la fin du XVIe siècle. Lors d'une réception pour la Saint-Valentin donnée par une des filles de Henry IV d'Angleterre, chaque jeune fille présente reçut un bouquet de fleurs des mains du jeune homme qui l'avait choisie comme « Valentine » !

Pour en savoir plus, nous vous invitons à lire Patrick Mioulane, *Dites-le avec des fleurs*, Larousse.

La symbolique des fleurs : tout un poème, toute une histoire !

La rose

Selon Verlaine, c'est la reine des fleurs, image universelle de la beauté et de l'amour et plus encore du don de l'amour.

Pour les premiers chrétiens, la rose rouge était le symbole du sang des martyrs, tandis que la rose blanche incarnait pureté et chasteté.

La rose est en outre la fleur de Vénus, déesse de la beauté, mais aussi la fleur de la Vierge Marie ; elle a d'ailleurs donné son nom au rosaire.

La rose se décline en plusieurs teintes et chacune a un sens :

- rouge : la passion ;
- rose : l'amour ;
- blanche : l'amour pur et raffiné, mais aussi le silence et la discrétion (elle est utilisée pour les funérailles d'enfants) ;
- jaune : la jalousie, la perte d'amour, l'infidélité.

Petite anecdote : un bouquet rond alliant des roses jaunes et pêche possède un charme trompeur puisque son message n'est que jalousie, confusion et chagrin. Ce message n'est visible que si la personne connaît ce langage...

L'œillet

Lui aussi est riche en signification. Au fil du temps son sens a évolué.

Jaune, il exprime le dédain ; panaché, il signifie le refus ; rouge, il est le symbole du mal d'amour.

Pendant la Révolution, en signe de courage, les aristocrates l'arboraient à leur boutonnière quand ils étaient menés à la guillotine.

L'œillet est ensuite devenu le symbole de l'égalité.

Au siècle dernier, il était jeté sur la scène aux chanteuses d'opéra dont la prestation avait déplu – il était donc devenu grossier d'offrir des œillets à sa dulcinée !

La tulipe

Majestueuse, panachée, plus ou moins longue, elle danse dans un vase au fur et à mesure du temps, son mouvement est souvent très élégant.

Si elle est rouge, elle évoque votre flamme d'amour ; panachée, elle transmet l'admiration.

La tulipe jaune a une signification plus dramatique puisqu'elle évoque l'amour sans espoir.

Le muguet

Certaines fleurs seront des messagères idéales, remplaçant les mots qui parfois prêtent à sourire. Ainsi un bouquet de muguet, symbole de la coquetterie discrète, susurrera à la dame de vos pensées que « rien ne la pare mieux que sa beauté »...

La jacinthe

Signifiant « Mon amour vous rendra heureuse », elle rassurera l'élue de votre cœur.

La marguerite des prés

En bouquet, elle il lui dira : « Je ne vois que vous. » De quoi se sentir flattée....

Le jasmin

Lui avertit que « le sort cruel va vous séparer ». Cette fleur somptueuse, au parfum entêtant, symbolise d'ailleurs les hauts et le bas de la vie amoureuse. Son nom vient de l'arabe *jas* (désespoir) et *min* (mensonge) : tout un programme !

Quand vous achetez des fleurs coupées, vous ne connaissez pas toujours ce langage ! Alors, l'harmonie et la composition du bouquet, la délicatesse avec laquelle vous l'offrez passent avant tout !

Composition florale, l'art des arrangements floraux

Les matériaux pour réaliser des arrangements floraux ne doivent pas nécessairement être coûteux, et les idées pour les créer sont faciles à trouver. Pour égayer la maison, prenez confiance et lancez-vous !
Les yeux grands ouverts sur votre environnement, repérez contenants éventuels, matières premières, couleurs à refléter, matières à mettre en valeur, herbes, fleurs à glaner...

Quelques clés

L'éclairage est primordial. Le jeu d'ombre et de lumière donne du volume à la composition, les miroirs sont les alliés de l'art floral. Placer vos compositions devant un miroir donne un éclairage vif à toute la pièce.
L'environnement contribue aussi à la mise en valeur du bouquet. Le fond du bouquet fait partie de la mise en scène, en accord avec la peinture du mur ou le papier peint, les tissus. Tout peut être prétexte à la « mise en scène » et à l'apport de profondeur de la composition.
Placer des fleurs de grande taille directement par terre donne un élan à la composition comme si les fleurs étaient là et qu'on les cueillait.
La transparence et les jeux d'eau participent à des effets d'optique dans la composition. Il existe par exemple de petits contenants qui flottent et qui peuvent contenir une fleur, ou bien des vases suspendus, ou encore des soliflores à apposer sur une fenêtre, ou des colorants de l'eau des vases, ou des billes...

Beaucoup d'effet avec peu de moyens

Centres de table
Le nécessaire : des vases plats ou de jolies coupes, ou même des plats de service, un photophore...
La recette / la marche à suivre : choisissez des fleurs composées de clochettes ou de petites fleurs (jacinthes, ornithogalum, hortensias, géraniums, chèvrefeuille...).

L'idée : jouez avec la transparence et les effets de l'eau ; il suffit de créer des petits groupes de fleurettes détachées de leur tige et éventuellement désolidarisées les unes des autres et de les disposer dans les coupelles remplies d'eau claire.
Le plus : vous pouvez également ajouter de petits miroirs au fond des coupelles pour un effet plus travaillé et obtenir ainsi un jeu de lumière et de profondeur.

Bouquets en hauteur
Le nécessaire : un grand vase (30 cm de haut minimum), des branchages et / ou du feuillage.
La recette / la marche à suivre : coupez les branchages à différentes hauteurs en fendant la tige avec un couteau bien coupant – cela permet à la branche de mieux boire, car, le bois étant très ligneux, il n'absorbe pas l'eau par porosité sur ses parois extérieures.
L'idée : créez du volume avec des matières premières bon marché.
Le plus : ajoutez dans l'eau du vase, si celui-ci est transparent, des fruits : pommes, citrons, marrons... Changez alors l'eau plus régulièrement.

Petite règle d'or

En matière de composition florale simple, utilisez toujours un nombre impair de fleurs.

L'équipement pour réaliser des « compositions maison »

Ayez chez vous plusieurs contenants pour en avoir toujours un adapté. L'idéal est de faire varier la taille, la couleur ou la transparence, selon le lieu où la composition va se trouver :
- un *grand vase opaque* d'une couleur neutre vous permettra de ne pas avoir à changer l'eau trop souvent ; il est utile pour de grands bouquets ;
- un *vase de taille moyenne*, éventuellement coloré, facilement maniable, pourra contenir une botte de fleurs seulement, ou un petit bouquet ;

- un *soliflore* accueillera en général une seule fleur. Il est étroit et allongé. C'est un vase élégant et facile à poser partout ;
- pour les *centres de table*, les contenants peuvent tout simplement être empruntés à votre vaisselle. Les bouquets « centre de table » doivent être bas (pour bavarder, *c'est mieux de voir son voisin d'en face !*) ;
- de la *mousse artificielle* achetée chez un fleuriste vous permet de piquer les fleurs et de composer votre bouquet. Attention, il faut la faire tremper douze heures avant de l'utiliser, pour qu'elle soit bien imbibée d'eau.

Entretien, mise à l'eau

La mise à l'eau est le terme utilisé par les fleuristes pour indiquer la quantité d'eau dont chaque fleur a besoin.

Les « dromadaires »

Il ne faut que très peu d'eau dans le vase et elles aiment le frais, voire même le froid. Une des astuces pour prolonger leur éclat dans votre intérieur est de les sortir à la fenêtre durant la nuit pour les tonifier. Certains préconisent également de mettre des glaçons dans le vase.

Ce sont toutes les fleurs qui sont issues de bulbes :
- tulipes ;
- renoncules ;
- amaryllis ;
- anémones ;
- jacinthes ;
- aliums ;
- iris ;
- narcisses ;
- arum.

Les « assoiffées »

L'essentiel pour ces fleurs est de les disposer dans un vase adapté pouvant contenir un volume important d'eau :
- roses ;
- hortensias ;

- pivoines ;
- scabieuses ;
- pois de senteur.

L'exception
Le pavot, très éphémère, s'entretient de manière tout à fait spécifique. Le bout de sa tige a la plupart du temps été brûlé par l'horticulteur pour prolonger sa tenue, il ne faut donc surtout pas la recouper.

Astuces

Quelques gouttes d'eau de Javel dans l'eau du vase font durer les fleurs plus longtemps et empêchent l'eau de pourrir. Si vous aimez que les tulipes tiennent droit, ajoutez des centimes d'euro dans le fond du vase : il se produit une réaction d'oxydoréduction qui maintient les tulipes raides.

Que choisir dans un environnement chaud ?
Préférez des fleurs exotiques ou très résistantes :
- oiseaux du paradis ;
- orchidées ;
- arums ;
- gerberas...

Trucs et astuces
Lors d'une promenade dans un parc en automne, glanez des fruits d'automne (marrons, bogues, noix diverses...), des feuilles et feuillages.
Petite anecdote personnelle : quand je fais mes courses au marché, je garde toujours une petite somme dans mon budget pour acheter un bouquet de fleurs ; en ville il dépasse du caddie ou du sac, et le regard des gens que vous croisez change. Une fois le marché rangé, quelle joie d'installer les fleurs !
Profitez-en également pour prendre une des fleurs de la botte et la mettre à l'eau dans un soliflore à poser dans votre salle de bains ou sur votre table de nuit, ainsi vous multipliez les plaisirs.
Tentez, quand vous dînez ou prenez le petit déjeuner, de placer un bouquet sur votre table, ça change tout !

Les fleurs, c'est un peu comme une bougie parfumée qui brûle, elles donnent de la douceur et de la vie.

Fleurs coupées, fleurs séchées, fausses fleurs

Chacun, chacune, en fonction de son lieu de vie et de sa maison, choisit les fleurs qui lui conviennent : coupées, séchées ou fausses.

Notre choix va toujours vers les « vraies » *fleurs coupées*. Elles nous demandent du soin, de l'attention, du temps, mais pour nous elles riment avec la vie.

Les *fleurs séchées* ont leur charme, mais elles deviennent souvent des nids à poussière.

Pour faire sécher des fleurs : suspendez-les dans un endroit sec et protégé du soleil, la tête en bas, ou bien laissez-les telles quelles dans leur vase, sans eau.

Pour conserver des branchages, plongez les tiges dans un mélange en proportions égales d'eau et de glycérine (disponible en pharmacie).

Quant aux *fausses fleurs*, elles ont leur charme. Il en existe de très belles, chez des artisans de renom. Elles peuvent faire l'illusion de vraies fleurs... illusion et/ou flemme aussi de changer l'eau ?...

Toutes les compositions florales nous enseignent la beauté : ouvrez les yeux ! et, comme l'écrivait Baudelaire, osez « le langage des fleurs » chez vous.

5

Abracada... draps et autres pièces de linge

Un jour, mon « homme de maison » de mari décide de laver son maillot de foot. Quelques secondes après être entré dans la salle de bains, il me crie :

« Quel cycle j'utilise pour la machine ?

– Ça dépend, lui dis-je. Qu'est-ce qui est écrit sur ton maillot ?

– PSG !... »

Mais oui, ça arrive à tout le monde d'hésiter sur le choix du programme de lavage des polos ou la température de repassage du petit haut dernier cri... Et les étiquettes ne sont pas toujours lisibles. Vous avez souvent envie de « craquer » pour certains vêtements, mais, dans la vie quotidienne, vous gagnerez du temps en achetant des vêtements faciles à entretenir. La première étape est la connaissance des tissus.

Les textiles

Certaines fibres sont *naturelles* : le coton, le lin, la laine ou la soie.
D'autres sont *artificielles* : elles proviennent d'une fibre naturelle qui a été traitée chimiquement – c'est le cas de la viscose, du bambou, du modal (fibre extraite de la cellulose de bois).
D'autres encore sont *synthétiques*, les fibres sont fabriquées chimiquement : l'acrylique (polaire), le polyester (suédine, textile imitant la peau), le lycra, ou la microfibre.

Ne confondez pas la *fibre textile* – coton, soie – et le *mode de tissage des tissus* – toile, damassé, satin, velours, maille...
Par exemple, le velours est une manière de tisser : on peut avoir un velours de coton, ou un velours de soie...
Dans le chapitre 11, nous expliquons les différents modes de tissage.

Déchiffrez les étiquettes
Un conseil : lisez-les bien.
C'est le plus important pour éviter un maximum d'accidents en nettoyant les vêtements.

Codes de lavage
Laver à la main ou en machine.
Le chiffre dans la cuve indique la température maximum de lavage.
Une ligne sous la cuve indique que l'essorage est interdit.
Laver à la main uniquement.
Le lavage est interdit. Il faut nettoyer à sec.

Codes de séchage
Le séchage en machine est autorisé.
Le séchage en machine est interdit.
Il faut sécher à plat sans suspendre.
Il faut sécher en suspendant.
Il faut sécher étendu, sans essorer (pictogramme très rarement employé).

Codes de nettoyage à sec
Le nettoyage peut se faire avec des produits, mais sans mettre le tissu dans l'eau.
A : on peut utiliser un détachant ordinaire. P : utiliser des solvants (hydrocarbures). F : utiliser uniquement des essences minérales.
Une ligne sous le cercle : interdit d'utiliser de l'eau pour le nettoyage.
Il faut confier le vêtement au teinturier.
Code concernant l'utilisation d'eau de Javel
L'eau de Javel est autorisée.
L'eau de Javel est interdite.

Codes de repassage
Le nombre de points sur le fer indique la température maximale que supporte le tissu
3 points : température max 200°.
2 points : température max 150°.
1 point : température max 110°.
Repassage interdit

Astuce

Les étiquettes des vêtements sont souvent plastifiées, énormes et gênantes ! Vous n'avez qu'une envie : les couper ! Avant ce geste définitif, notez sur une feuille de votre « Home GPS » l'article et son code d'entretien ! Au premier lavage (ou au vingtième, si vous déléguez cette tâche), vous serez content de le retrouver, pour éviter les accidents !

Petit tour d'horizon d'entretien des principaux textiles

Le coton

Il provient de la fleur du cotonnier, travaillée pour être tissée.

Les avantages	✓ Agréable à porter : il absorbe la transpiration. ✓ Assez résistant. ✓ Ne provoque aucune allergie.
Les inconvénients	✓ Se froisse facilement. ✓ Rétrécit. ✓ Décolore* assez facilement

Le coton est souvent mélangé à des textiles synthétiques pour diminuer les inconvénients, avec du lycra, du polyester... Dans ce cas, lavez-le selon la fibre textile la plus fragile. Voici le code d'entretien du coton :

	Le coton blanc supporte 60 °C (ou plus). Le coton couleur ou les mélanges coton/fibres synthétiques doivent être lavés à 40 °C.
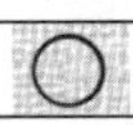	Le coton supporte les produits de nettoyage à sec.
	Le coton blanc résiste à l'eau de Javel diluée. Il faut bien rincer après. Ne pas utiliser d'eau de Javel pour les cotons teints, ni les textiles mélangés, car elle brûle les tissus.
	Il supporte le séchage en sèche-linge, sauf s'il est mélangé à des fibres synthétiques (lycra).
	Il peut être repassé à forte température, bien humide.

Le lin

C'est une plante dont on utilise la tige.

Les avantages	✓ Frais et agréable à porter en été, car il laisse respirer la peau. ✓ En général, il est résistant. ✓ Ne provoque pas d'allergie.
Les inconvénients	✓ Se froisse beaucoup. ✓ Met longtemps à sécher. ✓ Décolore* et déteint* beaucoup. ✓ La fibre est peu élastique : elle est cassée par un essorage trop fort. ✓ Le lin blanc jaunit s'il est repassé à trop forte température.

Les vêtements en lin sont agréables, mais leur entretien est délicat. C'est la raison pour laquelle les fabricants recommandent souvent de ne pas les laver soi-même.

	Le lin, surtout teint, ne doit pas être lavé à forte température. L'essorage casse ses fibres : si vous le lavez en machine, choisissez le programme de lavage le plus doux, avec un essorage minimum, ou le programme « arrêt cuve pleine ».
	Lorsqu'on utilise les produits de détachage, faire attention aux couleurs : le lin décolore* facilement.
	Ne pas utiliser d'eau de Javel.
	Sécher sur cintre ou à plat. Pour le linge de maison : sécher suspendu.
	Repasser le lin à forte température, bien humidifié (ou avec une pattemouille*), ou sur l'envers pour les couleurs sombres afin d'éviter que le tissu brille.

La laine

On appelle laine le poil du mouton. Mais on emploie aussi le poil d'autres animaux :

- le cachemire est le poil de chèvre ;
- l'angora vient du poil de chèvre ou de lapin angora ;
- l'alpaga est le poil du lama.

Certains vêtements sont en poil de chameau...

Les avantages	✓ Agréable à porter, laisse respirer la peau. ✓ Confortable, souple et chaude.
Les inconvénients	✓ Se froisse facilement. ✓ La laine sèche lentement. ✓ C'est une fibre fragile, attaquée par les mites.

Lorsque nous parlons de l'entretien de la laine, nous faisons référence à tous les textiles naturels provenant du poil des animaux cités ci-dessus.
Ainsi, un pull en cachemire, ou en angora, s'entretient comme il est indiqué ci-dessous.

La laine peut « feutrer », c'est-à-dire rétrécir et perdre sa souplesse, pour plusieurs raisons :
- l'humidité : les chaussettes de ski sont toujours raides et un peu petites, au bout de deux jours d'utilisation (n'est-ce pas ?) ;
- les changements de température brutaux pendant le lavage ;
- le frottement pendant le lavage ou pour enlever une tache ;
- les lessives trop agressives.

Pour éviter les accidents, lavez à la main et prenez quelques précautions :
- ne laissez pas tremper le vêtement longtemps ;
- utilisez une lessive spéciale laine et/ou pour tissus fragiles ;
- ne frottez pas le vêtement – pressez le lainage entre vos mains sans le tordre ;
- vérifiez bien que la température des bains de lavage et de rinçage est la même (maximum 30 °C) ;
- essorez le vêtement enveloppé dans une serviette éponge ;
- étendez-le bien à plat, sur une serviette éponge, loin d'une source de chaleur ;
- ne suspendez pas le lainage sur un cintre – le poids de l'humidité le déforme ;
- ne mettez pas les lainages au sèche-linge.

Ne lavez pas ensemble des lainages de couleurs différentes : effectuez, comme pour le reste du linge, un tri par couleur.
Lorsque les pulls sont très sales au col et aux manches, frottez très délicatement les parties les plus sales avec un peu de lessive pour la laine, juste avant le lavage, pour éviter la décoloration et le « feutrage » de la laine.

À savoir

En principe, laver la laine en machine avec le programme « spécial laine » et la lessive appropriée donne d'excellents résultats.
Faites tout de même un essai avant de laver votre cashmire neuf !

Repassez le vêtement en laine lorsqu'il est sec.
L'idéal est de repasser la laine au fer sans vapeur, à température moyenne, en utilisant une pattemouille*.
Pour simplifier le travail, utilisez le fer à vapeur position « chaleur moyenne » et passez le fer au-dessus du vêtement, sans appuyer : la vapeur seule suffit à le défroisser.
Attendez que votre pull soit bien sec, après le repassage, avant de le plier.

Conseil de pro

Un pull bien étendu n'a pas besoin d'être repassé (surtout un pull en grosses mailles).
Pliez-le directement, lorsqu'il est bien sec.

Astuces

Attention : n'écrasez pas l'encolure* du pull en repassant le dos... elle y reste marquée !
Votre pull bouloche* ? Il existe un petit rasoir, à piles, muni d'un réservoir qui recueille les boules de laine. Passez-le doucement à la surface du pull. Sinon, passez doucement sur sa surface un rasoir jetable.

La soie

C'est un textile naturel qui provient du fil secrété par le ver « à soie », petite chenille qui fabrique avec ce fil son cocon, dans lequel elle s'enferme.
Selon le tissage, la soie peut avoir plusieurs aspects : velours de soie, satin de soie...

Les avantages	✓ La soie est fraîche en été et chaude en hiver. ✓ Elle ne se froisse pas.
Les inconvénients	✓ Elle est attaquée par la transpiration et la chaleur. ✓ Elle se déchire facilement, surtout mouillée. ✓ Elle déteint*.

L'entretien de la soie nécessite beaucoup de précautions : l'eau y fait des auréoles.
Donc, soit vous lavez entièrement le vêtement dans l'eau (chemisier, foulard), soit vous le confiez au teinturier (jupe...).

	Le nettoyage à sec est conseillé. Si on lave à la main : laver à 30 °C, sans frotter, avec une lessive spéciale lainages et/ou tissus délicats. Essorer dans une serviette éponge et faire sécher à plat.
	La soie supporte les produits de détachage doux (essence F, terre de Sommières).
	Ne pas utiliser d'eau de Javel ni de produits ammoniaqués.
	Sécher à plat, à l'abri du soleil.
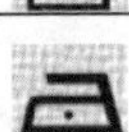	Repasser à fer doux, sans vapeur, sur tissu très humide, et sur l'envers du vêtement. Ne pas écraser les ourlets. Attention : ne pas pulvériser d'eau sur la soie sèche (les gouttes d'eau laissent des taches sur la soie).

Astuces

Pour le lavage : la soie est facile à teindre, mais elle perd beaucoup sa couleur au lavage ; trempez la soie dans l'eau froide additionnée de gros sel pour fixer les couleurs (attention, le sel fixe aussi les taches). Ou, au dernier rinçage, ajoutez quelques gouttes de vinaigre blanc (pour raviver les couleurs).

Évitez de frotter le tissu : la soie est plus fragile lorsqu'elle est mouillée.
Les pulls en soie ne se repassent pas (étendez-les à plat comme la laine). Pour la soie très fragile, intercalez une pattemouille sèche entre le tissu très humide et le fer.

La viscose, le bambou, le modal

Ces fibres sont appelées artificielles : elles sont obtenues à partir de la cellulose, présente dans les tiges des plantes, transformée chimiquement.

La viscose

La fibre absorbe la transpiration. Elle se froisse, et elle risque de rétrécir.
Elle est souvent mélangée au coton, à l'acrylique, car un tissu 100 % viscose s'entretient mal, il se déchire facilement.

	Le nettoyage à sec est conseillé pour un vêtement 100 % viscose. Laver un vêtement composé de fibres de viscose mélangées à d'autres, à l'eau tiède sans frotter, avec une lessive pour tissus délicats. La viscose prend un aspect mat et rugueux au lavage, mais reprend sa souplesse et son élasticité en séchant.
	On peut utiliser des produits de détachage avec précaution.
	Ne pas utiliser d'eau de Javel ni de produits ammoniaqués.
	Sécher suspendu.
	Repasser à fer doux.

Le bambou et le modal

Eux, au contraire, sont facile à entretenir. Il se traitent comme le polyester et l'acrylique.

Le polyester (tergal), la suédine (tissu qui imite les vêtements en peau) et l'acrylique

Ce sont des fibres synthétiques, fabriquées à partir de dérivés du pétrole.

Ces tissus ont de grands avantages, surtout quant à l'entretien... et quelques inconvénients désagréables.

Les avantages	✓ Ces matières ne se froissent pas et sont très légères. Elles sèchent vite.
Les inconvénients	✓ Elles retiennent la graisse et les odeurs, et sont moins agréables à porter que des textiles naturels. Les plis demeurent malgré le repassage, si la température de lavage ou l'essorage sont trop forts. Ces matières fondent si la température de repassage est trop élevée.

L'entretien de ces matières est facile.

	Lavage : ne pas dépasser 40 °C, mettre peu de linge dans la machine pour qu'il ne se froisse pas, et essorer au minimum.
	Ces matières supportent les produits de détachage.
	Ne pas utiliser d'eau de Javel.
	Sécher suspendu (ou à plat pour un vêtement en maille).
	Le repassage est inutile si le lavage et le séchage ont été bien effectués. Sinon, repasser à fer doux.

Astuce

Utilisez un peu d'adoucissant au dernier rinçage pour éliminer l'électricité statique des textiles synthétiques. Ca marche aussi pour les collants !

La microfibre

C'est une fibre microscopique, synthétique, tissée en « alvéoles », ce qui lui donne un grand pouvoir absorbant et une résistance extrêmes.
On l'utilise pour la lingerie féminine et surtout pour l'entretien de la maison : chiffons et serpillières nouvelle génération.

Les avantages	✓ Très résistante. ✓ Très grand pouvoir absorbant : poussière, eau, graisse... ✓ Sèche vite.
Les inconvénients	Elle fond et se troue si elle est en contact avec une source de chaleur (ou un halogène). Ne la posez pas sur la cuisinière ou sur une lampe.

La microfibre est facile à entretenir.
Une fois essorée, elle retient très peu d'eau : elle sèche donc très vite.

	Les chiffons de ménage en microfibre supportent une température élevée (60 ou même 90 °C). Laver les vêtements en microfibre à 30 °C. Ne pas utiliser d'adoucissant.
	Elle supporte tous les produits de détachage.
	Ne pas utiliser d'eau de Javel.
	Sécher suspendu.
	Ne jamais repasser.

Le lycra (élasthanne)

Il est souvent mélangé à d'autres textiles, comme le coton : c'est souvent un composant des tee-shirts, jeans, joggings, maillots de bain... bref, tous les tissus un peu élastiques).

Les avantages	✓ C'est une fibre très légère qui ne se froisse pas et qui sèche très vite. ✓ Le lycra est élastique et suit les mouvements du corps avec souplesse.
Les inconvénients	✓ Il ne laisse pas passer la transpiration, et il est donc moins agréable à porter que des textiles naturels. ✓ Il ne supporte pas le repassage.

Le lycra est employé mélangé à d'autres fibres, dans beaucoup de vêtements : il faut donc laver ceux-ci selon le code d'entretien du lycra, qui est la fibre la plus fragile de l'ensemble du tissu. Par exemple, pour un pantalon en coton et lycra : lavez à 30 °C, avec un programme de lavage délicat.

	Laver en eau tiède : ne pas dépasser 30 °C. Bien rincer.
	Cette matière supporte les produits de détachage.
	Ne pas utiliser d'eau de Javel (ou alors très diluée).
	Ne pas mettre au sèche-linge. Sécher le vêtement suspendu.
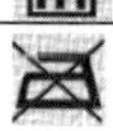	Ne pas repasser si le vêtement est 100 % lycra. Repasser à fer doux s'il est mélangé à des fibres qui se froissent : coton ou viscose.

Le cuir

Le cuir provient de la peau tannée des animaux.

Nettoyez un vêtement en cuir avec des laits et des crèmes spéciales.

Méfiez-vous : même une crème appropriée peut enlever la teinture d'un cuir, canapé ou vêtement : essayez toujours dans une partie peu visible ou à l'intérieur du vêtement.

Enlevez une tache de gras sur le cuir avec de la terre de Sommières (consultez la liste des produits de détachage en fin de chapitre).

Confiez l'entretien approfondi du cuir à des professionnels.

La fourrure
Actuellement, on utilise des fourrures synthétiques pour préserver les espèces animales.
La *fourrure synthétique* peut être nettoyée avec une éponge trempée dans l'eau savonneuse. Rincez ensuite à l'eau pure.
Dans certains cas, on peut la laver en machine : cependant, vérifiez bien l'étiquette.

Le mouton retourné et le nubuck
Dès l'achat, il convient de protéger ces matières des taches, en vaporisant un produit imperméabilisant.
Ensuite, vous pouvez nettoyer une tache avec un chiffon humide.
Sinon, nettoyez-les avec une gomme d'écolier en caoutchouc de couleur blanche.
Brossez-les avec une brosse à habits ou une brosse en crêpe*.

Préparation du linge avant le lavage

Avant le lavage, prenez quelques petites précautions pour protéger votre linge.

FAUT-IL TRIER LE LINGE AVANT LE LAVAGE ?

Installez plusieurs bacs à linge où chacun va déposer ses vêtements sales, triés.
Si vous manquez de place, utilisez des sacs en coton suspendus.
Vous gagnez ainsi du temps au moment de lancer un cycle de lavage et vous réduisez les accidents de lavage. Qui n'a pas retrouvé les tee-shirts rosés, parce qu'une chaussette rouge était mélangée au blanc ?

Conseil de pro

Insistez auprès des enfants pour qu'ils ne laissent pas des vêtements mouillés dans le panier à linge, par exemple les maillots de bain en rentrant de la piscine ou les polos boueux après le match de foot : le linge qui reste humide et tassé finit par sentir mauvais et moisit !

Bac 1 : linge « blanc » : serviettes, draps, sous-vêtements en coton blanc.
Bac 2 : tout le linge clair :
- polos ;
- chemises ;
- pantalons, jupes ;
- sous-vêtements synthétiques clairs.

Bac 3 : tout le linge foncé :
- polos, chemises ;
- pantalons (mettre sur l'envers) ;
- sous-vêtements foncés.

Delphine propose : « À la maison, nous avons un sac blanc pour tout le linge blanc ; et un sac marron pour les couleurs... » Le code est clair !

Astuces

Les chaussettes disparaissent ? Pourquoi y en a-t-il qu'on ne retrouve jamais ? Il est possible que les chaussettes, surtout celles qui sont fines ou petites, glissent entre le tambour et la carcasse de la machine ! Mais quel temps perdu à reformer les paires !
Pour éviter ces inconvénients, achetez dans les grandes surfaces des « pinces-clips à chaussettes » : vous demandez aux petits et grands « loups » de pincer ensemble les deux chaussettes lorsqu'ils les mettent au sale, et vous mettez le tout au lave-linge.
Ou mettez toutes les chaussettes dans un grand filet de lavage et mettez directement le filet au lave-linge.
Vous pouvez aussi les marquer ! Des étiquettes thermocollantes épatantes sont vendues sur le site <www.A-qui-s.fr>.

Faut-il traiter les taches avant ou après le lavage ?

Il faut traiter les taches avant... si on les repère ! Déposez sur la tache un peu de savon ou de lessive liquide, et en route pour la machine !
Ou bien faites tremper le vêtement à l'eau froide et savonnez-le avant de le mettre dans la machine – sauf la laine, qui ne doit pas tremper.
Certains produits « détachants à l'oxygène actif » sont efficaces sur les taches colorées et sur du linge clair. Attention, cependant : l'oxygène blanchit !
Si vous ne voyez la tache qu'au repassage, surtout ne repassez pas le vêtement ! La chaleur « cuit » la tache, l'incruste dans les fibres.
Pour un détachage plus spécifique, reportez-vous au paragraphe « Détacher le linge » de ce chapitre.

Faut-il toujours faire tremper le linge ?

Non, si le linge n'est pas très sale.
Le trempage est parfois nécessaire, par exemple au retour du foot ou d'un camp.
Plongez le vêtement dans de l'eau tiède additionnée de lessive et laissez-le tremper toute la nuit !
Trempez des vêtements ou chaussettes qui sentent fortement la transpiration dans une bassine d'eau additionnée d'un verre de vinaigre blanc.
Si vous n'avez pas le temps de laisser ce linge tremper, mettez-le directement en machine et choisissez un cycle avec prélavage, en versant pour celui-ci un verre de vinaigre blanc, et votre lessive habituelle pour le lavage.
Les traces jaunâtres de transpiration sur les vêtements ne partent pas facilement au lavage : frottez le vêtement avec un mélange d'eau et de vinaigre blanc avant le lavage, ou laissez-le tremper dans un mélange de 2/3 de vinaigre et 1/3 d'eau, sauf s'il s'agit de laine. Mais le résultat n'est pas assuré à 100 % : certains déodorants réagissent avec l'acidité de la peau et abîment les tissus.

Lorsque vous lavez à la main : il faut bien dissoudre la lessive – en poudre ou liquide – dans l'eau tiède avant d'y plonger le vêtement : le produit trop concentré peut abîmer le tissu.

À savoir

Lorsque vous achetez du linge en tissu éponge, laissez-le tremper une nuit dans l'eau froide (baignoire ou arrêt cuve pleine du lave-linge) avant de le laver : il sera plus absorbant dès la première utilisation.
C'est aussi valable pour les nappes, serviettes et draps en coton.

Astuce

Les nappes ont toujours des taches de graisse ! Avant de les laver, versez sur les taches une goutte de liquide vaisselle, et mettez directement à la machine, avec la lessive choisie ! Ça marche aussi pour les vêtements !

ÉVITEZ LES « ACCIDENTS » DE LAVAGE

• Videz les poches.
• Lavez le linge fragile, ou les collants, dans des filets de linge.
• Nouez les ceintures, pour ne pas retrouver tout votre linge saucissonné.
• Lavez sur l'envers les vêtements à motifs en relief.
• « Scratchez » ensemble les velcros des vêtements, sinon toutes les fibres fragiles vont s'abîmer, et le velcro récupère toutes les poussières textiles et perd son efficacité.

Horreur, le linge a déteint !
Il arrive qu'un vêtement de couleur déteigne* sur une machine de linge blanc...
Dans ce cas, vous pouvez essayer plusieurs actions :
- dès la fin du cycle, retirez le vêtement « coupable » et, sans faire sécher le linge, refaites tout de suite un cycle de lavage, à la même température ou à une température un peu plus élevée si le textile le permet, avec un peu de lessive ;

- ou bien laissez tremper le vêtement dans de l'eau additionnée de glaçons avant de refaire un lavage ;
- ou encore, plongez le vêtement dans l'eau bouillante vinaigrée si le textile supporte cette température, puis refaites un cycle de lavage.

À l'avenir, lorsque vous avez peur qu'un vêtement « crache » de la couleur, mettez une lingette Décolorstop® directement avec le linge dans le tambour. C'est le cas des polos rayés à col blanc ! La lingette absorbe la couleur, qui ne se dépose pas sur le blanc.

Pour un lavage optimal

Plusieurs facteurs sont importants pour obtenir un bon lavage :
- la température de lavage ;
- le temps de lavage ;
- le « frottement » du linge ;
- le choix de la lessive.

On peut faire varier ces paramètres : par exemple, si on diminue le temps de lavage (parce qu'on est pressé), on peut mettre un peu plus de lessive pour le même résultat.

La température de lavage et le « frottement » du linge

Ils dépendent du textile. Les cycles de lave-linge sont programmés en fonction des textiles (« blanc », « synthétique », etc.).

Sur certains lave-linge, on peut faire varier la vitesse d'essorage : plus l'essorage est fort, plus les fibres sont tordues, voire « cassées » (dans le cas du lin). En choisissant un essorage doux, on abîme moins le tissu et le repassage est plus facile, car les plis sont moins marqués !

Certains lave-linge ont des programmes adaptés aux différents textiles : cycle spécial jeans, spécial chemises, pour qu'ils soient moins froissés.

Étendez le linge dès la fin du lavage, il se froissera moins. Regardez sur la notice de votre lave-linge la durée d'un cycle de lavage pour étendre le linge dès la fin du cycle :

- un programme « linge blanc » à 60 °C dure environ 1 h 15 mn ;
- un programme « linge synthétique » à 40 °C, 55 mn...

Si vous ne pouvez le faire, vous avez deux solutions :

- différer le démarrage du cycle de lavage pour qu'il se termine à peu près quand vous pourrez l'étendre (retour du travail...) ;
- choisir un programme « arrêt cuve pleine » et essorer lorsque vous pourrez étendre votre linge.

L'eau

Avant de parler des lessives, il faut tenir compte de la qualité de l'eau, car c'est un élément très important dans le lavage.

Une eau « dure », c'est-à-dire calcaire, durcit les fibres textiles (car le calcaire se dépose sur les fibres) et diminue l'action de la lessive.

Cela dépend des régions et des installations (si votre lave-linge est muni d'un adoucisseur d'eau ou non).

Vous pouvez vous renseigner sur le site <www.C.I.Eau.com> ou auprès de votre distributeur local en eau (vous en trouverez les coordonnées sur votre facture d'eau).

Si votre eau est « dure », comme en région parisienne, il faut augmenter la dose de lessive.

Inversement, si elle est douce, comme dans les Bouches-du-Rhône ou en Haute-Garonne, diminuez les doses.

Une boule « anticalcaire » diminue les effets du calcaire sur le linge : c'est une boule qui, par action ionique, empêche le calcaire de se déposer sur le linge.

Ne la confondez pas avec la boule de lavage ou de séchage !

Les produits qui éliminent la saleté du linge

Pour enlever la saleté, vous pouvez exercer plusieurs actions :
- une action « mécanique », « taper » le linge à l'aide de balles ;
- une action « chimique », utiliser un produit détergent qui peut être sous forme de savons, comme les noix de lavage, ou de lessives.

Les « boules » et « balles » de lavage
Il ne faut pas les confondre, car elles n'agissent pas toutes de la même manière :
- la boule de lavage ionisante contient des billes de céramique qui empêchent le redéposition de la saleté sur le linge. Elle est efficace pour du linge peu sale, sans tache de sang ni de graisse, et n'élimine pas toujours les odeurs. Elle a l'avantage d'être moins polluante ;
- les noix de lavage sont le fruit du « sapindus » ou « arbre à savon » : ces noix contiennent de la « saponine », un savon naturel qui se dégage dans l'eau de lavage. Utilisez 4 noix pour un lavage en machine. Vous pouvez les réutiliser : deux ou trois fois pour un lavage à 30 °C, deux fois pour un lavage à 60 °C, et une seule pour un cycle à 90 °C.
On voit qu'elles ont dégagé toute leur saponine si elles sont plus ternes, plus claires et moins collantes lorsqu'elles sont humides : il faut alors les jeter.
Les noix de lavage sont efficaces, car elles ont une action détergente*.
Pour en savoir plus, <www.noix-de-lavage.be>.

Les boules et noix de lavage sont écologiques et naturelles. Elles respectent les couleurs des vêtements.
Elles ne donnent pas d'« odeur de propre » au linge, car cette bonne odeur est un additif que l'on trouve dans les lessives.
Pour ceux qui sont sensibles à la note « senteur fraîche », versez deux gouttes d'huile essentielle de lavande dans le bac « assouplissant » du lave-linge, avec un peu d'eau.

Et les « balles de tennis » ?
Elles ont seulement une action « mécanique », en frappant le linge, comme nos grands-mères au bord du lavoir !
Si l'on en met trois ou quatre dans la machine avec les grosses pièces de linge, elles les battent et permettent d'utiliser moins de lessive. Mais elles n'éliminent pas la saleté par détergence*.
Abandonnez l'idée d'aller ensuite jouer au tennis avec ces balles !

Les lessives

Les lessives enlèvent la saleté par action chimique : c'est leur pouvoir détergent*.
Vous trouvez dans le commerce deux types de lessive, en poudre ou liquide :
- les lessives en poudre sont plus efficaces pour éliminer les taches, surtout à basse température. Elles rendent le linge plus blanc. Attention : elles décolorent davantage le linge foncé ;
- les lessives liquides, plus concentrées, sont plus écologiques et respectent mieux les couleurs. Attention : certaines contiennent autant de substances allergènes (contenues surtout dans les substances qui parfument les lessives) que les poudres.

À savoir

Les réparateurs de lave-linge disent que la lessive en poudre (curieusement) encrasse moins les canalisations.

Dans le chapitre 7, nous vous indiquons comment entretenir votre lave-linge régulièrement.

Faut-il utiliser une seule lessive pour tout le linge ou plusieurs lessives ?

Les lessives qui se vantent de « laver plus blanc » contiennent effectivement des « agents de blanchiment » : elles nettoient bien le linge blanc, mais elles décolorent le linge de couleur.

Les lessives « spécial couleur » ou même « spécial noir » sont moins agressives pour les couleurs.

Conseil de pro

Pour conserver plus longtemps vos vêtements, utilisez plusieurs lessives :
- une lessive en poudre pour le linge blanc (les lessives au savon de Marseille sont efficaces : elles sont peu allergisantes, et le savon de Marseille blanchit les tissus) ;
- une lessive liquide pour le linge de couleur ;
- une lessive liquide pour le linge noir et les couleurs foncées.

L'investissement est un peu plus grand au départ, mais vos barils de lessive durent plus longtemps, puisque chacune est moins utilisée.
Le seul inconvénient est l'espace de stockage.
Prévoyez une petite planche au dessus de votre lave-linge, ou glissez sur le côté de la machine un petit bac à roulettes étroit, pour ranger vos lessives.

Le surdosage :
- pour du linge « normalement » sale, réduisez de moitié la quantité de lessive préconisée par les fabricants. Votre linge sera aussi bien lavé ; vous ferez des économies et polluerez moins ;
- certains lave-linge ont maintenant un doseur intégré : on stocke la lessive liquide dans un bac, dans la machine qui diffuse pour chaque programme la quantité nécessaire...

L'ADOUCISSANT TEXTILE

Il est utilisé pour redonner la souplesse au linge. Les adoucissants chimiques étant souvent allergisants, utilisez un adoucissant naturel : versez un petit gobelet de vinaigre blanc dans le bac prévu pour l'adoucissant.
Le vinaigre va, en plus, éliminer les résidus de détergents et supprimer l'électricité statique de votre linge.
Ou placez dans le sèche-linge des « boules de séchage ».

Elles sont munies de « picots » qui frottent le linge et lui redonnent du gonflant. Ces boules adoucissent le linge mais ne donnent pas l'« odeur du propre ».

Conseil de pro

Le parfum ou des produits contenant de l'alcool directement vaporisés sur le vêtement peuvent provoquer des taches sur le tissu, qui risquent d'apparaître après le lavage : une réaction chimique se produit entre le parfum et la lessive.
Ne vaporisez pas le parfum, ou le déodorant, directement sur le vêtement.

C'est pour bientôt ! La recherche scientifique étudie la possibilité de fabriquer des vêtements dont les fibres seront imprégnées de senteurs (agréables !) qui se dégageront lorsqu'on les portera !

Le lave-linge familial peut-il laver le linge à la vapeur ?
Actuellement, le lave-linge fonctionne à l'eau. Cependant, sur certains appareils déjà commercialisés, la vapeur est injectée dans le tambour, en même temps que l'eau. Elle permet de décoller les taches plus facilement.
Elle s'associe à l'eau de lavage et au détergent : la température de l'eau monte plus rapidement. Ce système réduit à la fois la consommation d'eau et d'électricité. Mais il faut quand même utiliser de la lessive.

Bien étendre le linge facilite le repassage !

Il y a deux façons de faire sécher le linge : l'étendre ou le sécher en machine.
Le choix entre le sèche-linge et l'étendage dépend beaucoup du rythme de vie et... du climat !

Le sèche-linge

Il permet de gagner du temps, en réduisant le temps d'étendage et de séchage.
La manipulation du linge est moindre.
Pour que votre sèche-linge vous donne satisfaction, prenez quelques précautions :
- n'y mettez pas les vêtements contenant du lycra ou de la laine ;
- choisissez un programme « humidité légère », qui abîme moins le linge et permet de le repasser ensuite sans effort, si vous faites cette opération dès la fin du cycle de séchage – pour le linge que vous souhaitez repasser ;
- séchez séparément les draps et les tissus éponge, car si vous les mélangez les serviettes restent humides et les draps sont trop secs pour un bon repassage ;
- de même, séchez séparément le linge en coton et les synthétiques, car leur température de séchage n'est pas la même.

Le sèche-linge permet de sécher le linge en le défroissant, par système de rotation, avec de l'air chaud qui le fait gonfler.
Sortez le linge dès la fin du cycle : il n'est pas froissé et il n'y a souvent qu'à le plier.
Si vous laissez le linge dans le sèche-linge, à la fin du cycle il va se tasser et se froisser : vous perdez alors une partie des avantages de cet appareil.
Pour un bon résultat, calculez le moment où vous lancez le cycle de séchage ! Il peut juste se terminer pour que vous puissiez plier le linge en regardant votre série télévisée ou en faisant réciter les leçons.
Si une aide à domicile vient repasser, programmez les lessives la veille du jour où elle vient.

L'étendage du linge

Il existe plusieurs systèmes d'étendage, selon la place dont vous disposez :
- un séchoir plat « plafonnier », suspendu au plafond à l'aide de coulisses, au-dessus de la baignoire ;

- un séchoir mural « fil » (rembobinage mécanique);
- un séchoir sur pieds, pliant;
- la corde au fond du jardin...

Pour que le linge sèche vite, la pièce où vous l'étendez doit être bien aérée : laissez la porte ouverte si vous n'avez pas de fenêtre ou de VMC*.
Moins on a de temps, mieux il faut travailler en amont ! Prenez quelques minutes de plus pour l'étendage et vous gagnerez beaucoup de temps au repassage :
- secouez bien le linge avant de l'étendre pour le défroisser;
- étendez les chemises et chemisiers en positionnant bien le col et le devant;
- suspendez les tee-shirts à cheval sur les fils du séchoir.

Astuces

Pour suspendre les culottes !
D'un côté de votre séchoir, coincez horizontalement un manche en alu (ou fixez au mur une barre porte-serviettes mobile). Enfilez slips et culottes au fur et à mesure sur cette barre. (Astuce fournie par Anne, mère de famille organisée !)

Installez votre panier de linge à étendre à bonne hauteur pour ne pas vous baisser tout le temps.
En plein air, attention au soleil : il fait « passer » les couleurs foncées, elles perdent leur intensité – suspendez le linge foncé sur l'envers.
Le soleil blanchit, il peut faire disparaître les taches jaunies sur du linge en coton blanc ! Lavez votre linge et étendez-le au soleil.
Pour blanchir encore davantage vos draps ou nappes anciennes : un jour de beau temps, lavez-les et faites-les sécher sur l'herbe : la chlorophylle contenue dans celle-ci dégage de l'oxygène qui blanchira votre linge. C'est ce que nos grands-mères appelaient le « blanchiment sur pré » – il avait du bon !

Voici un petit tableau récapitulatif de la meilleure manière de faire sécher vos vêtements :

Ce qui peut passer en sèche-linge	Ce qu'il vaut mieux étendre	Ce qu'il faut suspendre sur cintres	Ce qu'on fait sécher à plat
- Sous-vêtements en coton - Chaussettes (sauf la laine) - Tee-shirts, polos - Jeans - Serviettes de toilette et gants - Draps - Nappes et serviettes de table, torchons	- Sous-vêtements synthétiques - « Polaires » - Chaussettes en laine - Vêtements contenant du lycra	- Chemises et chemisiers - Vestes	- Lainages - Vêtements qui risquent de se déformer

Repasser : une étape nécessaire ?

Un adage très juste dit : « Perds si tu veux gagner ! » Prenez un peu de temps pour préparer votre linge et vous gagnerez du temps au repassage.
Si le linge a été bien étendu (ou s'il sort directement du sèche-linge), il n'est pas nécessaire de tout repasser.
Si vous n'avez vraiment pas le temps, repassez uniquement les chemises et les chemisiers, surtout ceux qui sont en coton.
Plier soigneusement le linge, même non repassé, est une façon de le soigner et de le faire durer.

Conseil de pro

Le repassage donne un « fini », un soin au linge.
Bien repasser une chemise est une manière de dire « je t'aime » à quelqu'un... et de se le dire aussi à soi-même !

Si vous avez envie d'en savoir plus sur le repassage, continuez la lecture... sinon, faites lire ce qui suit à votre employée à domicile qui s'occupe de votre repassage !

Gagner du temps

Repassez un long moment suivi plutôt que par tranches de dix minutes...
Repassez par séries :
- le linge « plat », puis le reste de la pile ;
- ou le linge synthétique (fer doux), puis le coton (fer plus chaud) ;
- commencez par ce qui vous ennuie le plus, le reste se fera tout seul ;
- repassez devant votre film préféré ou en écoutant la musique qui vous donne du punch, ou une conférence culturelle !

Il y a un secret pour obtenir un vêtement bien repassé ! Tout est dans le bon degré d'humidité du vêtement, qui dépend du textile :

- soit le linge sort du sèche-linge, très légèrement humide, et vous le repassez tout de suite ;
- soit la vapeur de votre fer ou de votre centrale suffit à le défroisser, c'est le cas pour les textiles synthétiques ou les mélanges (coton-polyester...) ;
- pour les chemises en coton, il faut humecter le linge un peu plus. Humectez toutes les chemises quelques minutes avant de commencer à repasser, mettez-les les unes sur les autre, retournez la pile et commencez par la première humectée ;
- il est parfois nécessaire d'utiliser une pattemouille* pour repasser certains vêtements fragiles : laine, vêtements de couleur foncée...

Astuces

Fabriquez-vous un humecteur : gardez une petite bouteille d'eau minérale de 50 cl. À l'aide d'une épingle, percez le bouchon de plusieurs trous... et vous aurez un humecteur parfait !
Ne confondez pas cet humecteur qui « mouille » beaucoup avec le vaporisateur : celui-ci diffuse sur le tissu une petite « bruine » et est utilisé pour rectifier les faux plis ou pour humidifier très légèrement le tissu.
Si vous n'avez pas d'humecteur, mouillez bien une serviette éponge, et étalez-la surs le linge sec. Roulez la serviette, tordez légèrement. Le linge s'humidifie immédiatement de manière homogène.
Vous pouvez aussi placer votre linge trop sec dans le sèche-linge avec une serviette mouillée et choisir un programme court de séchage.

Conseils d'ergonomie

Placez la pile de linge à repasser d'un côté de la table (gauche si vous êtes droitier) et, une fois repassé, posez-le de l'autre coté de la table, directement dans un petit bac, ou sur un plateau : cela facilite le rangement.
Si vous avez plusieurs enfants, vous pouvez prévoir des bacs empilables : chaque enfant a le sien et peut

venir chercher lui-même son linge repassé qui se trouve dans son bac et le ranger. Ou faites des piles pour chacun (enfant, mari, compagnon, amant...).

Gardez la forme en repassant : au lieu de laisser vos deux pieds à plat, posez un pied sur une boîte et changez régulièrement de pied – cet exercice facilite la circulation sanguine.

Conseils de pro

Posez bien à plat le tissu sur la table et lissez-le avant de repasser.
Imprimez un mouvement régulier au fer (de gauche à droite ou de haut en bas) pour ne pas déformer le tissu.
Commencez par repasser les parties « doubles » d'un vêtement : col, poignets...
Ne repassez pas les vêtements tachés : la chaleur fixe la tache sur le tissu.
Un tissu ancien ou foncé lustre* : pour éviter cet inconvénient, repassez le vêtement à l'aide d'une pattemouille* humidifiée à l'eau vinaigrée.

Pour nettoyer la semelle du fer
Le fer se salit lorsqu'un vêtement synthétique a été repassé à une température trop forte ou si des impressions décoratives de vêtements collent sur la semelle.
Pour nettoyer la semelle, faites chauffer le fer à une température moyenne, puis débranchez et frottez-la :
- soit avec une craie blanche pour tableau noir d'écolier ;
- soit avec un demi-citron saupoudré de sel fin.
Essuyez ensuite soigneusement le fer sur un chiffon, et faites « cracher » un peu de vapeur, avant de recommencer à repasser.

Détacher le linge

Enlever une tache sur du linge, ce n'est pas magique... mais c'est une réaction physique et/ou chimique !
Avant de traiter la tache, utilisez vos cinq sens pour essayer de reconnaître :

- son aspect (les bords de la tache sont nets ou au contraire la tache s'étale sur le tissu : elle est diffuse) ;
- son toucher (une tache peut être épaisse, superficielle, ou au contraire pénétrer en profondeur la fibre, ou être « mixte » – c'est le cas, par exemple, de la bougie : la cire reste épaisse en surface, mais la graisse s'imprègne dans le tissu) ;
- sa couleur ;
- l'emplacement sur le vêtement ;
- l'odeur (certaines taches ont une odeur caractéristique).

Voici un tableau récapitulatif des taches les plus courantes :

Type de tache	Moyens pour la reconnaître	Méthode de détachage
Beurre, huile, graisse	Tache diffuse. Elle est en profondeur dans le tissu. Peu colorée. Emplacement : revers de veste, cravate...	Saupoudrer de Terre de Sommières, ou frotter à l'essence F, ou frotter un peu avec du liquide vaisselle. Puis laver en machine.
Boue	Tache diffuse. Elle est superficielle (épaisse). Couleur brune. Emplacement : bas de pantalon, genoux...	Laisser sécher la tache. Brosser. Puis laver à l'eau tiède savonneuse.
Bougie	Tache à bords nets. Mixte. Colorée selon la couleur de la cire.	Laisser sécher la tache. Retirer le maximum en grattant le tissu sur l'envers. Brosser. Passer un fer tiède sur une feuille de buvard fin ou de papier de soie. Terminer à l'essence F, ou à l'eau vinaigrée.

▷

Type de tache	Moyens pour la reconnaître	Méthode de détachage
Brûlure	Tache à bords nets. En profondeur dans le tissu. Couleur rousse.	Frotter à l'eau vinaigrée. Puis laver à l'eau tiède savonneuse.
Cambouis	Tache diffuse. Mixte : épaisse et en profondeur. Couleur grisâtre. Emplacement : bas de pantalon...	Saupoudrer de Terre de Sommières, ou frotter à l'essence F. Puis laver en machine.
Café, chocolat, thé	Tache profonde. Couleur brune. Devant de vêtements.	Faire tremper dans l'eau froide vinaigrée ou additionnée de jus de citron.
Chewing-gum	Bords nets. Tache épaisse. Couleur blanchâtre. Fond de pantalon...	Durcir avec un glaçon et gratter au couteau. Puis laver à l'eau savonneuse.
Cirage	Tache diffuse. Profonde. Couleur du cirage. Bas de pantalon...	Frotter à l'essence F.
Colle (tache récente)	Bords très nets. Superficielle. Couleur blanchâtre.	Tamponner au vinaigre blanc. Puis laver à l'eau tiède savonneuse.
Dentifrice	Bords nets. Superficielle. Couleur blanchâtre.	Rincer à l'eau tiède vinaigrée.
Encre, feutre	Tache diffuse. Profonde. Couleur noire ou bleue.	Faire tremper dans du lait chaud, ou verser quelques gouttes de jus de citron ou d'eau vinaigrée, ou frotter à l'alcool à 90°.

Type de tache	Moyens pour la reconnaître	Méthode de détachage
Eau de mer	Tache épaisse (dépôt de sel). Couleur blanchâtre. Odeur de « mer ».	Frotter à l'eau vinaigrée ou faire tremper. Puis laver.
Fond de teint	Tache diffuse. Profonde. Couleur un peu brune. Près du col... serviettes de table !	Frotter au savon de Marseille, ou avec des lingettes pour bébé.
Fruits, herbe	Tache diffuse. Profonde. Couleur bien marquée (verte ou rouge). Revers et devants de vêtements, genoux et fond de pantalons.	- Sur tissus résistants : verser de l'eau bouillante sur l'envers du tissu, ou frotter au savon de Marseille. - Sur tissus fragiles : verser du jus de citron ou de l'eau vinaigrée.
Moisissure	Tache diffuse. Profonde. Couleur : grisâtre.	Imprégner de bicarbonate de sodium humide, ou laisser tremper dans du vinaigre blanc salé (ou jus de citron salé).
Rouge à lèvres	Tache diffuse. Superficielle. Couleur rougeâtre. Revers vêtement ou col roulé... serviettes de table !	Lingette démaquillante. Puis laver à l'eau tiède savonneuse, ou tamponner à l'alcool à 90°.
Rouille	Bord net. Profonde. Couleur « rouille ».	Verser quelques gouttes de produit antirouille « Rubigine » et rincer abondamment, ou verser du jus de citron salé

▷

Type de tache	Moyens pour la reconnaître	Méthode de détachage
Sang	Bords assez nets. Tache profonde. Couleur rougeâtre.	Attention : ne jamais laver ces taches à l'eau chaude ! Faire tremper dans l'eau froide vinaigrée ou additionnée de jus de citron.
Sueur	Tache diffuse. Profonde. Sous les aisselles. Odeur caractéristique.	Faire tremper dans l'eau vinaigrée. Puis laver.
Urine	Tache diffuse. Profonde. Odeur très caractéristique.	Faire tremper dans de l'eau salée (50 g/litre), ou saupoudrer de bicarbonate de sodium ; laisser agir 30 mn et brosser.
Vernis à ongles	Bords très nets. Tache mixte. Couleur rougeâtre.	Frotter à l'eau tiède et alcool à 90°.
Vin rouge	Tache diffuse. Profonde. Couleur rougeâtre. Nappes et serviettes !	Verser de l'eau gazeuse sur la tache, ou tremper dans l'eau vinaigrée.

Les détachants à l'oxygène actif blanchissent : attention au linge foncé.

Si vous en avez assez d'enlever les taches !
Vous pouvez pratiquer « l'art de ne pas se salir » enseigné dans le *Manuel d'enseignement ménager*, datant de l'année 1900, mais qui garde toute son actualité :
« Marcher d'un pas léger pour ne pas se crotter, en évitant les flaques et endroits boueux.
Ne pas s'adosser à un mur ou meuble d'une propreté douteuse.
Manger et boire sans se tacher.

Transporter un plat sans en renverser le contenu.
[...] Ne voit-on pas certains enfants essuyer leur table ou leurs bottines avec leur mouchoir ou le coin de leur tablier, sous prétexte qu'ils sont sales et vont être mis à la lessive ! »

... À quand les vêtements qui ne se tachent pas ! et à quand la fin de nos maladresses !

Simplifiez-vous le quotidien

Si vous avez la place, créez un espace « buanderie » : avec le coin de repassage pas trop loin du lave-linge, des corbeilles du linge repassé pour chacun, empilables ; si en plus la boîte à couture est à proximité, il y a plus de chances pour que le bouton manquant soit recousu...

Le rangement du linge

L'ORGANISATION DU RANGEMENT DU LINGE

Le rangement du linge pose parfois un problème ! Il n'y a jamais assez de place ! Pourquoi ?
a) Vous avez trop de linge !
b) Vous n'avez pas assez de rangements, ou le linge n'a pas de place attribuée, ou le rangement n'est pas pratique : on prend la pile de derrière en défaisant celle de devant...

a) Avez-vous trop de linge ?
Si vous deviez compter les torchons ou les tee-shirts que vous avez dans votre placard et ceux dont vous vous servez effectivement, vous seriez étonné !
Finalement, on utilise très peu de linge ! Alors est-il nécessaire d'en avoir tellement en réserve ?
En fin de chapitre, nous vous proposons une liste minimale de linge de maison.
Éliminez les vêtements que vous n'avez pas portés depuis deux ans ! Il y a de grandes chances pour que vous ne les remettiez plus.

b) Est-ce que chaque élément : nappes, serviettes de toilette, draps, vêtements... a une place attribuée dans vos placards ?

Est-ce que ce rangement est pratique pour vous ? Par exemple, Caroline préfère ranger ses serviettes de toilette dans la salle de bains, parce que c'est là qu'on les utilise. Robert ne veut surtout pas les ranger là car les enfants prennent évidemment toujours les serviettes propres et laissent traîner celles qui ont seulement été utilisées une ou deux fois !

Caroline range les bavoirs et serviettes de table dans la cuisine, les pyjamas des petits dans la salle de bains, plutôt que dans la jolie petite commode de la chambre.

Lorsque le linge a une place déterminée, informez-en la maisonnée : c'est l'occasion de communiquer entre conjoints, parents et enfants, parents et nounou !

Il faut s'habituer à ranger le linge à sa place : aller jusqu'au bout de son geste lorsqu'on a un vêtement dans la main... pour qu'il atterrisse là où il doit aller : étagère, cintre... ou bac à linge sale !

Courage ! Il faut répéter vingt et un jours suivis le même geste pour qu'il devienne habituel et automatique (selon le livre *Je suis débordé(e) à la maison !*).

Avez-vous plus d'étagères que de penderies ou l'inverse ?

Conjuguez vos rangements selon votre maison.

Conseil de pro

Si vous emménagez et avez le choix, installez des penderies : vous gagnerez du temps en évitant de plier les chemises ou les petits pulls très souples et très difficiles à plier !

Avant d'aménager l'intérieur d'un placard, déterminez ce que vous voulez y ranger. Faites un essai en plaçant le linge de façon logique et en utilisant au maximum l'espace. Installez un système de crémaillères au lieu d'étagères fixes !

Évitez de surcharger tiroirs et étagères : on ne sait même plus ce qu'elles contiennent et... ce qu'on ne voit pas, on a de grandes chances de l'oublier !
Utilisez l'intérieur des portes de placards : dans le dressing, installez des crochets porte-cravates ou une barre pour les ceintures, les foulards, les sacs...
Pour l'installation d'une chambre d'enfant, les petites commodes avec table à langer intégrée sont mignonnes ; mais elles sont utiles peu de temps : il vaut mieux acheter tout de suite un modèle d'armoire et de commode plus grand.
Si vous avez plusieurs enfants, proposez à chacun de choisir une couleur : son linge de toilette, ses boîtes de rangement seront de cette couleur ; vous placez des pastilles de sa couleur également sur ses livres ou jouets... Vous identifiez tout de suite ce qui traîne et la fratrie s'habitue à demander la permission d'emprunter ce qui est « étiqueté » d'une autre couleur...

Quelques astuces de rangement du linge

Pliez votre linge plus facilement :
- évitez de plier le linge encore humide, des faux plis vont se former ;
- attrapez le tee-shirt, polo, pull, sous les aisselles et secouez-le avant de le poser à plat, il va prendre sa position sans plis ;
- vous pouvez utiliser une « plaque à plier » (vendue sur les marchés) qui vous permet de plier tous les vêtements à la même dimension.

Une fois draps et nappes rangés, il est difficile de repérer leur taille. Pliez différemment les housses de couette pour un grand lit et celles pour un petit lit. Faites de même pour les nappes : quatre couverts ou huit couverts... ou placez une étiquette pour signaler le lieu de rangement de chaque catégorie.
Glissez les serviettes repassées dans la nappe, avant de la ranger. Faites de même pour les draps : placez le drap housse et la ou les taies dans un pli de la housse de couette : vous gagnez du temps au moment de changer les draps.

Pour ranger le linge peu utilisé (par exemple les nappes blanches dont on se sert une fois par an pour les fêtes) : repassez-le et enveloppez-le dans un vieux drap blanc avant de le ranger dans l'armoire. Cela évite les traces jaunes aux pliures.

Vous pouvez installer une double barre dans la penderie : une haute pour les vestes, chemises... et une autre en dessous pour les pantalons pliés en deux...

Rangez le linge par catégories : « On ne mélange pas les torchons avec les serviettes. »
Évitez les piles trop hautes ! Vos « petits chéris » vont forcément prendre le tee-shirt du dessous et tout faire dégringoler.
Pour prendre facilement un drap ou une nappe, rangez-le avec le pli vers vous : il est plus facile à saisir ensuite.

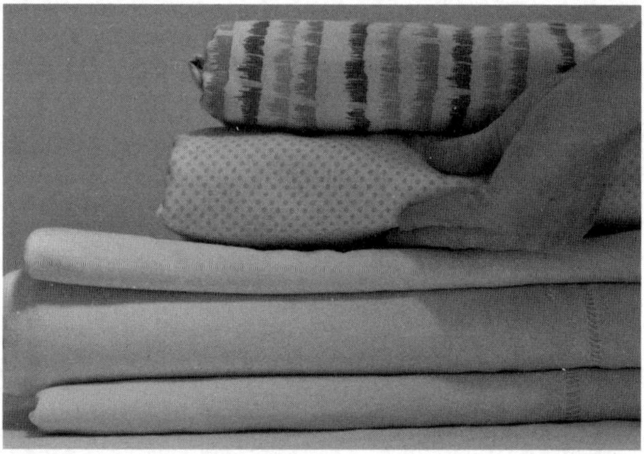

En revanche, empilez les chemises « tête-bêche » pour que les chemises ne glissent pas. Vous gagnerez en plus beaucoup de place.
Pour une usure régulière du linge, rangez le linge repassé sous la pile... à condition que cette pile ne soit pas trop haute... Si elle dégringole, cela vous ramène au point précédent : vous avez du linge « en trop » !

Récapitulons les manières de ranger les vêtements :

Vêtements sur cintre	Linge sur étagère	Linge dans un tiroir, compartimenté
- Chemises - Petits pulls fins - Pantalons/jupes - Vestes - Écharpes...	- Tee-shirts - Polos - Linge de maison	- Sous-vêtements, par catégories - Foulards - Accessoires...

Astuce : Pour compartimenter un tiroir ou une étagère, utilisez les boîtes à chaussures, pas trop grandes, que vous gardez lorsque vous en achetez une paire, ou que vous demandez aux commerçants, surtout lors des soldes !
Étiquetez aussi sur le bord de la commode l'emplacement de chaque catégorie de vêtements.

Conseil de pro : (donné par Sylvie Ayrault, chef habilleuse au Théâtre du Châtelet)
Dans la penderie, rangez tous les cintres dans le même sens : ils vont moins s'emmêler et vous gagnerez du temps au moment de les décrocher.
Tous les crochets dans le même sens sur la tringle.
Tous les vêtements accrochés dans le même sens sur les cintres : par exemple, boutonnage des vestes à droite.

Faites durer vos vêtements

« Les vêtements qu'on jette en tas sur une chaise se fripent et paraissent bientôt vieux et laids. »
Pour éviter cela :
- suspendez-les le soir ;
- brossez-les régulièrement pour éliminer la poussière et regonfler les fibres, avec une brosse à habits, en poils naturels ou en « velours » ;
- faites « tourner » plusieurs ensembles au lieu de porter toute la semaine le même : ils se déformeront moins.

Astuce

Pour défroissez vos vêtements : suspendez-les dans la salle de bains après avoir pris un bon bain chaud : la vapeur va les défroisser.

Comment faire pour les vêtements portés une seule fois...

une journée, voire... une heure ? Les ados ont souvent cette fâcheuse habitude...
Slips et chaussettes sont changés tous les jours.
Tee-shirts, polos, chemises... : tout dépend des personnes, de la transpiration...
Si le linge n'est pas sale ni « malodorant », vous pouvez le ranger dans une partie séparée du linge propre et repassé : une étagère « linge en utilisation » ou une pile différente.
Vous pouvez aussi mettre les chemisiers sur des cintres « repérables » : par un ruban, ou par une couleur spéciale...

Conseil de parents

Pour les enfants, préparez, avec les petits, les vêtements la veille au soir : vous évitez les querelles matinales et gagnez du temps au démarrage de la journée. Vous pourrez ainsi remettre le tee-shirt ou le pantalon « en utilisation ».
Pour les ados, établissez un contrat : le tee-shirt sorti du placard et porté dix minutes ou une heure ne doit pas atterrir dans le bac à linge sale. Si votre bac est plein de polos propres de votre ado, il s'engage à repasser toute la pile de linge de la semaine... Ou apprenez-lui à utiliser le lave-linge et à repasser ses affaires !
C'est trop facile de laisser une grosse pile de linge pas sale à laver, étendre et repasser !

Comment éliminer les odeurs des vêtements

Nettoyez régulièrement les vêtements sans attendre qu'ils soient trop sales.
Laissez-les s'aérer : ne les enfermez pas tout de suite dans le placard, suspendez-les dans la salle de bains le soir, ou laissez les portes du placard ouvertes.
Luttez contre les odeurs tenaces (tabac, transpiration...).

Pour éliminer les odeurs : remplissez un vaporisateur de vodka pure et vaporisez à 30 cm du vêtement. L'alccol est volatile et ne laisse pas de traces. Astuce donnée par Sylvie Ayrault, chez habilleuse au Châtelet.

Lorsque vous avez passé une heure dans un endroit enfumé ou au McDo, votre veste empeste ! Passez-la dans le sèche-linge au programme « air froid », dix à quinze minutes, avec un mouchoir imprégné de votre huile essentielle préférée.

Le rangement saisonnier des vêtements

Profitez du changement de saison pour trier vos vêtements et éliminer. Vous pouvez réaliser ce travail en mai, lorsque les beaux jours sont déjà là, et en novembre, quand les frimas s'installent. Notez-le dans votre Home GPS.

Nous vous renvoyons au chapitre 3, « Mary Poppins et ce n'est plus le binz », pour la méthode de rangement et de tri des placards.

Rangez vos vêtements propres (lavés ou nettoyés par le teinturier) et repassés : même s'ils se froissent un peu, les plis seront moins marqués et vous gagnerez du temps au moment où vous les reprendrez à la saison prochaine.

Utilisez des housses de protection en tissu plutôt qu'en plastique, qui attire la poussière et ne laisse pas l'air circuler.

Pour gagner de la place, il existe des housses de rangement que l'on ferme en faisant le vide, à l'aide d'un aspirateur. Attention, le linge doit être parfaitement sec avant de le ranger.

Vous pouvez aussi ranger le linge dans des bacs de rangement à roulettes, en plastique transparent, pour identifier le contenu ; certains modèles sont plats, à glisser sous les lits.

Chasser les mites

L'été, les mites indésirables s'installent dans votre linge et se reproduisent : elles adorent les vêtements, surtout les lainages, et plus encore lorsqu'un peu de

saleté est restée sur ceux-ci ! Elles mangent la laine et… vous laissent un petit trou bien rond sur le vêtement !
Pour les éloigner, voici plusieurs recettes :
- les marrons – mais oui, ceux que vos petits chéris vous rapportent par sacs entiers ! Mettez-en quelques-uns sur chaque étagère, dans vos placards. Changez-les chaque année ;
- des boules de bois de cèdre ;
- un petit sachet de lavande ;
- une orange, piquée de clous de girofle, parfume en plus agréablement votre placard (pour la préparer, reportez-vous au chapitre 4, « Alice au pays des senteurs »).

Astuce

Si par malheur une mite a fait un trou dans un pull, pas de panique : prenez un fil de la couleur de votre pull, enfilez-le sur une aiguille ; prenez toutes les mailles autour du trou, resserrez doucement et arrêtez. Si vous n'avez pas de fil sous la main, prenez un de vos cheveux (pas trop court !). Le cheveu est souple et ne cassera pas, car le lainage est souple lui aussi !

Si vous devez conserver un tapis de laine roulé, posez dessus des feuilles de papier journal avant de le rouler : l'encre d'imprimerie éloigne les insectes.

L'entretien et le rangement des chaussures

L'ENTRETIEN

Prenez soin de vos chaussures, elles doivent vous emmener loin !
À l'achat, protégez-les des taches et de la pluie en vaporisant un imperméabilisant.

Lorsque vous les enlevez, placez des formes à chaussures (ou embauchoirs) : les chaussures retrouvent leur forme initiale et ne restent pas « avachies ».
Alternez deux paires de chaussures pour leur laisser le temps de se « remettre en forme ».
Si vos chaussures sont trempées, bourrez-les de papier journal et laissez-les sécher, mais pas sous le radiateur ! Ensuite, remettez les embauchoirs. Réimperméabilisez avant de les utiliser à nouveau.

Cirer régulièrement les chaussures prolonge leur durée de vie !
Utilisez du cirage traditionnel : il est plus compliqué à utiliser, mais le cirage en flacon, aux silicones, forme une pellicule brillante sur le cuir qui finit par le dessécher au lieu de le nourrir et de le protéger.
Il n'est jamais trop tôt pour apprendre comment cirer ses chaussures !
Brossez les chaussures pour enlever la poussière et la boue.
Appliquez la pâte de cirage sur la chaussure à l'aide d'un chiffon légèrement humide, laissez sécher et frottez vigoureusement (!) avec une brosse à chaussures en poils naturels. Pour un brillant « extrême », finissez en frottant avec un chiffon de laine, récupéré dans un vieux pull.
Si vous n'avez pas le temps pour cette « toilette » soignée, qui salit un peu les doigts, prenez du vrai cirage, en crème, vendu en tube avec un embout en mousse.

Nettoyez des chaussures vernies avec du lait de toilette, ou de lait pour bébé.
Nettoyez le daim ou le nubuck avec une petite brosse spéciale en crêpe*.
Lorsque la couleur passe au fil des mois, utilisez une bombe colorante pour lui redonner sa teinte initiale.
S'il a vraiment perdu son « velouté », cirez-le comme un cuir lisse.
Pour nettoyer les bottes en textile, « faux daim », frottez-les avec un chiffon microfibre à peine humide.

La boîte à cirage

Voici le matériel minimum :

- des chiffons ou petites brosses pour étaler le cirage ;
- du cirage de la couleur de vos chaussures, plus une boîte de cirage incolore ;
- des brosses « à reluire » (une pour les chaussures de couleurs foncées, une pour les couleurs claires) ;
- un chiffon en laine pour faire briller ;
- une petite raclette en bois, si vous rapportez habituellement de la boue sur vos chaussures.

Le rangement des chaussures

Qui n'a pas aspiré une pantoufle qui traînait sous le lit, ou retrouvé sa chaussure mordillée par son chien ?

Rangez les chaussures dans un endroit « spécial » pour que les mauvaises odeurs ne se répandent pas sur les vêtements !

Il existe plusieurs systèmes de rangement des chaussures :

- un soufflet à « niches », en tissu pliable, à suspendre dans une armoire ;
- un rangement multipoches, à suspendre derrière une porte ;
- une étagère porte-chaussures ;
- un meuble à chaussures, si vous avez beaucoup de chaussures à ranger ;
- des boîtes à chaussures pliantes, à fenêtre et ouverture sur le devant ;
- ou tout simplement dans leur boîte d'origine, en prenant une photo de vos chaussures que vous collez sur la boîte : devenez « fashionista » !

Pour éviter les mauvaises odeurs, saupoudrez l'intérieur des chaussures (surtout celles de sport) de bicarbonate de sodium qui absorbe les odeurs (voir chapitre 4, « Alice au pays des senteurs »).

Rangez vos chaussures d'hiver (ou d'été) après les avoir nettoyées, brossées et/ou cirées. Saupoudrez du bicarbonate de soude à l'intérieur. Bourrez-les de papier journal (ou utilisez des embauchoirs).

Le « trousseau » minimal de linge de maison

La cuisine

- 1 tablier de cuisine en coton qui enveloppe bien, avec une poche.
- 4 torchons.
- 2 paires de poignées (gants ou pinces), pour prendre les plats chauds, en coton épais ou silicone.
- 2 lavettes microfibres pour nettoyer les surfaces dans la cuisine (d'une couleur pour la cuisine différente de celles qu'on utilise pour la salle de bains !).

Le bain

- 1 peignoir par personne.
- 1 drap de bain par personne.
- 2 petites serviettes par personne – l'une d'elles peut être en « nid d'abeille »* ou en microfibre, car elles sont moins volumineuses lorsqu'on part en voyage.
- 2 tapis de bain lavables (choisissez des fibres qui se lavent à 60 °C).
- 2 serviettes « invités » pour le lavabo des toilettes ou celui de la salle de bains lorsque vous recevez.

La table

- 1 nappe et ses serviettes pour quatre personnes.
- 1 nappe et ses serviettes pour six personnes... ou plus.

Conseil de pro

Pour le quotidien, prévoyez une nappe ou des sets facilement lavables.
Il existe actuellement de jolis modèles de « toile enduite », plus agréable que la toile cirée, qui se nettoie d'un coup d'éponge – surtout, n'employez pas de « grattant » !
Ce tissu peut passer en machine, à programme « synthétiques » et sans essorage.

La literie

- 2 ensembles housse de couette, drap housse et taie d'oreiller ou de traversin, pour chaque lit de la maison. Prévoyez un ensemble ou deux de plus pour les lits des bébés et des jeunes enfants (accidents nocturnes).

- 1 alèse * (housse de protection de matelas) par lit.
- 1 sous-taie par oreiller ou traversin.

À savoir

La bonne « saison » pour acheter le linge de maison, c'est le mois de janvier, traditionnellement appelé « le mois du blanc ». Tout le linge de maison est en promotion à cette période.

Pour aller plus loin : *L'Entretien du linge*, Laure Manver et Claire Mazoyer, éditions Wolters Kluwer.

Fiches téléchargeables sur <www.lescarnetsdelinfo.com>

Fiche technique n° 1 - Où trouver les accessoires d'entretien du linge ?

Accessoire	Où le trouver	Coût moyen
Boules de lavage ionisantes	Grandes surfaces, magasins de bricolage	25 euros la boule (1 000 lavages)
Noix de lavage	Magasins bio, grandes surfaces	20 euros le kg
Boule anticalcaire	Grandes surfaces	5 euros la boule
Boules de séchage	Grandes surfaces, magasins de bricolage	8 euros les deux
Pattemouille	Fabriquer dans un vieux drap en coton (50 cm x 40 cm) Ou acheter dans magasin de tissus une « percale » fine de coton	6 euros le mètre
Filets pour linge délicat	Grandes surfaces, magasins de sport	2,50 euros le petit modèle (prenez-le avec une fermeture éclair résistante)
Rasoir à pull	Grandes surfaces	Marque « Eléphant », 8 euros
Lingette Décolorstop®	Grandes surfaces, drogueries	De 20 à 25 euros la boîte de 60
Pince-clip à chaussettes	Grandes surfaces	Environ 8 euros les 10
Vaporisateur	Grandes surfaces rayon jardinerie, jardineries	Entre 3 et 5 euros

▷

Accessoire	Où le trouver	Coût moyen
Boules de bois de cèdre	Magasins bio, grandes surfaces	7 euros le paquet de 18 petites boules (vous mettez dans plusieurs endroits : une seule suffit)
Embauchoirs (formes à chaussures)	Grands magasins, cordonniers	De 9 euros en plastique à 45 euros en bois !
Brosse à chaussures, en poils naturels, en crêpe, brosse à cirage	Grands magasins, magasins de chaussures, drogueries	Brosse de lustrage, 10 euros Brosse en crêpe, entre 4 et 8 euros Brosse pour étaler le cirage, environ 5 euros
Brosse à habits « velours »	Grandes surfaces	4 euros
Brosse à habits « rouleau adhésif »	Grandes surfaces	3 euros + 3 euros les deux recharges

Vous pouvez aussi vous procurer ces accessoires sur Internet.

Où trouver les produits d'entretien du linge

Produit	Où le trouver	Coût moyen
Vinaigre blanc	Grandes surfaces	1 euro le litre (vendu aussi en bidons de 5 litres)
Terre de Sommières	Droguerie, grands magasins	6 euros les 250 g
Savon de Marseille (acheter le « pur » pour le détachage du linge)	Drogueries, grandes surfaces, marchés	2,50 euros le bloc de 400 g
Huiles essentielles	Magasins bio	12 euros le flacon
Essence F	Drogueries, grandes surfaces	4,50 euros le litre
Alcool à 90 °C	Pharmacies	
Bicarbonate de sodium	Drogueries, grandes surfaces	5 euros les 250 g
Produit antirouille « Rubigine »	Droguerie, grandes surfaces	6 euros le flacon
Lessive Le Chat Sensitive	Grandes surfaces	5 euros le litre

▷

Produit	Où le trouver	Coût moyen
Lessive « linge noir »	Grandes surfaces	5 euros pour 1,5 litre, selon la marque
Lessive « linge couleur »	Grandes surfaces	5 euros pour 1,5 litre, selon la marque
Détachant « oxygène actif »	Grandes surfaces	Entre 3 et 7 euros le flacon, selon la marque
Cirage crème en tube	Grandes surfaces	4 euros le tube

Check-list à l'usage de celui qui entend : « Range ton armoire ! »

Une armoire de linge est rangée si, lorsqu'on ouvre la porte, tout a une place prévue, chaque élément est à sa place, et plié, empilé...
Pour parvenir à ce résultat, videz l'armoire, étagère par étagère, éliminez tout ce qui n'y a pas sa place, et cochez au fur et à mesure :
- linge sale mis au panier ;
- pantalons, jupes suspendus ;
- vestes, blousons suspendus ;
- chemises, chemisiers suspendus ;
- tee-shirts pliés et empilés ;
- pulls pliés et empilés ;
sous-vêtements rangés par catégories compartimentées, sur une étagère ;
- accessoires et bijoux rangés par catégories dans une boîte ;
- chaussures rangées par paires en bas de l'armoire.

Fiche technique n° 2 - Le détachage du linge (Cf. exemple p. 149)

6

Ma cuisine bien-aimée

« Ma cuisine bien-aimée » : la cuisine est ce lieu où l'on se sent en confiance, où les enfants s'épanchent en vous regardant préparer le dîner. Elle est aussi un refuge. Remplie d'objets familiers, rassurants, la porte du réfrigérateur tapissée de post-it ou d'emplois du temps, la cuisine est comme une banque de données, très révélatrice !
C'est un lieu incontournable, autant y vivre le mieux possible !

La cuisine, un lieu de vie

Manger en famille, ensemble autour d'une table, rend les enfants plus forts, et plus heureux.
Il est vrai que prendre un repas ensemble autour d'une table « dressée », c'est-à-dire disposée avec un minimum de soin, crée déjà un climat qui repose, et facilite le dialogue.
L'enfant parle (beaucoup !) mais écoute aussi : à table, on transmet non seulement les traditions familiales et culturelles, mais on peut commenter ou expliquer les enseignements de l'école. C'est un cadre propice à la communication. L'enfant se sent entouré dans ces moments-là, et les statistiques montrent que les conduites à risques (drogue, alcool, anxiété, dépressions) sont moindres pour les enfants qui mangent régulièrement « en famille ».
Les bonnes habitudes acquises à table préparent les enfants à leur future vie sociale : se retrouver à plusieurs membres de la famille – et non face à la télévision – représente le cadre idéal à l'apprentissage.
« Le savoir-vivre, règle de bienséance, est une occasion d'embellir le quotidien par des gestes aussi insignifiants qu'essentiels » (Clémentine Portier-Kalfenbach et Emmanuelle Ducournau, dans *L'Officiel*, mars 2009).
L'enfant apprend aussi à calibrer la quantité « raisonnable » pour son appétit... et pour en laisser aux autres !
Manger habituellement ensemble réduit aussi les risques de déséquilibre alimentaire, car les repas sont pris à heure (relativement !) fixe et on évite de grignoter entre les repas.
Comment réunir petits et ados autour du repas familial : prenez du plaisir à cuisiner et à transmettre !
Plus tard, vos grands vous rejoindront à la cuisine pour mettre la main à la pâte... à crêpes.

Organisez votre cuisine

« Pour avancer rapidement, ne revenez pas en arrière ! » (M. de La Palice.)

Une cuisine rationnellement installée permet d'économiser cinq cents pas pour un repas, soit trois heures par semaine !

Une cuisine s'ordonne autour de trois points : réfrigérateur et placards, évier et préparation, point de cuisson.

Si vous installez la cuisine, disposez ces trois pôles de manière logique (suivant la « marche en avant » des professionnels de la cuisine).

Dégagez au maximum (les deux tiers) les plans de travail en supprimant tout ce qui ne vous sert pas ou sert très rarement.

Astuces

- Restez attentif à la hauteur du plan de travail pour ne pas fatiguer le dos.
- Travaillez assis le plus possible : épluchage, certaines préparations sur tabouret haut.
- Prenez l'habitude de bien vous positionner lorsque vous restez debout longtemps. Évitez le déhanchement naturel néfaste pour le dos !
- Préparez votre travail pour gagner du temps. Par exemple, lorsque vous épluchez les carottes, posez-les d'un côté, devant vous un papier journal pour recueillir les épluchures, de l'autre côté l'évier ou la bassine pour laver les légumes épluchés.
- Repérez la meilleure source de lumière (naturelle ou électrique) et installez-vous face à la lumière.

Équipez votre cuisine

Nous vous proposons de faire le tour des ustensiles et produits de base pour mesurer, cuisiner, mijoter...

Le matériel de cuisson

Cuire le riz, les pâtes, faire les sauces

- 3 casseroles, de taille différente, en inox avec un fond renforcé (pour une meilleure diffusion de la chaleur). Attention : si vous avez des plaques de cuisson à induction, les casseroles doivent être d'un métal magnétique, c'est-à-dire qu'un aimant doit pouvoir

se coller dessus. Autrement dit, les casseroles à base de fer fonctionnent bien, alors que celles à base de cuivre ou d'aluminium ne sont pas utilisables.
- 2 couvercles « universels ».

Mijoter, braiser
- 1 cocotte en fonte.
- 1 sauteuse Ø 28 cm : casserole large et plate munie d'un couvercle.

Cuisson rapide, la cuisson vapeur
- 1 cocotte-minute ou un cuit-vapeur.

Cuisson à la poêle
- 2 poêles : une grande Ø 28 cm et une petite Ø 18 cm, antiadhésives ou en inox 18/10, qui sont moins fragiles surtout lorsqu'il y a plusieurs utilisateurs, en cas de colocation, par exemple.
À savoir : pour éviter qu'une poêle attache, mettez un peu de matière grasse, puis faites-la chauffer doucement, et seulement alors placez votre aliment à cuire.
- 1 poêle à crêpes Ø 22 cm.

Cuisson au four
- 2 plats à four en métal et/ou 2 plats à four en poterie « plats à gratin » (un grand et un petit).
- 1 terrine en terre.
- Des petits ramequins en porcelaine à feu : un par personne !

Les accessoires de cuisine
Éplucher, préparer
- 1 planche à légumes.
- 1 paire de ciseaux de cuisine.
- 3 ou 4 couteaux de cuisine (dont au moins 2 à lame-scie).
- 1 couteau économe (épluche-légumes).
- 1 presse-ail.
- 1 râpe (citron, fromage...).
- 1 louche.
- 1 écumoire.

- 1 spatule en caoutchouc ou silicone, pour racler le fond des préparations.
- 1 spatule en nylon pour ne pas rayer la poêle.
- 1 ouvre-boîte.
- 1 ouvre-bouteille.
- 1 presse-citron.
- 1 presse-purée.
- 2 ou 3 bols de préparation en plastique.
- 2 ou 3 assiettes pour paner.
- 1 ou 2 bols pour faire la vinaigrette, battre les œufs en omelette...
- 2 ou 3 cuillers en bois (évitez de les laver au lave-vaisselle : le bois se dessèche).
- Quelques cuillers à soupe, fourchettes et cuillers à café pour la cuisine.

Découper
- 1 fourchette à rôti.
- 1 grand couteau à viande.
- 1 planche à découper la viande.
- 1 aiguise-couteaux appelé aussi « fusil ».
- 1 grand couteau à lame-scie, couteau à pain.

Laver, essorer
- 1 passoire sur pieds (2 c'est mieux !).
- 1 essoreuse à salade.

Réaliser les sauces, la crème anglaise, les préparations fines
- 1 fouet à main.
- 1 passoire « fine », en toile métallique, pour filtrer les sauces (le « chinois » est une passoire fine en forme de cône).

Mesurer
- 1 verre mesureur.
- 1 balance.

Et... quelques boîtes de rangement rectangulaires, avec couvercle !
Les boîtes rondes prennent en effet plus de place.

Pour la pâtisserie

Les tartes, les biscuits

- 1 rouleau à pâtisserie.
- 1 feuille à pâtisserie (il en existe en fibre plastique qui ne collent pas, faciles à nettoyer).
- Quelques emporte-pièces.
- 1 plaque de four pour les cookies, sablés, macarons.

Les gâteaux, les cakes

- 1 moule à manqué (à bords hauts) pour les gâteaux au yaourt ou les tartes Tatin.
- 1 moule à cake 24 cm (ou 8 personnes).
- 1 moule à savarin (troué au centre) pour les babas au rhum.
- 1 moule à tarte Ø 24 cm (4-6 personnes).
- Quelques moules à petits gâteaux : muffins, madeleines.

Les décors

- 1 pinceau.
- 1 poche à douille et quelques douilles.

Et les indispensables

- 1 compte-minutes ou minuteur, ou 1 sablier.
- 1 robot pour hacher, râper, mélanger, battre les pâtes (voir au chapitre 7 comment le choisir).
- 1 fouet électrique
- 1 mixeur
- 1 bouilloire
- 1 carafe et filtre à eau.

Astuce : groupez tous les éléments (matériel de cuisson, épicerie, nécessaire pour le petit déjeuner...) à leur endroit d'utilisation.

Les fonds de placard et frigo

Ce qu'il est bon d'avoir toujours en réserve, pour faire face à toutes situations : les amis des enfants, la belle-mère qui arrive à l'improviste...

Épices et condiments à portée de main près de la cuisinière
- Sel fin et gros sel.
- Huiles (n'hésitez pas à varier : huile d'olive, huile de colza ou de tournesol, huile d'arachide pour les fritures).
- Vinaigre.
- Oignons, échalotes, ail.
- Cubes de bouillon de volaille, de bœuf ou de légumes.
- Cannelle, muscade, ras el hanout, gousses de vanille.

Les « basics »
- Pâtes, riz.
- Pulpe de tomate en conserve.
- Œufs.
- 1 sachet de fromage râpé.
- Lardons, jambon ou talon de jambon.
- Lait.
- Sucre.
- Farine.

Le petit déjeuner / le goûter
- Céréales.
- Thé.
- Café.
- Confiture ou compote.
- Biscuits.
- Tablettes de chocolat noir, chocolat en poudre
- Miel.
- Fruits secs.

Les boissons
- Eau minérale si vous n'avez pas opté pour le filtre à eau.
- Sirops.
- Vins (un rouge, un rosé).
- Alcools pour l'apéritif (whisky, porto, muscat…).

Et sur le pouce
- Légumes secs
- Pommes – pour les pommes au four, pommes

marguerite (coupées en quartier et passées 2 mn au micro-ondes avec une pointe de sucre et de cannelle), pommes râpées au miel.
- Bananes – coupées dans le sens de la longueur et passées 1 mn au micro-ondes avec un carré de chocolat.
- Raisins secs.
- Potages en sachet ou en brique.
- Quelques conserves de poisson : thon, sardines, anchois.
- Quelques légumes surgelés ou en boîte : haricots verts, petits pois, jardinière de légumes...

Au congélateur
- 3-4 blancs de poulet.
- Pommes de terre rissolées, frites à faire chauffer au four.
- Pizza.
- Purées de légumes.
- Poissons.
- Lardons.
- Pâte à tarte.

Ne pas oublier...
- Essuie-tout.
- Sacs-poubelles.
- Film étirable.
- Papier cuisson.
- Papier aluminium.

Organiser son travail en cuisine

Gagnez du temps lorsque vous vous mettez aux fourneaux.
• Commencez par préparer et faire cuire ce qui demande le plus de temps.
• Préparez tous vos ingrédients et ustensiles avant de commencer une recette.
• Préparez la veille le repas du lendemain. Votre repas cuira pendant que vous êtes à table ; le lendemain, vous n'aurez plus qu'à réchauffer lorsque vous rentrerez du travail ! Les enfants pourront se coucher tôt ou

regarder la télé une petite demi-heure avant d'aller au lit... mais après le repas en famille. Vous retournerez aux fourneaux une fois qu'ils seront couchés, pour le lendemain, etc.

• Préparez en même temps le déjeuner et le dîner.

• Préparez vos plats complets (pot-au-feu, potée, soupe) en grande quantité, vous aurez des plats tout prêts. Si vous les congelez, indiquez sur le récipient avec un feutre effaçable – ou sur une ardoise sur le côté du congélateur – ce que vous y mettez et la date... sinon, vous risquez d'oublier ces plats au fond du congélateur.

• Préparez de la vinaigrette en grande quantité et conservez-la dans une bouteille.

• Travaillez de façon séquentielle. Le dîner croque-monsieur s'annonce : étalez toutes vos tranches de pain, tartinez-les toutes de beurre fondu à l'aide d'un pinceau, étalez le jambon sur chacune, puis posez le fromage, refermez et enfournez ! Vous pouvez même en faire deux séries, les cuire et en congeler une partie pour un autre dîner « vite prêt ». Faites de même pour les quiches ou les poulets : faites-en cuire deux et conservez l'autre pour un autre jour.

Une heure ou deux peuvent-elles suffire pour avancer les repas de plusieurs jours ? C'est la méthode que propose ce livre d'Yves Camdeborde, *Qu'est-ce qu'on mange ce soir ?*, aux éditions Minerva.

Le principe de ce chef est d'établir un menu pour une semaine qui comprend plusieurs fois un même ingrédient (par exemple, un légume accompagnant une viande sera préparé aussi pour une soupe), puis vous partez au marché. Au retour, vous prenez une heure ou deux pour préparer une partie des plats de votre menu à l'avance. Le jour même, vous n'avez qu'à les terminer.

Vous cuisinez ainsi une seule fois un ingrédient qui servira dans plusieurs plats au cours de la semaine.

Comment préparer ses repas

Faites vos courses comme un bon home manager

Conseil de pro

Ne faites pas les courses à jeun : vous achèterez plus que nécessaire !
Partez avec une liste : vous éviterez d'acheter encore une boîte de thon (il y en a déjà quatre dans le placard) alors qu'il manque des sardines ! Vous gagnerez du temps et pourrez réaliser les recettes choisies avec tous les ingrédients.

• Faites un gros ravitaillement d'épicerie et de produits d'entretien, cosmétiques... pour la semaine ou quinze jours, et n'achetez que le frais au jour le jour.
• Vérifiez les prix au kg, sans vous laisser prendre par les promotions des gondoles de fin d'allée des supermarchés. Cependant, n'oubliez pas qu'en termes de prix il ne faut pas seulement calculer le prix coûtant : pensez au temps passé à aller faire les courses, au prix de l'essence, à la fatigue due au poids du caddie... Pensez à la moyenne surface près de chez vous.
• Placez les produits lourds ou les bouteilles au fond du caddie, les produits légers ou fragiles (chips) sur le dessus !
• Évitez les achats alimentaires le lundi : les produits sont moins frais ce jour-là.
• Pour les produits frais, préférez le marché si vous en avez un près de chez vous : laissez-vous séduire par les produits du jour. Certains maraîchers peuvent vous préparer votre commande : ils vous envoient par e-mail une liste, vous cochez ce que vous souhaitez. Le lendemain matin, vous n'avez plus qu'à passer prendre votre panier au marché.
• Achetez en fin de marché, pour profiter des prix intéressants proposés à ce moment-là. Attention, il

faudra consommer ces fruits et légumes dans les deux jours car ils seront peut-être un peu moins frais.

• Préférez une agriculture de proximité, raisonnée dans le respect des saisons, et une consommation modérée des produits exotiques qui changent des saveurs habituelles, mais nécessitent des transports gourmands en CO_2.

Astuces

Faites-vous livrer : en ville, les moyennes surfaces de proximité offrent désormais un service de livraison gratuite à partir de 75 euros d'achat.
Ou faites vos courses sur Internet : c'est un peu fastidieux au départ, mais vous économisez du temps et de la fatigue !
Le site <www.comparatif-cybermarche.com> vous aide à choisir votre service de livraison à domicile, en fonction de vos besoins et de votre budget.
Les sites proposent en général de sauvegarder une liste de courses de base que vous pouvez donc utiliser à chaque fois, soit en la complétant, soit en supprimant les produits inutiles.

À savoir

• Vérifiez les dates de caducité des aliments :

- DLC, date limite de consommation, inscrite sur les produits frais ; au-delà de cette date, le produit ne peut être consommé sans risque ;
- DLUO, date limite d'utilisation optimale, surtout pour les denrées d'épicerie ; on peut les consommer sans danger un peu après la date indiquée sur l'emballage, mais la qualité gustative peut s'en ressentir (biscuits...).

• Les boîtes de conserve ne doivent pas être cabossées ou rouillées : le produit risque de ne pas être bon.

• N'achetez pas de conserves au couvercle bombé : l'aliment est avarié et a fermenté dans la boîte.

• La composition de l'aliment est obligatoirement indiquée sur l'emballage : méfiez-vous d'un produit où elle n'apparaît pas clairement.

• Les aliments congelés doivent être bien durs à l'achat. Placez-les rapidement dans un sac isotherme et rentrez vite chez vous ! Pas question de vous arrêter prendre le pastis avec les surgelés dans le coffre de la voiture ! Vous risquez de briser la « chaîne du froid », ce qui peut provoquer un « réveil » des microbes et favoriser leur développement à la température ambiante.

Pour faire un menu, combinez les aliments, les saveurs, les couleurs !

Penser aux repas sur une semaine permet d'avoir une vision d'ensemble et d'équilibrer son alimentation.
Prévoyez le plat principal : viande, poisson ou œufs, avec son accompagnement.
Complétez avec une entrée – si possible des crudités – et un dessert (fruits ou féculents selon l'accompagnement).
L'autre repas, de préférence celui du soir, sera un complément à ce repas principal.

Pour réaliser un menu

- Évitez de mettre le même aliment sous deux formes différentes, par exemple, omelette et flan en dessert.
- Variez les couleurs et la consistance du repas : il arrive qu'un menu soit « tout blanc » (blancs de poireaux en entrée, poulet et pâtes, fromage blanc en dessert !) ou « tout mou ».
- On sait bien que vous êtes adepte du sandwich « Monop » ou que les enfants mangent à la cantine, mais plusieurs sites Internet peuvent vous aider pour composer vos menus : <www.mangerbouger.fr>, site du Programme national nutrition et santé, <www.marmiton.org>, <www.Koocook.com>.
- Le week-end, les vacances, choisissez des plats qui permettent aux enfants de participer ! Les enfants aiment faire la pâtisserie avec leur maman, tourner et mélanger la pâte, et « lécher » le fond de la casserole, surtout s'il y a du chocolat. Apprenez-leur à faire une pâte brisée, un gâteau au yaourt, à éplucher les pommes de terre, les carottes : avec l'épluche-légumes, c'est sans risque.

Astuces

Jouez la couleur, les senteurs ! Faites des pâtes, des pommes de terre, des légumes et utilisez les épices et fines herbes de votre placard : safran, cumin, persil, ciboulette, basilic, ras el hanout... le tout avec un filet d'huile d'olive.

Laissez la créativité s'exprimer : dessinez dans une assiette de soupe le visage d'un bonhomme à l'aide de 3 cuillers à café de crème fraîche, faites un dessin à la pointe du couteau sur une tartine de Kiri...

Le dimanche soir, oubliez les légumes, l'entrée, le plat, le dessert. Finissez le week-end en douceur :
- sortez la poêle à crêpes et demandez aux enfants de cassez 4 œufs, de les battre avec 1/2 litre de lait et 250 g de farine, 1 pincée de sel. Laissez la pâte reposer pendant qu'ils prennent leur bain ;
- ou optez pour le bol de lait pour les enfants qui tremperont le pain perdu de la semaine (1/2 litre de lait, 2 œufs, 50 g de sucre, 100 g de beurre, sucre vanillé). Les petites mains se feront une joie de retourner les tranches de pain dans la préparation et de les jeter dans la poêle.

Pour mamans pressées
Préparez un seul plat contenant des protéines, un féculent et des légumes cuits, accompagné d'une grosse salade.
Chacun se sert à sa faim, vous ne vous levez pas tout le temps de table, tout le monde y trouve son compte !
Ce système invite les enfants à mesurer leur appétit en se servant eux-mêmes leur mesure... ensuite, ils s'engagent à finir leur assiette !
Ce plat unique, sans fromage ni dessert, comble la faim ; réservez les fruits pour le goûter.

Idées
Devenez adepte du risotto. Préparation : 10 mn. Temps de cuisson : 20 mn.
Avec cette spécialité italienne à l'origine, vous pouvez réaliser un plat complet sur une base déclinable à volonté.

Les grains de riz blancs et ronds s'imprègnent de liquide, petit à petit, tout en libérant de l'amidon pour arriver à un mélange crémeux mais qui conserve une structure grâce au riz qui reste très légèrement croquant.
Le risotto apprécie aussi bien les produits de saison que ceux de votre placard, et vous pouvez également jouer sur la couleur : safran ou tomate, par exemple.
Les ingrédients sont très simples:
- un riz spécial risotto ;
- du bouillon de poule, de poisson ou de légumes, fait maison ou à partir de cubes ;
- du parmesan ;
- la garniture de votre choix – asperges, champignons, petits pois, oignons, aubergines, lardons, poisson, fruits de mer, jambon, poulet, amandes.

Voilà, vous êtes fin prête pour cuisiner de délicieux plats. À vous de jouer !
Et pour aller plus loin, le livre *Marre de préparer les repas !?*, aux éditions Les Carnets de l'Info.

Une alimentation équilibrée

Les aliments permettent de couvrir les besoins de l'organisme en matière de croissance, d'énergie pour le travail et de maintien de la température de notre corps.

Les sept groupes d'aliments

Retenez le chiffre 7 : 7 jours dans la semaine, 7 groupes d'aliments.

Groupe 1 : fruits et légumes
Nous n'en consommons jamais assez ! Cinq par jour est le nombre recommandé. Mais un fruit et un légume par repas suffisent.
Ils apportent vitamines, minéraux et fibres.
On les consomme crus ou cuits, frais ou surgelés.

Astuces

Lorsqu'on les consomme crus, l'apport en vitamines est supérieur.
La cuisson vapeur préserve également les vitamines.
Si vous cuisez vos légumes à l'eau, les vitamines se trouvent dans le bouillon.
Ne le jetez pas, vous pouvez le consommer en l'utilisant comme base pour une soupe ou un potage ou en l'agrémentant d'épices ou de fines herbes.

Groupe 2 : viandes, poissons, œufs

Ils fournissent des protéines nécessaires à la croissance et du fer, qui sert à fixer l'oxygène dans le sang.
Il ne faut pas les négliger dans l'alimentation des personnes âgées.

Astuces

Préférez la viande blanche : veau, volaille.
Optez pour de petites portions.
Privilégiez le poisson à la viande.
Accompagnez votre viande de légumes ou de salade.

Groupe 3 : lait et produits laitiers

Ils apportent calcium, protéines et vitamines.
Il est bon d'en consommer trois par jour ; la quantité augmente pour les enfants qui sont en période de croissance.
Ne les supprimez pas pour les personnes âgées qui souffrent souvent de décalcification.

Astuces

On trouve du fromage avec peu de matières grasses : cottage cheese, brousse et autres fromages de chèvre frais.
Vous pouvez toutefois déguster sans crainte un fromage à pâte cuite si vous l'accompagnez de tomates et non de pain !

Groupe 4 : matières grasses

Les lipides fournissent l'énergie et sont nécessaires pour le bon fonctionnement du système nerveux,

aident à conserver une peau lisse et sont indispensables au métabolisme. Des vitamines sont aussi apportées par ce groupe.
Choisissez les matières grasses d'origine végétale (huiles végétales : colza, pépins de raisin, olive); les graisses animales favorisent la fabrication de cholestérol.

Astuces

Limitez votre consommation d'acides gras saturés (solides à température ambiante : beurre, crème, charcuterie, viande, certains fromages, huile de coco ou de palme).
Ces acides gras font grimper le taux de cholestérol et sont les principaux responsables des maladies cardiovasculaires, et de l'obésité.

Privilégiez les acides gras insaturés qui sont, quant à eux, généralement fluides. Comme l'organisme ne peut les fabriquer seul, ils sont essentiels, au même titre que les vitamines. Les meilleurs pourvoyeurs sont les légumes, olives, noix, amandes, germes, et le poisson.

Groupe 5 : céréales, pommes de terre et légumes secs

Riches en glucides dits « complexes », appelés aussi « sucres lents », ils sont une très bonne source d'énergie pour l'effort.
Ne restez pas sur l'idée que « les féculents, ça fait grossir » : il faut en consommer régulièrement, en quantités raisonnables. Les adolescents en ont particulièrement besoin ainsi que les sportifs.
Ce qui fait grossir, ce sont les sauces qui les accompagnent, ou les fritures pour les préparer.

Astuces

Préférez les accompagnements à base de légumes.
Les pâtes peuvent être accompagnées de courgettes, tomates, poivrons, pesto, aubergines.
Une pointe de gruyère... uniquement pour les enfants. Pour vous un filet d'huile d'olive suffit !

• Les céréales
Les produits aux céréales complètes sont bons pour le métabolisme et la digestion. Les céréales fournissent des fibres à profusion et de précieuses protéines. Évitez de combiner pain et graisse : mieux vaut étaler sur votre tartine de la confiture, du miel, voire de la compote ou du fromage blanc (avec une pointe de sel, poivre, ciboulette) ou une tomate séchée.

Astuces

Le pain à base de farine complète est un peu plus cher à l'achat, mais nous en consommons moins et l'apport nutritionnel est meilleur. Il se conserve plus longtemps.

• Les légumineuses
Lentilles, pois cassés, haricots blancs ou rouges apportent des protéines végétales : elles sont dans de nombreux pays la « viande du pauvre ». Ce sont les combinaisons de plusieurs aliments ensemble qui apportent les protéines nécessaires : ainsi, en Asie, on associe le riz et le soja ; en Afrique, le riz et l'arachide ; au Mexique, le maïs et les haricots rouges ; en Afrique du Nord, la semoule de blé avec les pois chiches et les fèves.

• Les pommes de terre
Évitez de les consommer avec de la graisse : pommes de terre sautées, frites et au beurre sont les proies préférées des cellules adipeuses !

Astuces

Vous pouvez les combiner avec de la volaille, du poisson, du fromage frais ou des légumes.

Groupe 6 : le sucre et les produits sucrés

Ce sont les glucides dits « simples » ou « sucres rapides ». Ils sont assimilés très vite par l'organisme. Ils peuvent servir en cas de « coup de pompe ».

Le saccharose est le sucre commercial extrait de la betterave sucrière ou de la canne à sucre. Ce sucre est le constituant du sucre blanc courant.
Le fructose est un sucre que l'on trouve en abondance dans les fruits et le miel.
Ces sucres « rapides » sont les « mauvais sucres » qui font grossir !
Évitez les croissanteries systématiques à la sortie de l'école et les « bonbons-récompense » ou les « sucettes-bobos » qui favorisent des comportements dépendants chez l'enfant.

Astuces

Pensez au sucre non raffiné : le sucre complet, sucre brut en magasins bio. Un peu plus cher à l'achat, vous en consommez moins car il a un pouvoir sucrant légèrement supérieur.
Dans vos pâtisseries, privilégiez également le fructose, qui permet un apport en calories plus faible car il a un pouvoir sucrant plus important et l'on en utilise donc moins (60 g de fructose sont équivalents à 100 g de sucre classique).

Attention, une consommation de plus de 50 g de fructose (équivalent de 3 pommes ou 3 portions de fruits) par jour peut causer des ballonnements.

Conseil
Utilisez des produits naturels : miel, sirop d'érable, jus de poire, jus de pomme : si vous en usez comme d'une épice, ils ne font pas grossir.

Groupe 7 : les boissons
L'eau est indispensable à l'organisme et reste de loin la meilleure des boissons. Elle est notre élixir de jouvence !
Habituez les enfants à boire de l'eau, pendant les repas et surtout en dehors de ceux-ci !
Évitez les boissons contenant des sucres et les boissons gazeuses.

Astuces

L'eau minérale est un coupe-faim sans calories.
Démarrez le matin par un verre à la température de la pièce. Buvez toujours un grand verre d'eau avant le repas.
Vous pouvez ajouter un filet de jus de citron pressé dans votre verre pour la vitamine C.
Le soir, prenez une tisane. Il y en a aujourd'hui dans les magasins un grand choix pour tous les goûts.

À savoir

L'eau s'altère : si vous buvez l'eau du robinet le matin ou après une absence, laissez-la couler pendant quelques secondes.
Placée au réfrigérateur, buvez-la dans les 24 heures.
Remplissez la bouilloire et la cafetière électriques avec de l'eau froide : elle est plus sûre du point de vue bactérien que l'eau chaude.
L'eau laissée trop longtemps au soleil est propice au développement de microbes.

Profitez des saisons

On trouve actuellement toute l'année sur le marché de nombreux fruits et légumes, mais le prix est exorbitant hors saison et il est agréable de rythmer les saisons « dans son assiette » : on attend avec impatience les fraises du printemps, signe avant-coureur des beaux jours qui approchent !
Près de chez vous, il y a sûrement des producteurs qui proposent des « paniers-primeurs » intéressants sur le plan gustatif, qualitatif et économique !
Avantages : on ne mange que les légumes et fruits de saison, on a un panier tout prêt toutes les semaines, et quelques recettes pour utiliser les légumes peu courants (topinambours ou potimarrons). Les prix sont corrects.
Ils se trouvent dans toutes les grandes villes ou en périphérie parisienne.

Astuces

Pour vous renseigner, vous pouvez consulter les sites Internet suivants : <www.tousprimeurs.com> et <www.reseau-amap.org>.
Les Amap (Associations pour le maintien d'une agriculture paysanne) sont des associations qui sont destinées à favoriser l'agriculture paysanne et biologique.
Le principe est de créer un lien direct entre paysans et consommateurs, ceux-ci s'engageant à acheter la production de ceux-là à un prix équitable et en payant par avance.
« Il ne faut pas chercher l'économie dans la restriction, mais dans la bonne utilisation des denrées. »

Voici à quelle saison les produits sont les meilleurs :

Printemps (mars, avril, mai)

Légumes	Viandes/poissons	Fruits
Épinards Asperges Petits pois Radis Concombres Artichauts Navets, carottes et oignons nouveaux Mâche Endives Choux-fleurs	Veau de lait Cabillaud Raie	Mangues Fraises Kiwis

Été (juin, juillet, août)

Légumes	Viandes/poissons	Fruits
Haricots verts Tomates Aubergines Poivrons Courgettes Avocats	Daurade Thon rouge Lapin Lieu noir	Cerises Pêches Nectarines Abricots Melons Pastèques Framboises Cassis, groseilles Prunes, mirabelles Rhubarbe (août)

Automne (septembre, octobre, novembre)

Légumes	Viandes/poissons	Fruits
Fenouils Flageolets Brocolis Navets Potiron Champignons Céleri branche	Faisan Pintade Canard Gibier	Poires Raisin Châtaignes Mûres (sept.) Pommes Noix Coings Figues (sept.)

Hiver (décembre, janvier, février)

Légumes	Viandes/poissons	Fruits
Chou vert Chou rouge Poireaux Betteraves Céleri-rave Choux de Bruxelles	Palette de porc Bœuf Dinde, chapon Coq Crevettes Turbot	Bananes Clémentines Mandarines Ananas Oranges Pamplemousses

D'après *Cuisiner saison après saison* de Stephan Lagorce, éditions Solar.

Les modes de cuisson

Lorsque vous avez décidé de vos menus et préparé vos ingrédients, il faut se lancer et passer à la réalisation. Puis c'est la cuisson. Ne partez pas lire le journal, c'est l'instant crucial pour la réussite de votre plat ! Ou alors, mettez le compte-minutes en marche...
Vous pouvez en profiter pour ranger la cuisine, demander aux petits de mettre la table, faire réciter les leçons.

Selon l'aliment et le résultat que vous voulez obtenir, choisissez le mode de cuisson.
• La concentration : l'aliment est saisi à la chaleur pour que tous les éléments nutritifs restent à l'intérieur. Les cuissons suivantes font partie de ce mode :
- rôtir : faire cuire au four ;
- griller : faire cuire au gril ou à la poêle ;

- sauter : faire revenir l'aliment dans une petite quantité de matière grasse pour qu'il dore sans attacher ;
- pocher à chaud : plonger l'aliment dans un liquide chaud, aromatisé, par exemple, le poisson cuit au court-bouillon.

• L'expansion : à l'inverse de la concentration, on démarre la cuisson dans l'eau tiède : les éléments nutritifs passent dans l'eau de cuisson : c'est le cas des potages, ou de la blanquette, du pot-au-feu.

• Le mode mixte : on commence par faire revenir l'aliment (concentration) puis on « mouille », c'est-à-dire qu'on ajoute un liquide qui provoque une expansion limitée.

On emploie cette technique pour les ragoûts, les braisés : pour les viandes de deuxième et troisième catégories.

• Le meilleur type de cuisson est la cuisson à la vapeur douce (95 °C), qui respecte le mieux la composition et la saveur des aliments et les rend plus digestes. Le cuit-vapeur, très facile d'emploi, permet de réaliser ce type de cuisson qui convient à tout un chacun.

• La cuisson en papillote : l'aliment cuit dans une feuille de papier sulfurisé repliée, au four ou à la poêle.

Astuces

Les papillotes peuvent se confectionner à l'avance. Leur réalisation est souvent simple, l'utilisation de graisse réduite. Les légumes et les fruits sont à l'honneur et l'effet de surprise garanti.

Jouez avec les saveurs : remplacez le papier aluminium par des feuilles de brick ou de filo. Vos « petites mains » se feront un plaisir de venir s'exercer aux différentes méthodes de pliage : carré, aumônière, cône, etc.

La cuisson au micro-ondes : tout aliment, sauf le sucre et l'huile, contient de l'eau, de 30 à 98 %. Les ondes provoquent une agitation intense des molécules d'eau qui ainsi se réchauffent. La cuisson se fait en quelque sorte de l'intérieur.

Astuces

Si vous êtes pressé, optez pour la cuisson de vos légumes au micro-ondes. Vous les servirez avec une noix de beurre ou un filet de crème fraîche ou d'huile d'olive, sel et poivre.
Par exemple, cuisez brocolis et courgettes avec 1 dl d'eau pendant 7 mn, ou des carottes vichy pendant 5 à 6 mn.
Pour vos pâtisseries, faites fondre votre chocolat (1 mn 30) ou ramollir votre beurre (30 secondes) au micro-ondes.

COMMENT CHOISIR VIANDES ET POISSONS

Quels morceaux de viande utiliser ?

Vous hésitez devant une recette de cuisine qui parle de paleron ou de macreuse... vous vous demandez, en voyant une promotion sur l'onglet en grande surface, comment vous pouvez préparer ce morceau.
Voici un schéma de l'emplacement sur l'animal des morceaux de viande consommés habituellement, et une liste de l'utilisation culinaire de ces morceaux.
Schéma et descriptif des morceaux :

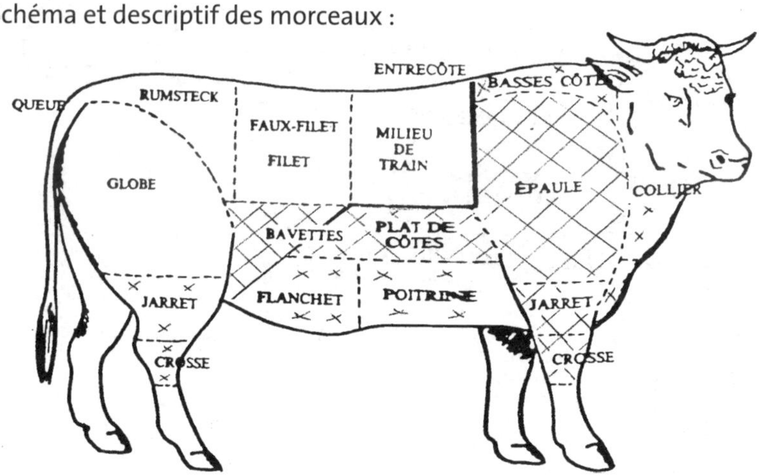

Légende (la 1ère catégorie correspondant aux morceaux de qualité et prix supérieur) :

	1ère catégorie
	2e catégorie
	3e catégorie

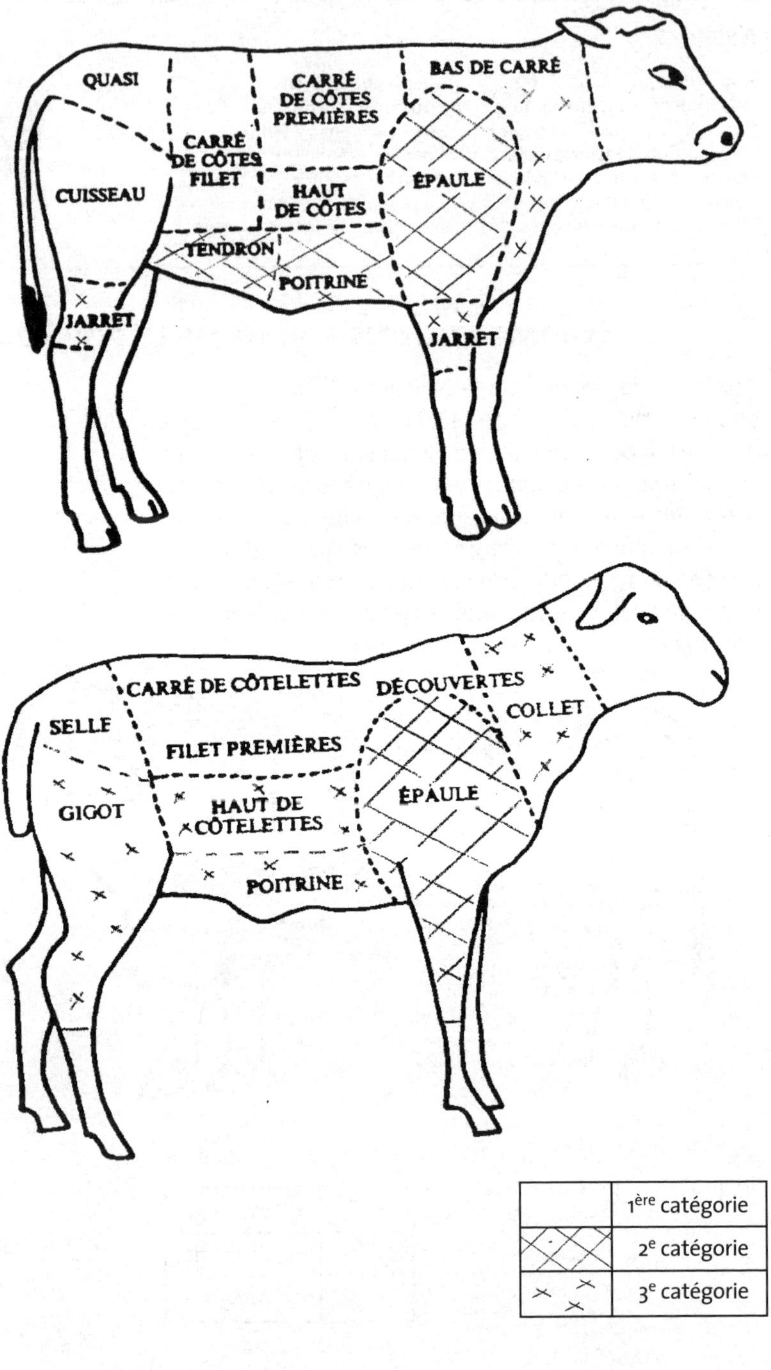
QUASI
CARRÉ DE CÔTES PREMIÈRES
BAS DE CARRÉ
CARRÉ DE CÔTES FILET
CUISSEAU
HAUT DE CÔTES
ÉPAULE
TENDRON
POITRINE
JARRET
JARRET
CARRÉ DE CÔTELETTES
DÉCOUVERTES
COLLET
SELLE
FILET PREMIÈRES
GIGOT
HAUT DE CÔTELETTES
ÉPAULE
POITRINE
1ère catégorie
2e catégorie
3e catégorie

Mode de cuisson	Bœuf	Veau	Agneau	Porc
Rôti	Filet Faux-filet Rumsteck	Noix Quasi Carré Rouelle Longe	Gigot Selle Filet	Filet Filet mignon Échine ou longe Palette (épaule) Jambon
Grillé	Entrecôte Bavette Tranche Onglet Hampe	Escalopes Côtelettes Noix pâtissière Noix et sous-noix Longe Côtes	Côtelettes Côtes découvertes	Côtelettes filet Filet tranché Jambon Travers (au barbecue)
Braisé, en ragoût	Gîte à la noix Tende de tranche Macreuse	Bas-carré Épaule Collier Haut de côtes	Épaule Poitrine Collier	Échine Palette (épaule)
Poché	Plat de côtes Macreuse	Poitrine Tendron Collet Jarret	Poitrine Collier	Poitrine Plat de côtes Tête Pieds

Pour aller plus loin, <www.civ-viande.org>, site du Centre d'information de la viande. Il donne des informations sur le nom et le choix des morceaux de viande, et propose aussi des recettes.

Comment bien choisir le poisson

On consomme en général trop de viande : elle peut être très agréablement remplacée par le poisson ou les œufs pour un même apport de protéines ou par des légumineuses.

Pour bien choisir le poisson, regardez-le ! Quand un poisson est frais :

- l'œil est brillant, clair ;
- les écailles sont brillantes ;
- les ouïes sont rouges et les nageoires entières ;

- la chair est ferme.
Le poisson se consomme poché, grillé, au four, en papillote, ou frit.

Conservez les saveurs des aliments

• Épluchez les fruits et légumes dans le sens de la pousse, de la fane ou de la queue vers la racine, cela évite l'oxydation.
• Fini de pleurer pour peler les oignons : épluchez-les en partant de la racine.
• Récupérez les jus de cuisson des légumes (champignons, carottes...) pour assaisonner les pâtes, le riz, ou pour une sauce.
• Utilisez les herbes et épices pour varier le goût de vos plats ou salades (voir ci-dessous).
• Un plat est trop salé : ajoutez une pomme de terre crue dans la sauce et laissez-la cuire, elle va absorber le sel de la préparation.
• Un plat est trop épicé : ajoutez un peu d'huile ou un peu de sucre.
• Variez les saveurs : essayez l'huile de noisette... ou le vinaigre de framboise !

Les herbes et les épices
En plus de leurs vertus thérapeutiques reconnues, elles permettent de varier les saveurs des aliments :

Aliments	Herbes aromatiques	Épices
Crudités, salades et omelettes	Estragon, ciboulette, persil, basilic, cerfeuil, menthe (surtout dans les concombres)	
Fruits (fraises)	Basilic, menthe, romarin (dans le crumble aux pommes)	Poivre
Légumes au four	Thym, herbes de Provence, estragon	Graines de carvi

▷

Aliments	Herbes aromatiques	Épices
Légumes	Persil	Noix de muscade (épinards, choux-fleurs), cumin (carottes), paprika
Bouillons de légumes	Laurier, thym, sarriette, romarin	
Légumes secs	Sauge, fenouil	
Légumes grillés	En fin de cuisson : basilic, persillade, ciboulette	
Pâtes	Origan, basilic, persil romarin (pour la sauce)	Curry
Poisson	Thym, persil, aneth, fenouil, laurier, romarin, oseille, cerfeuil	Graines de coriandre, anis étoilé, cumin, gingembre, curry
Pommes de terre	Ciboulette, persil (fin de cuisson), thym, aneth (dans la purée), romarin	Noix de muscade (purée)
Porc et veau	Sauge, origan, estragon, romarin	Clous de girofle, baies de genièvre (choucroute)
Volailles et lapin	Estragon, cerfeuil, origan, laurier, cerfeuil (poulet)	Curry
Agneau	Sauge, thym, romarin, mélange d'herbes de Provence	Graines de carvi, cumin
Bœuf	Persil	Paprika (pour ragoût)
Curries		Carvi, cannelle, curcuma, clous de girofle, graines de coriandre

▷

Aliments	Herbes aromatiques	Épices
Riz	Laurier (dans l'eau de cuisson), basilic, romarin ou estragon	Safran, curcuma, curry
Soupes	Persil, ciboulette, fenouil, basilic (dans les soupes de poissons)	Graines de carvi
Salades	Estragon, ciboulette, basilic, persil	
Vinaigrette	Ail et basilic	Curry
Mayonnaise	Estragon (pour un poisson), ciboulette et cornichons	

Astuces

Les herbes aromatiques surgelées sont plus parfumées que celles qui sont déshydratées. Lorsque vous les achetez fraîches (ou les cueillez !), placez-les dans un bocal au congélateur : au moment de les utiliser, vous sortez la quantité désirée. Vous n'aurez pas l'aspect d'une herbe fraîche, mais vous en aurez la saveur.

Les épices ne se « périment » pas : elles perdent de leur goût si elles restent trop longtemps dans le placard, mais on peut les consommer sans danger.
Pour une meilleure conservation, placez-les dans des bocaux hermétiques, au frais et si possible à l'abri de la lumière.

Astuces de grand-mère, en vrac ! À lire absolument !

Cuisson

• Préchauffez le four avant d'y placer l'aliment à cuire, sinon celui-ci ne sera pas saisi et la condensation de la vapeur d'eau va le ramollir.

• À la fin de la cuisson d'un rôti, laissez-le au chaud dans le four éteint, ou recouvert d'un papier aluminium : la viande se « détend » et sera plus tendre.

• Une volaille sera plus moelleuse si vous la faites cuire au four sur un flanc plutôt que sur le ventre.
• Salez les viandes en fin de cuisson pour qu'elles restent savoureuses.
• Tournez vos sauces ou bouillons dans la casserole, dans le sens inverse des aiguilles d'une montre (si vous êtes droitier) : le liquide ne va pas éclabousser partout.

Préparation du travail à l'avance
• Si vous voulez préparer vos pommes à l'avance pour une tarte, épluchez-les et laissez-les tremper dans de l'eau légèrement salée, elles ne noirciront pas.
• Si vous faites une tarte aux fruits juteux à l'avance, badigeonnez votre fond de tarte de chocolat blanc avant d'y placer vos fruits, la pâte ne va pas ramollir.

Économies
• Lorsque vous faites bouillir de l'eau, mettez un couvercle sur la casserole. Ou bien utilisez la bouilloire. Réduisez ensuite l'intensité de la source de chaleur.
• Utilisez le maximum des aliments : même les fanes de radis sont bonnes dans la soupe ! Sans parler des carcasses de poulet ou des arêtes de poisson qui permettent d'obtenir des consommés savoureux, ou de fabriquer des « bouillons cubes » maison : passez le consommé et versez-le dans un bac à glaçons ; congelez et utilisez vos « cubes » pour parfumer riz, pâtes ou sauces.
• Pour couper plus facilement un aliment qui s'émiette, passez la lame du couteau sous l'eau chaude.
• Ne jetez pas vos restes : un petit morceau de melon complète une salade de fruits ; avec des fraises un peu abîmées, faites un coulis que vous garderez au congélateur. Un reste de viande disparaît dans un « jyfoustout » du dimanche soir !

Santé
• Nettoyez les couvercles des conserves ou des canettes avant de les ouvrir.
• Retirez les emballages en carton de vos yaourts et autres produits frais : ils ont traîné dans les entrepôts et magasins.

• Ne laissez jamais un aliment dans une boîte de conserve entamée : il s'oxyde et devient toxique. Transvasez-le dans une boîte hermétique.
• Pour conserver du concentré de tomate, mettez-le dans un petit pot et recouvrez-le complètement d'huile. Vous pourrez ainsi le garder une ou deux semaines sans qu'il s'abîme. Prélevez au fur et à mesure ce dont vous avez besoin, et recouvrez-le à nouveau d'huile.
• Nettoyez la salade en ajoutant un peu de vinaigre blanc dans l'eau de lavage.
• Rincez et essuyez les fruits (même le melon, dont la peau est en contact avec l'assiette).

Anti-odeurs
• Pour chasser les odeurs tenaces sur les mains (ail...), lavez-les à l'eau froide.
• Évitez les odeurs dans le réfrigérateur en enveloppant les aliments dans des boîtes hermétiques.
• Pour absorber les odeurs, placez en haut du réfrigérateur une petite boîte contenant un peu de bicarbonate de sodium. Remplacez-la lorsque vous nettoyez votre réfrigérateur.

En vacances
• Vous n'avez bien évidemment pas emporté votre balance avec vous et les enfants vous réclament leur gâteau préféré ! Voici un tableau avec quelques équivalences qui vous permettra de réaliser leurs souhaits culinaires :

Équivalence des poids et volumes

	1 tasse à thé	1 cuiller à soupe rase	1 cuiller à café rase
Farine	100 g	10 g	3 g
Sucre	200 g	18 g	5 g
Riz	210 g	16 g	
Beurre	200 g	15 g	5 g
Cacao		10 g	3 g
Amandes, noisettes en poudre		10 g	6 g

▷

	1 tasse à thé	1 cuiller à soupe rase	1 cuiller à café rase
Levure chimique		10 g	6 g
Huile		8 g	4 g
Moutarde		18 g	5 g
Sel fin		20 g	6 g
Maïzena		10 g	3 g

Nettoyage

• Casseroles brûlées : appliquez une couche de bicarbonate de sodium et un verre de vinaigre au fond. Laissez agir toute la nuit. Frottez. Rincez.

Vous pouvez aussi verser un verre d'eau de Javel dans la casserole et faire bouillir doucement dix minutes. Laissez reposer toute la nuit. Videz la casserole et frottez-la avec une éponge à grattant bleu ou vert. Rincez. Recommencez l'opération si nécessaire.

• Si une poêle attache, frottez-la au gros sel avec un tampon d'essuie-tout.

• Nettoyage de la cafetière électrique (sauf celle à « expresso » !) : versez un quart de litre de vinaigre blanc pur dans le réservoir ; faites chauffer ; laissez couler le vinaigre dans la cafetière ; videz-la et refaites couler de l'eau claire au moins deux fois.

• Détartrage de la bouilloire : versez dedans un quart de litre de vinaigre blanc pur ; faites-la chauffer et laissez agir cinq minutes ; videz-la et rincez-la plusieurs fois.

• Attention : quand vous faites la vaisselle à la main, évitez de laisser tremper des objets très tranchants (couteaux, lames de robots...) dans l'eau de vaisselle : vous risquez de vous blesser en y plongeant les mains.

Penser à une alimentation qui convienne à chacun

Nous vous proposons de repenser votre alimentation, avec ces deux questions : « Comment choisir les aliments que vous mettez dans vos assiettes, et celles de vos enfants ? » Et : « Avez-vous découvert la satiété ? » Si oui, savez-vous mesurer la quantité juste nécessaire à votre organisme pour passer une bonne journée et une nuit réparatrice ?

Une alimentation « juste », qui convient à l'organisme, est facile à digérer, ne provoque pas de somnolence, ni de ballonnements, ne constipe pas et n'accélère pas le transit intestinal.

Le corps de chacun relève d'une grande alchimie. C'est à nous de composer, de tester certains aliments, d'identifier ce qui nous correspond.

Pour vous soigner, vous pouvez adopter l'allopathie, l'homéopathie, la phytothérapie... De la même manière, votre santé passe par ce que vous choisissez de mettre dans votre assiette. Les régimes alimentaires sans lactose, sans gluten... se multiplient et sont très en vogue ; leurs résultats sont très visibles pour les maladies des os, ou des intestins. La presse et les livres en témoignent mais c'est à vous de les tester.

Voici un petit témoignage : « Ma fille est malade cœliaque (elle fait une allergie totale et à vie au blé, au seigle, à l'orge et à l'avoine). J'ai pu, grâce à elle, explorer les recettes sans gluten et j'ai découvert de multiples farines que toute la famille apprécie : farine de riz, de pois chiches, d'épeautre, de sarrasin... »

Certains nutritionnistes proposent des cures de jus de légumes, de raisin, de riz... D'autres proposent aussi des journées de jeûne...

Apprendre à reconnaître la sensation de faim, c'est savoir attendre et identifier les premiers signes avant de se jeter sur son assiette ou sur la corbeille de pain. Parfois nous mangeons par habitude ou parce que

c'est l'heure avec les collègues de travail, et finalement nous n'avons pas faim à ce moment-là... Il est vrai qu'il n'est pas toujours facile de respecter ses rythmes au travail ou en voyage...
Manger à sa faim en fonction de ses sensations alimentaires apporte à notre corps ce dont il a besoin. Si l'on fait un repas copieux à midi, on peut sauter le repas du soir et se contenter d'une tisane.

Dégustez !

L'environnement joue un rôle important
Même si vous mangez seul, prenez soin de préparer une jolie table, en écoutant de la musique, en parfumant la pièce : ces détails participent au sentiment de rassasiement, évitent les prises de poids et vous donnent plus envie de manger que devant une boîte de conserve de raviolis !
Bref, en prenant soin de votre assiette, vous prendrez soin de vous, et de votre santé...

Éteignez la télévision
S'il existe une statistique qui fait l'unanimité concernant la prise de poids, c'est bien la télévision. Toutes les études montrent un lien évident entre le temps passé devant le téléviseur et les kilos gagnés.
Passez à table pour déguster et profitez de la famille et des amis, ou tout simplement du mets que vous avez préparé.

Petit lexique culinaire

En 1946, le lexique culinaire se composait de soixante-dix-sept termes ! Savez-vous ce que signifient « fraiser » ou « vanner » ?
Les recettes utilisent parfois des termes techniques qui vous laissent perplexe. En voici quelques-uns, à lire avant de réaliser votre recette de pro :

Appareil : mélange d'aliments, généralement de sauce, pour garnir une tarte.
Aiguillettes : tranches de chair minces et longues que l'on détache du ventre d'une volaille.
Bain-marie : grande casserole d'eau bouillante dans laquelle on place un récipient contenant une préparation à cuire ou à réchauffer.
Blanchir : plonger un aliment cinq minutes dans l'eau bouillante.
Bouquet garni : petit paquet ficelé composé de persil, thym et laurier, utilisé dans les sauces et bouillons. Vous pouvez l'acheter déjà préparé.
Ciseler : couper en lamelles très fines (oignon, herbes).
Consommé : bouillon de légumes ou de viande, servi seul.
Court-bouillon : bouillon fait d'eau, d'oignons, carottes, vin blanc et bouquet garni.
Déglacer : ajouter un peu d'eau froide dans un fond de cuisson de viande et frotter le fond de la poêle ou de la cocotte pour en faire le jus.
Dresser : disposer les aliments sur le plat pour les présenter à table.
Émincer : couper la viande ou les légumes en tranches très minces (oignon, carotte).
Foncer : garnir un moule de pâte à tarte pour la cuisson.
Fontaine : trou pratiqué au milieu de la farine où l'on introduit les œufs, le sucre, les liquides...
Fumet : court-bouillon auquel on ajoute la peau, la tête et les arêtes des poissons.
Julienne : légumes variés coupés en fines lanières.
Lier : assurer l'onctuosité d'une sauce en ajoutant une substance qui épaissit (œuf, crème, fécule...).
Mariner : mettre la viande ou le poisson dans un mélange aromatique pour lui donner plus de goût.
Napper : recouvrir un mets de sauce.
Pocher : cuire dans l'eau à ébullition douce pendant quelques minutes.
Réduire : faire bouillir une sauce pour qu'elle épaississe par évaporation.
Saisir : placer l'aliment dans la matière grasse bien chaude.

Fiche technique n° 1 - Liste des courses

Eau plate		Sucre poudre / morceaux / cristallisé	
Eau gazeuse			
Lait			
Sopalin		Margarine	
Apéritifs		Beurre	
Jus de fruits		Crème fraîche épaisse / liquide	
Gâteaux apéritifs		Gruyère râpé	
Lessive lave-vaisselle		Mascarpone	
Liquide de rinçage		Camembert	
Javel		Comté	
Papier W.-C.		Pont-l'évêque / livarot	
Serviettes / tampons		Fromage de chèvre	
Produits détergents		Saint-nectaire	
Désodorisant bombe / cuvette W.-C.			
Lessive blanc / couleur / noir			
Adoucissant		Gruyère pour croque-monsieur	
Piles			
		Yaourts nature	
Soupes		Yaourts veloutés / aux fruits	
Boîte flageolets			
Boîte petits pois		Fromage blanc / petits suisses	
		Desserts lactés	
Raviolis			
Chips		Carottes	
		Pommes de terre	
Soupes potiron / tomate		Champignons	
Huile		Poireaux	
Vinaigre / vinaigre blanc		Navets	
Moutarde		Salades	
Sauces béarnaise, tartare, condiments		Courgettes	
Sel fin, gros		Maïs	
Cornichons		Endives	
Riz long, rond		Betteraves	
Coton hydrophile		Tomates	

▷

Brosses à dents		Concombres	
Dentifrice		Poivrons	
Déodorant		Oranges de table / à jus	
Savons / savon liquide		Ananas	
		Kiwis	
		Pommes pour pâtisserie	
Nutella		Pommes de table	
Compote de pommes / Pom'potes		Bananes	
Gâteaux goûter / secs			
Boudoirs			
Petits pots		Jambon blanc	
Couches / lingettes bébé		Jambon cru	
Café		Saucisses	
Filtres à café		Lardons	
Œufs		Salami / saucisson	
Vanille / levure chimique		Pâtes sablées	
Pain de mie		Pâtes brisées	
Brioches tranchées		Pâtes feuilletées	
Fruits au sirop			
Pâtes / riz			

Fiche technique n° 2 - Équivalence de poids et volume (Cf. p. 196)

7

Choisir : un elfe de maison ou un appareil ménager ?

L'appareil ménager vous rendra plus de bons services ; encore faut-il savoir le choisir... nous sommes tous démunis face à ces rayons remplis de modèles différents. Ce chapitre ne prétend pas être exhaustif sur tous les appareils ménagers existants, depuis l'indispensable réfrigérateur jusqu'au gadget dernier-né ! Nous allons vous proposer quelques éléments qui vous guideront au moment de l'achat. Vous gagnerez du temps en évitant de consulter sites et notices. Connaissant un peu leurs caractéristiques, vous pourrez ainsi discuter concrètement avec le vendeur sur des éléments qui vous intéressent, vous !

Les éléments qui motivent votre choix

Le service que va vous rendre cet appareil

• Quelle tâche va-t-il effectuer (robot qui hache, pétrit la pâte...) ?
• Combien de temps allez-vous gagner ?
• Combien d'efforts allez-vous épargner !?
• Quel autre matériel va-t-il économiser (cet appareil peut-il en remplacer plusieurs autres) ?

Les éléments techniques de l'appareil

• Quels sont la marque et le type d'appareil qui me conviennent ?
• Quelle est sa capacité ?
• Quelle est sa puissance ?
• Quelle est sa consommation électrique ? Quelle économie d'énergie vais-je réaliser ?

À savoir
Une étiquette, quatre informations sur l'économie d'énergie :
- le haut est commun à tous les types d'appareils. Il indique, sur une échelle allant du vert (A) au rouge (G), le niveau de consommation électrique de l'équipement : le A et même actuellement A+ ou A++ est très économe en énergie, le G est très « gourmand » ;
- ensuite vient l'indication de consommation d'énergie dans des conditions d'utilisation ;
- en dessous de ces deux informations viennent des informations spécifiques selon le type d'appareil. Pour un lave-linge « top », par exemple, on trouvera la vitesse d'essorage maximale, la consommation d'eau et la capacité de la cuve. Pour le sèche-linge frontal, il s'agira de la technique d'évacuation de la vapeur d'eau, etc. ;
- enfin, la dernière mention de l'étiquette énergie, qui, elle, n'est pas obligatoire, concerne le niveau de bruit

de l'appareil électroménager. Une donnée pourtant non négligeable pour le confort d'utilisation de tous ces équipements qui facilitent nos vies.

Les éléments financiers

• Quel est son prix ?!
• Est-il fabriqué en France ?
• Quelles sont les conditions d'achat : prix, frais de livraison, d'installation, remises ?
• Quelles sont les conditions de reprise des anciens appareils ?
• Quelle est la garantie ? durée et étendue ? son prix ?
• Quels sont les modes de paiement, les crédits éventuels ?
• Quels sont les délais de livraison ?
• Quelle est la maintenance : proximité du service après-vente, facilité pour trouver les pièces détachées, rapidité de dépannage... ?
• Quel est l'amortissement de cet appareil : sa durée de vie, le temps d'utilisation hebdomadaire ou mensuel qui rentabilise son achat ?

Conseil de pro

Si vous avez un budget serré, évitez les gadgets : prenez un bon produit de base, de marque sûre, même si le prix d'achat est un peu plus élevé. Le bon marché finit par coûter cher !

Attention

L'extension de garantie payante, parfois proposée, n'est pas très utile : il existe la garantie légale, et la garantie des vices cachés qui protège le consommateur.

Parfois, un courrier au fabricant ou au siège du distributeur permet d'obtenir un geste commercial.

Vérifiez bien ce qui est pris en compte dans cette extension de garantie. Celle-ci est un confort, mais pour un budget serré, c'est coûteux.

Bon à savoir

L'écotaxe ou éco-participation est régie par le décret n° 2005-829 du 20 juillet 2005. Entrée en vigueur depuis le 15 novembre 2006, date à laquelle la filière de recyclage a démarré en France, l'écotaxe a pour but de supporter la prise en charge et le recyclage des DEEE (déchets d'équipements électriques et électroniques). Fabricants, importateurs ou distributeurs marques propres sont tenus de contribuer pour l'enlèvement et le traitement des DEEE ménagers collectés sélectivement. Cela se traduit par le versement d'une contribution à un organisme agréé, pour chaque équipement mis sur le marché. Les fabricants ont également l'obligation d'apposer ce logo sur leurs produits afin d'informer les consommateurs qu'il ne faut pas les jeter avec les ordures ménagères.
Ainsi, depuis le 15 novembre 2006, les consommateurs ont le droit de rapporter leurs anciens appareils en magasin.
Pour les distributeurs, la mise en place de la filière des DEEE se traduit par trois obligations concrètes :
- l'affichage de l'éco-participation et son intégration dans la facturation ;
- la reprise dite « un pour un » – à la vente d'un appareil neuf, le distributeur doit reprendre l'ancien équivalent rapporté par le consommateur ;
- l'information des consommateurs sur le fonctionnement de la filière.

Les éléments pratiques

• Où cet appareil va-t-il trouver sa place (cuisine, salle de bains...) ?
• Faut-il effectuer des travaux pour son installation (prises, raccordement...) ?
• Quelles sont les nuisances provoquées (bruits, odeurs dégagées...) ?
• Quel est son poids (fer, aspirateur...) ?
• A-t-il un programmateur avec un arrêt automatique ?
• Quelle couleur choisir ?...

Conseil de pro

Si la place le permet, il est plus intéressant d'avoir un appareil « monofonction » plutôt qu'un appareil qui fait tout à la fois... s'il tombe en panne, vous ne pouvez plus rien faire. La seule exception est pour le robot de cuisine, qui, lui, a intérêt à cumuler plusieurs fonctions ! Pour les « expatriés » : au moment de partir à l'étranger, renseignez-vous sur les éléments techniques concernant l'installation des appareils dans le pays où vous allez vivre (puissance électrique, type de prises...). les systèmes étant différents selon les pays, vous avez peut-être intérêt à vous équiper sur place plutôt que d'emporter vos appareils.

En conclusion, pour l'achat d'un appareil, déterminez votre budget maximum, les caractéristiques techniques indispensables pour vous et les éléments pratiques qui vous faciliteront la vie au quotidien.
N'oubliez pas de mesurer l'emplacement de votre nouvel appareil avant de partir au magasin et prenez votre mètre dans la poche !

Les appareils de cuisine

L'équipement de la cuisine nécessite réflexion, car même si vous n'y passez pas beaucoup de temps, c'est une pièce « à vivre » et vos appareils doivent répondre à vos besoins.

Le réfrigérateur et le congélateur

Nous parlons des deux appareils ensemble, car ils sont souvent combinés.
Mais est-ce un bon choix ou faut-il deux appareils séparés ? Nous vous donnons ci-dessous des éléments vous permettant de fixer votre choix.

Quelques critères de choix

Le volume

Étudiez tout d'abord le volume de réfrigération et de congélation dont vous avez besoin, et l'espace dont vous disposez chez vous (l'appareil va-t-il en plus être encastré ou non ?).
Les fabricants parlent de « volume utile », c'est-à-dire le volume réellement utilisable pour stocker les aliments.
Cela vous aidera à choisir soit un appareil qui a les deux fonctions, soit deux appareils séparés.
Voici, à titre indicatif, les volumes à prévoir :
- pour 1 personne, réfrigérateur de 100 à 150 litres, congélateur de 40 litres ;
- pour 2/3 personnes, réfrigérateur de 200 à 250 litres, congélateur de 60 à 80 litres ;

- pour 3/4 personnes, réfrigérateur de 250 à 300 litres, congélateur de 80 à 100 litres ;
- pour plus de 4 personnes, réfrigérateur de plus de 300 litres, congélateur de plus de 100 litres.

Conseil de pro

Si vous faites beaucoup de préparations culinaires, ou avez la possibilité de faire des réserves de fruits et légumes de saison, achetez plutôt un congélateur séparé où vous pourrez tout stocker.
Si vous achetez des surgelés pour la semaine, prenez un seul appareil. Lorsque le combiné est équipé de deux moteurs, le réfrigérateur et le congélateur fonctionnent indépendamment l'un de l'autre. Le nettoyage peut ne pas se faire en même temps ; si l'un des moteurs tombe en panne, l'autre continue à fonctionner.

Le modèle de congélateur
Pour le congélateur, vous avez le choix entre un modèle « armoire » ou un modèle « coffre ».
Le coffre est moins commode, car il est difficile de visualiser son contenu. Mais on y stocke davantage de produits surgelés.

Vérifiez les éléments pratiques
Avant d'acheter, vérifiez certains éléments qui vous facilitent la vie quotidienne ou risquent au contraire de vous causer des soucis :
- la solidité des poignées de portes – comment tiennent-elles ? sont-elles réversibles ?
- la solidité des clayettes, des bacs : des clayettes en verre offrent une meilleure stabilité pour les aliments et les objets, même les plus petits. Elles sont souvent en verre sécurit et résistent aux chocs et aux rayures. Certaines clayettes sont anti-débordement ; un encadrement plastique empêche les liquides de couler sur les clayettes inférieures. Hygiéniques, un simple coup d'éponge suffit à les nettoyer ;
- la facilité d'entretien : les clayettes sont elles faciles à enlever et à remettre ?
- le système de surveillance de la température : la température intérieure s'affiche sur le bandeau de

l'appareil. Si elle remonte anormalement, il y a un risque pour la bonne conservation des aliments ;
- le dégivrage automatique : pour le réfrigérateur, il vous évitera une corvée. À partir de 3 mm d'épaisseur, le givre peut engendrer une surconsommation d'énergie (jusqu'à 40 % en plus) ;
- les « gadgets » dont vous rêvez : production de glaçons, ouverture porte à l'américaine, distributeur d'eau fraîche en façade... ;
- des roulettes : sur les plus grands modèles, elles facilitent le déplacement de l'appareil pour le nettoyage...

Conseil de pro

Les systèmes de poignées « ventouse » empêchent l'ouverture de la porte si on vient juste de la fermer, pour maintenir le froid. Mais comme on est souvent trop pressé, on tire sur la poignée avant que le système « ventouse » ne soit débloqué et elle casse très vite.

Étudiez les éléments techniques

La consommation électrique (voyez, en début de chapitre, le paragraphe étiquetage informant sur la consommation électrique).

Le système de production de froid – deux types sont proposés, le « froid statique » ou le « froid ventilé » :
- froid statique, la source de froid arrive dans l'appareil par le haut et se diffuse naturellement dans celui-ci. La partie haute est plus froide qu'en bas et il convient d'y placer les aliments plus fragiles (voir ci-dessous comment ranger les aliments dans le réfrigérateur) ;
- froid ventilé, appelé aussi froid dynamique. Dans un réfrigérateur à froid ventilé, une turbine logée dans la partie haute de la cuve répartit le froid de façon homogène. Ce brassage de l'air en continu assure une homogénéité de la température et de l'humidité dans le réfrigérateur, ce qui vous permet de ranger les aliments où vous voulez à l'intérieur, sans aucune contrainte. Cela évite aussi la formation de givre et permet aux aliments de se refroidir plus vite.

Le prix
Voici quelques ordres de prix (moyen de gamme) : les plus chers ne sont pas les plus volumineux.

Réfrigérateur armoire
- de 150 à 250 litres : de 250 à 400 euros ;
- de 250 à 300 litres : de 400 à 500 euros ;
- plus de 300 litres : de 550 à 800 euros.

Réfrigérateur encastrable sous plan : de 300 à 600 euros.

Congélateur armoire
- de 40 à 60 litres : de 130 euros à 400 euros ;
- de 80 à 100 litres : de 250 à 500 euros ;
- plus de 100 litres : de 250 à 700 euros.

Réfrigérateur-congélateur
- réfrigérateur de 200 à 230 litres, congélateur de 60 à 80 litres : de 300 à 600 euros ;
- réfrigérateur de plus de 230 litres, congélateur de 100 litres : de 500 à 800 euros.

Comment ranger vos aliments dans le réfrigérateur ?
• Généralement, la source de froid est en haut de l'appareil. Le haut est donc plus froid que le bas. Placez les aliments selon leur température optimale de conservation :
- en haut, sur la première étagère, à 2 °C, posez les poissons crus, les viandes crues (les aliments les plus fragiles) ;
- sur la deuxième étagère, à 4 °C environ, entreposez les plats cuisinés, le lait cru, des préparations à base de viande ;
- sur la troisième, la température est de 5 °C, placez là les œufs et produits lactés (c'est aussi la température de la contreporte) ;
- en bas du réfrigérateur, la température est de 8 °C, des compartiments séparés sont prévus pour les légumes et fruits car ils peuvent être pleins de terre ou de micro-organismes – on ne les met pas en contact avec les aliments déjà préparés ou crus ;

- dans la contre-porte : des compartiments sont prévus pour le beurre, les fromages, les boissons...
• Enlevez les cartons d'emballage des produits avant de les ranger au réfrigérateur : ils prennent de la place et ne sont pas très propres, ce qui est un risque de contamination pour les produits crus.
• Couvrez bien les aliments : placez-les dans des boîtes hermétiques ou protégez-les par un film alimentaire. La circulation de l'air dans le réfrigérateur entraîne aussi la circulation des odeurs... et le beurre qui sent le poisson, c'est pas bon sur les tartines !
• Ne laissez jamais des aliments dans la boîte de conserve entamée : elle peut contenir des germes qui risquent de les contaminer.
• Vérifiez tous les jours les dates de péremption* des aliments : vous pouvez les consommer dans les deux jours suivant la date limite.
• Gérez aussi l'utilisation des restes : un aliment, même conservé au frais, finit par s'abîmer, consommez-le dans les deux jours qui suivent sa préparation.
• Ne chargez pas trop le réfrigérateur, pour permettre une bonne circulation d'air.
• Évitez d'entreposer des aliments trop chauds : le moteur doit fonctionner davantage pour fournir la quantité de froid nécessaire.
• Pour la même raison, évitez d'ouvrir trop souvent la porte ou de la laisser longtemps ouverte.

Comment nettoyer le réfrigérateur ?

Profitez d'un jour où le réfrigérateur est assez vide ou la veille du gros ravitaillement pour effectuer le nettoyage.

Pour un appareil encastrable, mettez le thermostat sur 0. Si la prise est accessible, débranchez l'appareil.

Videz-le, étagère par étagère, en commençant par le haut.

Nettoyez les étagères et les parois avec un chiffon microfibre* et de l'eau vinaigrée (3 cuillers à soupe pour une petite bassine d'eau tiède), ou du bicarbonate de sodium (1 cuiller à soupe dans une petite bassine d'eau).

Rincez bien et essuyez. Vérifiez les aliments et rangez-les.
Nettoyez l'orifice d'évacuation d'eau, situé en bas de l'appareil.
Si vous voulez supprimer les odeurs dans le réfrigérateur, placez-y un petit récipient rempli de bicarbonate de sodium, qui absorbe les odeurs. Remplacez-le à chaque nettoyage du réfrigérateur. Sinon, vous pouvez le laisser un mois sans problème.

Dégivrez régulièrement la partie congélateur, si c'est nécessaire.

Une fois par an, si votre appareil n'est pas encastré, nettoyez la partie arrière de l'appareil, c'est-à-dire la grille du compresseur qui fournit le froid : débranchez l'appareil et brossez-la délicatement.

Astuce

Pour que les appareils ménagers restent blancs, nettoyez-les avec de l'huile de tournesol (si, si, c'est écrit sur les notices, en tout petit) !

Conseil de pro

Lors d'un départ prolongé, afin d'éviter les conséquences d'une coupure de courant inopinée, par souci d'économies (consommation électrique et produits qui se périment), videz le réfrigérateur, débranchez-le, nettoyez-le et bloquez la porte pour qu'elle reste ouverte afin d'éviter les moisissures et les mauvaises odeurs.
Si votre réfrigérateur n'est pas équipé d'un dégivreur automatique, n'oubliez pas de vérifier que le bac de rétention d'eau est bien positionné et, par précaution, disposez des serpillières au pied de votre appareil pour que l'eau qui s'écoule ne se répande pas !

Choisir la table de cuisson

Pour cuisiner comme un chef, vous n'avez peut-être pas besoin d'un « piano » – c'est ainsi qu'en restauration on appelle l'ensemble de cuisson – mais d'un bon appareil qui réponde à vos besoins.

La table de cuisson peut être dissociée du four, quand l'énergie employée pour celui-ci est l'électricité.
Elle comporte de deux à cinq éléments chauffants, appelés « foyers ».

Quelle énergie utiliser ?

Le gaz de ville : moins onéreux, il permet une cuisson précise, car la chaleur fournie par les brûleurs se règle très facilement. Mais il présente un danger d'explosion, c'est pourquoi il n'est pas possible de l'installer dans certains logements. Cette énergie est toujours disponible : gaz de ville ou bonbonnes.
L'électricité : elle est souvent obligatoire, pour des raisons de sécurité, mais elle est plus coûteuse.

Quels sont les différents types de « foyers » électriques ?

La résistance électrique, placée en rond sous la plaque : ce système est appelé « foyer radiant »; le temps de chauffage et de refroidissement est long.
L'halogène : la chaleur se règle rapidement et facilement. Attention, le « foyer » halogène s'éteint rapidement mais la plaque reste très chaude, ce qui peut provoquer des brûlures.
Ces deux types fonctionnent de la même façon : un fil électrique est situé sous une plaque. L'allumage échauffe le fil, qui par contact chauffe la plaque, qui à son tour chauffe le récipient et l'aliment (c'est ce que l'on appelle la conduction).
L'induction : elle permet une grande souplesse de cuisson. Le temps de chauffe est rapide et se règle facilement. Le système de fonctionnement est différent des modèles précédents : une bobine électrique est placée sous la plaque. Lorsque, en face de cette bobine, se trouve un métal particulier, l'allumage provoque la création d'un courant électrique qui échauffe le métal. L'aliment est ensuite échauffé par conduction.
Ni la bobine ni la plaque ne s'échauffent : c'est une sécurité lorsqu'un enfant risque de poser la main sur la plaque, et un avantage pour l'entretien – si l'aliment déborde, il ne colle pas sur la plaque.

Il faut vous équiper de matériel spécifique adapté à ce système : le fond des casseroles et poêles doit être d'un métal magnétique, c'est-à-dire qu'un aimant doit pouvoir se coller dessus. Les casseroles à base de fer fonctionnent bien, alors que celles à base de cuivre ou d'aluminium ne sont pas utilisables.

Conseil de pro

L'induction nous semble actuellement le meilleur système de cuisson, car sa consommation électrique est inférieure de 30 % à celle d'une plaque électrique, la souplesse de réglage de la chaleur est très bonne, et elle garantit la sécurité contre les brûlures.
Si vous êtes chauffé à l'électricité, vous ne payez qu'un seul abonnement.
L'inconvénient reste le prix de la table elle-même et du matériel adapté.

Un peu de technique

• Quel que soit le principe de fonctionnement du « foyer » (source de chaleur), la « table de cuisson » est composée d'une plaque en vitrocéramique : revêtement très résistant à la chaleur et aux chocs. Attention cependant aux chocs thermiques qui peuvent la briser.
• Pour obtenir de bons résultats de cuisson, le fond du récipient doit être bien à plat sur le foyer ou le brûleur, et le récipient doit couvrir toute la surface du foyer. La cuisson est moins bonne si le foyer (ou le brûleur) est plus grand que le récipient.

Comment choisir la table de cuisson ?
Selon le nombre de cuissons que vous allez réaliser en même temps, prenez deux ou quatre « feux ». Il existe même des gazinières à cinq « feux », dont un ultrarapide. Vérifiez la puissance des foyers : plus elle est grande, plus la cuisson est rapide.
Voici quelques éléments pratiques supplémentaires à regarder, selon le type d'appareil que vous souhaitez :
- sur les tables de cuisson à commande électronique (sensitives), un minuteur coupe-circuit vous permettra de programmer une cuisson avec un arrêt automatique ;

- soyez attentif à la sécurité sur les foyers à gaz, pour éviter les fuites intempestives. Avec une sécurité coupe-gaz par thermocouple, si en cas de courant d'air le brûleur s'éteint, le gaz est automatiquement coupé ;
- vos enfants sont très curieux et ils touchent à tout : sur certaines tables de cuisson vitrocéramiques dotées de commande électronique (sensitives), une sécurité de verrouillage des commandes les empêchera de faire des bêtises. Pour cette raison aussi, l'induction a très net avantage.

Le prix

Voici un ordre de prix (milieu de gamme) :
- table à induction quatre feux, environ 500 euros ;
- table foyers radiants, entre 250 et 400 euros ;
- table de cuisson gaz, entre 300 et 400 euros ;
- table de cuisson avec des plaques électriques – et non de vitrocéramique –, environ 250 euros.

Comment nettoyer la plaque de vitrocéramique ?

Utilisez seulement une éponge, avec de l'eau savonneuse ou avec un produit spécial.
N'utilisez jamais d'abrasif*, qui raye la plaque. Si un aliment a collé, passez délicatement une spatule en plastique vendue à cet usage. N'utilisez pas de lame métallique.

CHOISIR LE FOUR

Le four électrique encastrable, placé en hauteur, est pratique pour surveiller la cuisson, sortir les plats et éviter que les petits se brûlent.

Vérifiez les éléments pratiques

• Primordial : le nettoyage. Pensez y ! (Voir ci-dessous les différents systèmes.)
• Le volume : prenez-en un assez grand si vous voulez faire des plats pour toute la tribu !
• Le thermostat et la programmation : vous avez le choix entre un programmateur qui a déjà en mémoire toutes les cuissons ou un réglage manuel où vous choisissez vous-même la température et le temps

de cuisson. Certaines marques novatrices proposent un thermostat électronique pour une température précise au degré près, des programmes de cuisson intégrés (par exemple, association de la chaleur tournante avec la fonction gril).

Bon à savoir

Optez pour la sécurité avec l'option « porte froide » ! Vous souhaitez installer votre four sous un plan de travail, assurez-vous qu'il est équipé d'une ventilation de refroidissement.
Le four à ouverture latérale offre un grand confort d'utilisation pour les personnes qui ne sont pas très grandes. Les plats sont plus facilement accessibles sans que vous soyez gêné(e) par la porte ouverte.
Vérifiez le sens d'ouverture de la porte !

Très pratique

Pour arroser vos rôtis sans renverser le plat, vérifiez que vous pouvez sortir légèrement la grille de support sans que le plat bascule. Il existe des appareils avec une ou des grilles anti-basculement – certaines marques proposent un système de plat sortant sur des rails coulissants.
Un gril basculant vous facilitera le nettoyage du plafond de four, partie habituellement inaccessible.

Étudiez les éléments techniques

Plusieurs systèmes permettent la répartition de la chaleur dans le four :
- *les fours à convection naturelle*, ou chaleur « statique ». Une résistance située en haut et une autre située en bas chauffent l'enceinte du four et les aliments. L'avantage principal reste la facilité d'utilisation et de fonctionnement, au gaz ou à l'électricité. Ils sont donc parfaits pour faire cuire des plats de base et faire rôtir les viandes en surface. En revanche, il est important de respecter un certain temps de préchauffage. Nous les recommandons aux personnes peu adeptes de la haute technologie. Les fours à convection naturelle conviennent aussi très bien aux petits budgets puisqu'il faut compter en moyenne entre 250 et 500 euros ;

- *les fours à chaleur tournante.* Un ventilateur fait « tourner » la chaleur et la répartit plus rapidement et de façon plus homogène dans l'enceinte. La chaleur tournante permet de diminuer la température de cuisson, et de réduire le temps de cuisson de moitié par rapport à un four à chaleur statique. Ils permettent par exemple de cuisiner deux plats différents en même temps et sur deux étages, sans que les saveurs et les odeurs se mélangent.

Il existe deux façons de créer cette chaleur tournante :
- *la chaleur brassée* (appelée aussi cuisson intensive), qui s'obtient en faisant chauffer les éléments haut et bas du four et en brassant l'air chaud obtenu. En plus de la convection de l'air chaud brassé, on y ajoute les radiations des éléments chauffants haut et bas. Cette fonction est idéale, notamment en pâtisserie, pour la cuisson de contenus très humectés ;
- *la chaleur pulsée.* Le ventilateur souffle au travers d'une résistance circulaire, de façon à obtenir une convection très rapide et uniforme. Cette fonction est idéale pour la cuisson des grosses pièces (volailles, rôtis...). Elle est également parfaite pour la cuisson sur plusieurs niveaux (petits gâteaux sur plusieurs plateaux, par exemple), car, quelle que soit la hauteur à laquelle on place les plateaux, la chaleur est toujours la même (pas d'influence des parois par radiation, dans ce cas). Pour un four à chaleur pulsée avec porte froide, comptez un minimum de 600 euros.

En plus de ces deux méthodes, il existe d'autres fours :
- *le four à vapeur.* L'injection de vapeur dans l'enceinte du four permet de cuire les aliments sans les dessécher (c'est intéressant pour les poissons, les légumes...). Il faut prévoir un budget d'au moins 600 euros ;
- *le four mixte.* Il allie la chaleur « sèche » et la fonction « vapeur ». Il faut compter au moins 1 000 euros. C'est la Rolls des fours, mais si vous voulez vraiment cuisiner, c'est formidable !

Comment entretenir votre four ?

Le système de nettoyage peut être intégré à votre four. Deux modes de nettoyage existent : à catalyse ou à pyrolyse.

• Catalyse : les parois du four sont revêtues d'un revêtement en émail spécial qui détruit les graisses au fur et à mesure de la cuisson. Faites chauffer le four à 250 °C pendant 10 mn à vide, laissez-le refroidir puis passez une éponge humide sur les parois du four et la porte.

• Pyrolyse : c'est le four « autonettoyant ». Un programme intégré permet de faire monter la température du four à 500 °C, le four étant vide, et la porte verrouillée. La forte chaleur carbonise toutes les salissures. Faites ce programme la nuit pour que les petites mains des enfants ne s'approchent pas. Le lendemain matin, lorsque la porte se déverrouille, passez une éponge humide sur les parois et la porte.

Quel que soit le système, n'utilisez pas d'abrasif*, qui abîme les revêtements du four. Nettoyez-le à l'éponge ou au chiffon microfibre*.

Astuces

Si vous avez la place dans votre cuisine, vous pouvez adopter également un minifour pour cuire une tarte sur le pouce, réchauffer une pizza, faire gratiner des lasagnes.
Il y a également la solution du four micro-ondes combiné. Voir ci-dessous.

En conclusion, pour choisir votre four, déterminez votre budget et la cuisine que vous aimez faire : pâtisserie, tartes, plats familiaux traditionnels, cuisson vapeur. Si vous en faites un usage régulier, optez pour un nettoyage pyrolyse et les options qui vous facilitent la vie – et n'oubliez pas le tourne-broche si vous aimez les poulets rôtis !

Les cuisinières « complètes »

L'appareil comporte une table de cuisson et le four intégré. L'avantage est de pouvoir choisir la taille :
- certains modèles sont étroits, avec trois « foyers », pour les petits espaces ou pour cuisiner de petites quantités ;
- d'autres, au contraire, sont plus grands que le modèle « standard », qui est de 60 cm de largeur sur 60 cm de profondeur, avec un grand four et cinq « foyers », dont un ultrarapide.

Vous pouvez choisir l'énergie utilisée : gaz ou électricité, ou mixte.
Les critères de choix seront les mêmes que pour la table de cuisson et le four.
Pour une cuisinière entièrement à gaz, comptez environ 400 euros.
Pour une cuisinière plaque vitrocéramique et four électrique, le prix varie entre 400 et 800 euros.

Le four à micro-ondes

Le principe de fonctionnement est le suivant : un générateur émet des micro-ondes, électromagnétiques, dans l'enceinte. Le four micro-ondes n'émet pas directement de chaleur. L'échauffement des aliments est dû à l'agitation des molécules, provoquée par les ondes émises. Les aliments aqueux cuisent plus vite, puisque l'échauffement des molécules d'eau est plus facile.

Conseil de pro

Ne faites jamais fonctionner le four micro-ondes à vide. Faites cuire ou chauffer les aliments en petites portions. Programmez un temps de cuisson ou de réchauffage assez court, remuez les aliments et recommencez ensuite si c'est nécessaire.

Comment choisir votre four micro-ondes ?

• Souhaitez-vous qu'il n'utilise que ce système ou souhaitez-vous un four combiné, alliant cette fonction à d'autres fonctions classiques (gril, convection...) ?

• La puissance « restituée » est un élément important : plus celle-ci est grande, plus la cuisson sera rapide. Or le micro-ondes sert souvent en cas de cuisine « rapide ». Vérifiez la fiche technique en magasin.
• Le volume de l'enceinte : calculez la taille des plats que vous voulez faire cuire ou chauffer, pour ne pas avoir à transvaser les aliments d'un récipient à un autre, car un autre atout du four micro-ondes est de cuire directement les aliments dans les plats, sans avoir de casserole à laver après !
• Le programmateur : il peut être manuel ou très « programmé » !

Le prix
De 50 à 3 000 euros !
Cela vous laisse le loisir d'étudier leurs caractéristiques techniques, mais mieux vaut partir avec un budget maximum en tête. Préférez-vous un four bas de gamme ou bien un four de marque ? Viendra-t-il en complément d'un four traditionnel ou bien en ferez vous un usage intensif autre que pour réchauffer des aliments ? Ces questions guideront votre achat.

Bon à savoir

Si vous souhaitez cuisiner au micro-ondes, choisissez un four avec un plateau tournant ou un répartiteur d'ondes pour éviter d'avoir à faire des manipulations en cours de cuisson. Il faut alors faire attention à la taille du four : sa capacité réelle est déterminée par le diamètre du plateau !

Choisissez un four qui vous offre différents niveaux de puissance afin de suivre les conseils de cuisson que vous trouverez dans les recettes :
- 1 000 W ou 900 W pour une cuisson très rapide ou pour réchauffer ;
- 600 W pour cuire plus longtemps les aliments plus denses – il vous évitera de faire déborder vos sauces ;
- 450 W pour une cuisson traditionnelle prolongée – ce niveau est recommandé pour obtenir une viande tendre ;

- 270 W pour décongeler ; idéal pour cuire le riz, les pâtes, la crème renversée ;
- 90 W pour décongeler délicatement les pâtisseries fragiles.
Ces fours existent également en version encastrable.

En conclusion, pour bien choisir votre four micro-ondes, une fois encore déterminez quelle cuisine vous aimez faire, et pour quel usage vous l'achetez. Explorez ses possibilités !
Et n'oubliez pas le four micro-ondes combiné, surtout si vous manquez de place dans votre cuisine. Aujourd'hui, vous en trouverez de très performants qui permettent de combiner différents mode de cuisson : micro-ondes/gril, micro-ondes/chaleur tournante ou convection naturelle...

Comment nettoyer le four micro-ondes ?
Utilisez uniquement une microfibre ou une éponge sans abrasif*.
Déposez un bol rempli d'eau vinaigrée dans l'enceinte du four et faites-le chauffer deux à trois minutes.
Enlevez le bol et essuyez la vapeur qui s'est formée sur les parois et qui décolle les saletés.
Nettoyez l'extérieur avec une microfibre ou une éponge humide.

La hotte aspirante

Elle permet l'évacuation des graisses de cuisson et des odeurs.
Il existe deux systèmes d'élimination des odeurs et vapeurs :
- par *évacuation*, la hotte est raccordée à un conduit d'évacuation d'air. L'air est rejeté à l'extérieur de la pièce ;
- ou par *recyclage*, la hotte aspire l'air et celui-ci passe à travers un filtre qui retient les odeurs et vapeurs, puis est rejeté dans la cuisine (ce modèle sera installé lorsqu'il n'est pas possible d'installer un conduit d'évacuation).
La plupart des modèles de hottes offrent les deux systèmes d'élimination des graisses et odeurs.

Conseil de pro

Si vous avez la possibilité de raccorder la hotte à un conduit extérieur, choisissez sans hésiter le système d'évacuation : les mauvaises odeurs sont éliminées de la cuisine.

Comment choisir votre hotte ?

Vérifiez les petits plus pratiques

La lumière sur la hotte, qui permet l'éclairage de la table de cuisson : c'est confortable pour cuisiner le soir !

L'esthétique : la hotte peut être un élément décoratif de la cuisine.

Étudiez les éléments techniques

• Choisissez la taille de la hotte en fonction de celle de la plaque de cuisson. La hotte doit avoir la même taille que celle-ci, ou être un peu plus grande, pour absorber un maximum de vapeurs.

Le modèle de hotte dépend aussi de la taille de votre installation de cuisine : si vous avez une table de cuisson au milieu de la cuisine, vous ne pouvez prendre un modèle de hotte « visière » qui s'adosse à un mur.

• Pensez à la puissance d'aspiration. Elle est exprimée par le débit d'air, en m^3/heure. Plus ce chiffre est élevé, plus l'aspiration est efficace.

La plupart des hottes ont une commande de sélection de puissance d'aspiration, selon la cuisson réalisée : pour mijoter, la puissance plus faible suffit, pour griller un steak, mettez en route la puissance maximale.

• Le bruit de la hotte est désagréable, et les modèles sont plus ou moins bruyants. Si vous cuisinez beaucoup ou si vous avez une cuisine américaine, préférez un modèle silencieux.

• Regardez les filtres : toutes les hottes sont munies de filtres à graisses, métalliques. Vérifiez à l'achat que ces filtres peuvent se laver au lave-vaisselle. Les hottes à recyclage sont munies en plus de filtres à « charbon actif » : c'est ce qui permet de filtrer les odeurs et de recycler l'air.

Le prix
Entre 100 et 500 euros, selon les modèles.

Comment nettoyer la hotte ?
Nettoyez le filtre métallique : il se démonte facilement et se dégraisse très bien au lave-vaisselle.
Changez les filtres à charbon des modèles à recyclage d'air, deux fois par an.
Nettoyez l'extérieur de la hotte avec une microfibre* et un produit dégraissant.

LE ROBOT MULTIFONCTIONS

Si vous avez une petite cuisine, vous rêvez peut-être d'un robot multifonctions toujours à portée de main sans que chercher et ranger les accessoires relèvent à chaque fois du défi – sans parler d'aller brancher et débrancher tous ces appareils !
Attention : les fils électriques des appareils raccourcissent, car les prises électriques sont maintenant situées au niveau du plan de travail. Mais ce n'est pas le cas dans toutes les cuisines... Dans ce cas, vérifiez la longueur du fil...

Conseil de pro

Un robot multifonctions vous conviendra si la famille s'agrandit et si vous souhaitez cuisiner vite et bien.
Si vous vivez seul ou si les enfants ont grandi, vous l'utiliserez moins... sauf si vous aimez vraiment faire la cuisine et si vous avez du temps.

Comment choisir votre robot multifonctions ?
Vérifiez les éléments pratiques
Regardez le nombre d'accessoires proposés et leur solidité.
Souhaitez-vous presser les oranges pour le petit déjeuner, souhaitez-vous hacher, pétrir ? Renseignez-vous sur les accessoires fournis avec le robot.
Certains modèles sont chers, et il faut ajouter en plus le prix d'accessoires dont vous avez besoin.

Certains accessoires sont difficiles à installer et risquent de se casser plus facilement.
Attention, regardez la capacité de la cuve : les notices parlent de capacité « brute » qui peut être grande, mais l'important est la capacité « utile », qui diminue souvent d'un tiers par rapport à la capacité brute.

Très pratique : certains robots sont équipés de cuves de deux tailles. L'accessoire « petite cuve », pour hacher les oignons, les herbes ou de petites quantités, est un « plus » très appréciable.

Si vous avez une petite cuisine, pensez que le robot est destiné à rester sur le plan de travail. Sinon, il restera dans le placard ! Étudiez son encombrement.
Il existe des modèles très compacts, avec une base assez petite, prenant peu de place sur le plan de travail.
Certains robots ont un tiroir de rangement des accessoires intégré : ceux-ci sont toujours à portée de main et ne prennent pas de place supplémentaire.
Étudiez la facilité d'utilisation : certains ont un bouton de mise en route difficile à manipuler avec les mains grasses. Essayez-le en magasin !
Renseignez-vous sur la facilité de nettoyage : certains accessoires sont difficiles à monter et démonter, ou ne se démontent pas entièrement, rendant le nettoyage plus compliqué. Faites un test de montage et démontage en magasin.
Certains robots pèsent même les ingrédients au fur et à mesure et ont une fonction cuisson : c'est tout à fait recommandé pour les sauces, les pâtes levées... bref, la grande cuisine ! Mais c'est aussi très pratique pour préparer et cuire dans le même bol la soupe de bébé ! La seule chose qu'ils ne feront pas, c'est éplucher les légumes et faire la vaisselle ! Attention, leur prix est élevé.

Etudiez les éléments techniques
La puissance d'un robot va de 400 W à 1500 W. Plus il est puissant, plus le résultat est rapide, surtout pour monter la crème chantilly ou les blancs en neige.

Le prix
Entre 100 et 800 euros, selon les fonctions et les accessoires.
Attention : un robot cher n'a pas forcément une grande puissance et n'est pas forcément plus pratique.
Ne vous laissez pas séduire par le « design », qui a un coût, mais n'ajoute rien à la technique ou à la facilité d'emploi de l'appareil.

Conseil de pro

Nettoyez bien le robot dès que vous avez fini de vous en servir : c'est rapidement fait tout de suite, car les aliments n'ont pas collé, et les microbes ne vont pas s'installer sur l'appareil.

Le lave-vaisselle

Il permet de réaliser une économie d'eau par rapport à la vaisselle à la main et de gagner du temps.

Comment choisir votre lave-vaisselle ?
Vérifiez les éléments pratiques
Choisissez sa capacité selon la taille de votre famille : elle est exprimée en nombre de « couverts ». 1 couvert = 1 assiette creuse, 1 assiette plate, 1 assiette à dessert, 1 verre, 1 bol, 1 couteau, 1 fourchette, 1 cuiller à soupe, 1 cuiller à dessert et 1 cuiller à café.
Les modèles classiques de lave-vaisselle sont de 10 à 15 couverts. Il en existe aussi de 3 ou 4 couverts seulement.

Conseil de pro

Remplissez complètement votre lave-vaisselle avant de faire un cycle de lavage. Si vous ne le remplissez pas à chaque repas, faites au moins un cycle de rinçage pour que les résidus ne collent pas sur la vaisselle.

• La disposition des paniers de lavage est importante : selon les modèles, les paniers sont plus ou moins pratiques à charger, ce qui vous fait gagner plus ou moins de place.

• Certains modèles possèdent un panier au-dessus du panier à verres, pour que les couverts, étalés, se lavent mieux. Si vous ne tassez pas trop vos couverts dans un bac à couverts, dans le panier inférieur, ils seront aussi bien lavés et vous gagnerez du temps : c'est un peu long d'installer les couverts sur le panier supérieur.

• Testez la facilité d'ouverture de la porte, la facilité d'accès au bac à sel, la facilité de nettoyage du filtre...

• Si vous utilisez votre lave-vaisselle plusieurs fois par jour, choisissez un modèle qui a plusieurs cycles, dont un assez court.

• Choisissez un appareil silencieux, surtout si vous le faites fonctionner la nuit ou si la cuisine est proche du salon.

• Préférez les appareils dont l'indicateur de programmes est simple et clair.

• Un plus : la possibilité de départ différé, si vous avez le programme électrique « heures creuses » ou si vous souhaitez qu'il fonctionne lorsque vous êtes absent.

Bon à savoir

Certains modèles sont munis d'un clapet anti-inondation : c'est une sécurité lorsque vous n'êtes pas là.

Un éclairage à l'intérieur du lave-vaisselle peut être un « plus », si votre cuisine n'est pas bien éclairée.

Astuce pratique

Pour éviter le dépôt de calcaire sur la vaisselle, vous pouvez mettre une boule ou un disque anticalcaire dans la machine : votre vaisselle sera plus brillante.

Vous pouvez les laisser en permanence dans le panier haut. Vous les trouverez en grande surface.

Étudiez les éléments techniques
• L'appareil est souvent encastré sous un plan de travail : vérifiez la hauteur avant d'acheter l'appareil, et veillez à ce qu'il soit facile à déplacer pour les réparations.
• Vérifiez la consommation électrique et la consommation d'eau : certains modèles sont moins « gourmands » que d'autres...
• Certains modèles proposent 7 à 8 programmes de lavage différents : êtes-vous sûr de varier autant ? À l'heure de l'utilisation, vous prendrez pratiquement toujours le même, « normal » ou « économique »...

Le prix
Entre 500 et 800 euros.

Comment nettoyer le lave-vaisselle ?
Enlevez le maximum de salissures avant de mettre la vaisselle dans l'appareil : ce n'est pas une poubelle !
Vérifiez le niveau de remplissage de produit de rinçage et de sel adoucissant, signalés par des voyants lumineux.
Videz et nettoyez le filtre conique situé au fond de la cuve, au moins une fois par semaine, et brossez le filtre tamis (tous les quinze jours, si vous utilisez quotidiennement votre appareil).
Nettoyez les joints de porte une fois par mois, avec une éponge savonneuse, puis rincez-les.
Une fois par an, passez quelques gouttes de liquide de rinçage sur les joints pour éviter qu'ils ne se dessèchent.
Pour nettoyer la cuve : deux ou trois fois par an, selon l'usage de votre lave-vaisselle, versez directement dans la cuve un litre de vinaigre blanc et faites un cycle court sans prélavage, à vide.
Ne nettoyez pas l'intérieur de la cuve à l'eau de Javel, qui ternit l'inox.
Vérifiez que les gicleurs des bras de lavage ne sont pas bouchés.
Débouchez-les avec un cure-dent en bois.
Lors d'un départ prolongé, faites un nettoyage à vide et maintenez la porte ouverte, pour éviter les moisissures et les mauvaises odeurs.

L'entretien du linge

Dans le chapitre 5, « Abracada...draps et autres pièces de linge », nous avons longuement parlé de l'entretien du linge. Il s'agit ici de bien choisir les appareils pour un résultat optimal de lavage et de repassage.

Le lave-linge

Comment choisir votre lave-linge ?

Vérifiez les éléments pratiques

En général, les lave-linge sont équipés d'un programme très court (15 mn) pour du linge très peu sale. Mais les cycles classiques peuvent durer 65 voire 90 mn. Si vous voulez gagner du temps, choisissez un appareil avec l'option « départ différé » : vous programmez le départ la nuit ou avant de partir au travail, et la machine est prête à être étendue au retour.

La visualisation du temps de lavage reste peut être un plus pour organiser votre travail.

Étudiez la capacité de la machine : elle indique le poids maximum de linge sec que l'on peut placer dans le tambour pour un programme « coton ».

Si vous choisissez une capacité de 6 voire de 8 kg de linge, vous pouvez en mettre davantage – et donc faire moins de lessives par semaine, ou mettre des grosses pièces de linge (une couette d'une personne tient dans une machine de 8 kg, celles pour deux personnes demandent une machine de 13 kg). Vous réalisez une économie d'énergie et d'eau.

Faut-il prendre systématiquement un lave-linge de grande capacité ? Avez-vous 6 kg de chemises ou 8 kg de chaussettes à laver ?

Si vous avez peu de linge sale, vous ne pourrez pas le trier (voir chapitre 5) ou vous aurez alors souvent recours à la fonction « Mix » du lave-linge, adaptée aux petites quantités de linge peu sale.

Vérifiez si la programmation est clairement expliquée, et si la manipulation des boutons de programmation est facile.

Pratique

Certains modèles possèdent un hublot large et l'ouverture de la porte est de 180° : vous emplissez et déchargez plus facilement la machine.
D'autres sont munis d'un verrouillage pour éviter que les enfants ouvrent la porte.

Étudiez les éléments techniques

La taille de l'appareil et le système de chargement du linge sont déterminés par l'emplacement dans votre appartement : une porte frontale permet d'encastrer l'appareil sous un plan de travail ou, au contraire, de superposer un sèche-linge par-dessus.

Les appareils plus étroits ont en général l'ouverture du tambour par le dessus de l'appareil. Ils conviennent à des espaces plus réduits. La capacité du tambour est de 5 à 8 kg pour ces appareils.

La vitesse d'essorage : prenez un modèle avec vitesse d'essorage variable, votre linge sera essoré selon la nature du textile. Nous vous renvoyons au chapitre 5 pour ce sujet.

La plupart des modèles sont en classe A, voire A+, en consommation électrique mais la consommation d'eau est plus variable.

À savoir

Plus il y a de fonctionnalités électroniques, plus le risque de panne est grand...

Prix

Entre 400 et 900 euros.

Conseil de pro

Plus il y a de fonctions différentes, plus le prix est élevé. Choisissez les fonctions de l'appareil selon le type de linge que vous avez à laver : si vous avez plutôt du coton, prenez un appareil qui a une vitesse d'essorage élevée. Si vous n'avez que des synthétiques, ou beaucoup de linge de bébé, les fonctions « lavages délicats » vous rendront service...

Comment nettoyer le lave-linge ?
Vérifiez après chaque lessive qu'aucun objet n'est resté dans le fond du tambour ou dans le caoutchouc de la porte :
- il peut rouiller dans la machine et provoquer des taches sur votre linge ;
- il peut provoquer des déchirures, s'il s'agit d'un trombone ou d'une épingle ouverte, ou d'une vis ;
- il peut glisser dans la vidange et en bloquer l'hélice.

Nettoyez le bandeau de commande et la carrosserie de l'appareil avec un chiffon humide une fois par mois.
Nettoyez le filtre de vidange deux fois par an, pour éliminer le calcaire et les objets qui ont pu s'y glisser.
Deux fois par an, nettoyez le lave-linge, pour faire sauter le calcaire des résistances et nettoyer les tuyauteries : versez un litre de vinaigre blanc dans le bac à lessive. Faites un cycle, à vide, à forte température (le vinaigre chaud détartre mieux).

Astuce

Nettoyez aussi les bacs à lessive, à l'eau tiède avec un mini-goupillon, vendu pour les biberons.

Avant de partir en vacances, vérifiez que rien n'est resté dans le tambour et laissez la porte entrouverte.

Le sèche-linge

Cet appareil a de nombreux avantages, indiqués dans le chapitre 5.

Comment choisir votre sèche-linge ?
Vérifiez les éléments pratiques
Regardez, comme pour le lave-linge, la taille de la porte : extra-large, avec ouverture à 180°, ce qui vous permet de manipuler plus facilement le linge.
La possibilité de placer l'appareil « en colonne » au-dessus du lave-linge vous permet de gagner de la place.
La fonction départ différé permet d'économiser de l'énergie et d'organiser son travail !

Étudiez les éléments techniques

Un point très important est le choix du système d'élimination de la vapeur d'eau de l'appareil.

Elle peut se faire par *évacuation* : l'appareil est raccordé à une gaine qui évacue la vapeur d'eau à l'extérieur de chez vous. Ce système demande une installation particulière.

Ou elle peut être par *condensation* : l'appareil condense la vapeur d'eau et la récupère dans un bac, qu'il faut vider régulièrement. Ce type d'appareil peut être installé partout, car il suffit d'un branchement électrique.

Pratique

Si vous choisissez ce système, vérifiez où se trouve le bac à condensation : s'il est en haut de l'appareil, vous n'avez pas à vous baisser.

Si vous mettez votre sèche-linge en colonne, prenez un appareil avec le bac à condensation en bas, sinon, vous aurez du mal à l'atteindre pour le vider !

Le choix du volume du sèche-linge dépend de la capacité de votre lave-linge : prenez-les tous les deux de capacité équivalente.

Le système de rotation alternée est un plus : le tambour tourne alternativement dans un sens puis dans un autre, le linge est plus aéré et sort moins « saucissonné » !

Attention à la consommation électrique : cet appareil est assez gourmand en électricité !

Le prix

Entre 400 et 800 euros.

À savoir

Comme pour les autres appareils, un prix plus élevé ne correspond pas forcément à une plus grande capacité ou à plus de fonctionnalités. Il est lié à la robustesse de l'appareil et, normalement, à la fiabilité du moteur.

Un appareil équipé de programmation électronique coûte plus cher que ceux à programmation mécanique.

Comment nettoyer le sèche-linge ?

Nettoyez le filtre à « peluches » après chaque utilisation.

Videz le condensateur dès que le voyant lumineux le signale.

Vérifiez le tambour : de temps en temps, passez-y un chiffon pour le dépoussiérer et nettoyez la carrosserie avec un chiffon humide.

Dépoussiérez une fois par an l'arrière de l'appareil, car celui-ci dégage pas mal de poussière.

Le lave-linge séchant

Certains appareils combinent le lavage et le séchage du linge : vous gagnez de l'espace, puisque vous n'avez qu'une seule machine. Et en théorie vous gagnez du temps, puisqu'il n'y a pas de manipulation du linge entre les deux opérations... sauf que sur la quantité de linge lavé (5 ou 6 kg), seulement 3 ou 4 kg peuvent être séchés, pour un résultat optimal...

Conseil de pro

À l'heure actuelle, ce système de lave-linge séchant n'est pas encore tout à fait performant : le séchage est plus long que dans un sèche-linge classique, et le linge reste très froissé.
L'appareil consomme beaucoup d'eau et d'énergie.
Il reste plus fragile que deux appareils séparés. Et s'il tombe en panne, vous ne pouvez plus laver !
Si vous devez faire pas mal de lessives, vous perdez du temps : lorsque votre linge sèche, vous ne pouvez pas en laver d'autre en même temps !

Pratique

Au moment de choisir ces différents appareils, manipulez les commandes, les bacs à lessive, la porte, lisez les bandeaux de sélection de programmes...

Le fer à vapeur

Tout le monde a envie d'alléger le temps de repassage ! Un bon appareil est nécessaire pour aller vite et réaliser un travail « sans plis » !

Conseil de pro

Comment savoir s'il vous faut un fer à vapeur ou une centrale à vapeur ? Les performances actuelles des fers à vapeur permettent de choisir ce modèle, à condition d'investir dans un appareil performant – à partir de 60 euros –, et si vous n'avez pas beaucoup de linge à repasser de façon suivie.
Pour une famille qui s'agrandit ou si une employée assure le repassage une fois par semaine, investissez dans une centrale à vapeur. Comptez alors entre 140 et 200 euros.

Comment choisir votre fer à vapeur ?
Étudiez les éléments techniques
La puissance électrique du fer : plus elle est grande, plus la chaleur est forte, et le repassage du linge en coton ou en lin est rapide et efficace. Elle peut aller jusqu'à 2 400 W.
Le débit de vapeur : c'est la quantité de vapeur fournie pour un temps donné. Il est exprimé en grammes par minute et peut atteindre 50 g/mn.
Les fers possèdent une touche « pressing » : elle permet d'injecter une vapeur très forte (60 à 200 g/mn) sur un point précis et enlève les faux plis.
Il existe sur certains fers la fonction « vapeur en position verticale » : c'est très efficace lorsque vous devez repasser une veste ou une robe un peu fragile ou à plis. Vous la suspendez et vous passez le fer devant le vêtement, en tendant le tissu : la vapeur défroisse sans que le poids du fer écrase le textile.
Le poids du fer : le poids permet à la chaleur de bien se répartir sur le tissu ; cependant un fer trop lourd est moins maniable et plus fatigant. Un poids correct est 1 kg.
Le matériau de la semelle : les matériaux actuels ne collent pas aux textiles synthétiques, même si la chaleur est un peu forte. En revanche, une semelle en

inox a plus de risques de coller et d'être rayée par les fermetures éclair ou les boutons métalliques.

La configuration de la semelle : vérifiez la répartition des points de vapeur. Pour que la vapeur se répartisse le mieux possible, il doit y avoir des trous à la pointe du fer et au centre (et pas seulement sur les côtés).

Regardez aussi le bout du fer : il doit être assez pointu pour pénétrer dans le tissu (fronces ou plis).

Le fer à vapeur est muni d'un réservoir, qu'il faut donc remplir souvent au cours du repassage. Plus ce réservoir est grand, plus l'autonomie de repassage est grande. Il peut être de 300 ou 350 ml.

Les éléments complémentaires

Le système anti-goutte : il évite que le fer ne goutte lorsque la température est moins forte.

Le système anticalcaire : il permet d'utiliser l'eau du robinet sans que le fer soit abîmé par le dépôt de calcaire.

La sécurité : certains fers sont munis d'un dispositif qui coupe le thermostat lorsque l'appareil n'est pas utilisé pendant 8 à 10 mn, en position verticale; certains s'arrêtent au bout de 30 secondes s'ils sont abandonnés en position horizontale – indispensable pour les distraits !

Comment nettoyer le fer à repasser ?

Pour une bonne utilisation, videz le réservoir du fer après chaque utilisation.

Rangez le fil sans le tordre, en partant du fer vers la prise comme sur la photo ci-dessous.

Pour nettoyer votre fer, détartrez régulièrement le réservoir selon le mode d'emploi, une fois par mois si l'eau est dure*.

Nettoyez la semelle si c'est nécessaire (en principe, seulement si un vêtement synthétique a collé sur la semelle) : faites chauffer le fer à une température moyenne, débranchez-le et frottez la semelle, soit avec une craie blanche pour tableau noir d'écolier, soit avec un demi-citron saupoudré de sel fin. Attention au revêtement de la semelle ! Ensuite, essuyez soigneusement le fer sur un chiffon, et faites « cracher » un peu de vapeur, avant de recommencer à repasser.

N'utilisez jamais de produit abrasif* ou d'éponge métallique sur la semelle.

La centrale à vapeur

La centrale permet une grande autonomie de repassage : une chaudière intégrée chauffe l'eau contenue dans un réservoir d'une capacité de 1 à 1,5 l, en 7 mn en moyenne. La vapeur est ensuite transmise au fer.

L'autonomie illimitée : le réservoir est indépendant et vous pouvez le remplir à nouveau sans débrancher l'appareil. La vapeur arrive au fer rapidement.

Étudiez les éléments techniques

La pression de vapeur : elle s'exprime en bars, c'est la force de la vapeur qui pénètre le tissu. Elle va de 3,5 à 5 bars. Plus elle est grande, moins les plis résistent !

Le débit de vapeur : c'est la quantité de vapeur fournie pour un temps donné. Il est exprimé en grammes par minute et peut atteindre 120 g/mn.

Certaines centrales possèdent une touche « pressing » : elle permet d'injecter une vapeur très forte (60 à 200 g/mn) sur un point précis et enlève les faux plis récalcitrants.

La centrale prend plus de place qu'un fer à vapeur et l'ensemble pèse 3 à 5 kg.

Vérifiez les mêmes éléments que sur les fers :

- la puissance de l'appareil : 2 200 W en moyenne ;
- le revêtement et la configuration de la semelle (l'aluminium se raye facilement) ;

- la fonction sécurité ;
- le système anticalcaire ;
- le poids du fer : il pèse en moyenne 1 kg.

Les appareils d'entretien de la maison

Le ménage reste incontournable, mais vous le ferez plus vite et mieux avec de bons appareils, adaptés à vos besoins.

L'aspirateur

L'aspirateur est un élément essentiel dans la maison ; il faut le choisir selon un certain nombre de paramètres pour qu'il vous rende vraiment service.
Tout le monde sait comment fonctionne un aspirateur ! Un courant d'air, créé par le moteur, provoque une dépression au niveau du suceur et permet l'aspiration de l'air chargé de poussière et autres salissures ! Après avoir traversé plusieurs filtres, l'air est rejeté à l'extérieur de l'aspirateur.
La majorité des poussières aspirées reste dans l'appareil. Mais les particules les plus petites sont rejetées dans l'air ambiant (spores de moisissure, acariens, allergènes d'animaux...). C'est la raison pour laquelle il y a deux filtres : un filtre moteur retenant les plus grosses particules et un filtre de sortie d'air pour les particules les plus fines.
En sortie d'air, deux types de filtres sont actuellement employés :
- le microfiltre ;
- le filtre HEPA (High Efficiency Particulate Air – haute efficacité pour les particules de l'air) ; plus le chiffre de ce filtre est élevé, plus les particules fines sont retenues dans l'aspirateur.

Comment choisir votre aspirateur ?
Selon le revêtement de sol de votre logement.

Étudiez les éléments techniques
Vous allez trouver sur la fiche technique de l'appareil deux mots barbares.

- La *dépression* : techniquement, c'est la différence entre la pression ambiante et la pression dans la cuve de l'aspirateur. Cette valeur est exprimée en kiloPascal : kPA (entre 28 et 35, selon les modèles). Plus la dépression est importante, plus la force d'« arrachement » au niveau du suceur est grande.
Sur certains appareils, ce paramètre est variable : un variateur de puissance ou un simple orifice sur la partie coudée du tuyau permet de réguler la force d'aspiration.
- Le *débit* : c'est le volume d'air aspiré par seconde, exprimé en dm^3/s (de 34 à 45, selon les modèles).

Ces deux paramètres varient ensemble, de façon inversement proportionnelle.

Conclusion

Pour un sol lisse, parquets, carrelages..., choisissez plutôt un débit d'air important – et donc une dépression plus faible.

Pour les moquettes, tapis, il convient de prendre un appareil à forte dépression, mais au débit d'air plus faible.

Faut-il choisir un aspirateur avec ou sans sac ?
L'aspirateur sans sac, appelé « appareil cyclonique » : un courant d'air circulaire crée une force centrifuge qui sépare de l'air les débris de poussière. Un cône permet d'accélérer le flux d'air et d'accroître la force centrifuge. Une grille de séparation retient les fibres, poils, cheveux... La poussière est maintenue loin des filtres.
Ses avantages : vous réalisez une économie de sacs, non négligeable au fil des années.
Ses inconvénients : il faut vider et nettoyer la réserve. Vérifiez que le réservoir à poussière soit facile à retirer et à nettoyer. Avec ce système, vous êtes en contact

avec la poussière : tenez-en compte si vous y êtes allergique. L'appareil est plus bruyant.
N.B. : un aspirateur fonctionnant indifféremment avec sac ou sans sac perd une partie de ses performances lorsqu'on l'utilise sans son sac.

L'aspirateur avec sac présente l'avantage d'une manipulation simple et propre.
L'inconvénient est le choix du sac selon la marque de l'aspirateur : on ne s'en souvient jamais au moment de les acheter ! Heureusement, il existe maintenant des sacs universels !
Le coût des sacs augmente le prix de l'appareil à long terme, et la consommation de papier est plus grande.

Quel type d'aspirateur choisir ?
Il existe de nombreux types d'aspirateurs. Vous choisirez selon l'usage que vous voulez en faire.

L'aspirateur traîneau
Il est très efficace pour tous types de surfaces et pour nettoyer sur le même niveau.
Il est plus lourd lorsqu'il y a des escaliers.
Nous parlons plus loin des aspects pratiques de choix d'un aspirateur traîneau.
Le prix varie entre 90 et 350 euros.

L'aspirateur « balai »
Aspirateur en forme de « balai » qui a le moteur et le sac sur le manche.
Il est léger et maniable, pour une petite surface, mais il aspire beaucoup moins bien qu'un aspirateur traîneau : le moteur étant très petit, la puissance d'aspiration est elle aussi réduite.
À déconseiller, sauf raisons particulières : vous ne pouvez porter de poids, votre logement est très petit et ne justifie pas l'achat d'un traîneau...
Il coûte environ 150 euros.

L'aspirateur robot
C'est un appareil plat, circulaire, muni de brosses rotatives.

Il se déplace de façon autonome sur la surface à aspirer, grâce à des capteurs.
Il change de direction automatiquement lorsqu'il rencontre un obstacle.
Sa forme plate lui permet de se faufiler sous certains meubles.
Il fonctionne avec des batteries (certains appareils reviennent se recharger automatiquement sur leur base).
Il est à éviter lorsqu'il y a dans la pièce des tapis à franges, des fils électriques au sol ou beaucoup d'« obstacles » par terre...
À savoir : cet appareil n'a pas la performance d'aspiration d'un aspirateur traîneau.
Il coûte entre 300 et 450 euros.

Si vous avez une maison, pensez à l'*aspiration centralisée*. La cuve de réception des saletés et le moteur sont placés à la cave ou au garage. Cette centrale est raccordée à un réseau de tuyaux connectés à des prises d'aspiration, munies de clapet, réparties dans la maison. La mise en route est enclenchée par l'introduction du flexible dans la prise aspirante.
L'aspiration centralisée a de nets avantages :
- le système permettant de rejeter l'air aspiré en dehors des pièces habitables, il y a moins de risques en cas d'allergies ;
- l'aspiration centralisée est silencieuse comparée à un aspirateur classique, car le moteur du système central est isolé soit à la cave, soit au garage ;
- le tuyau flexible est maniable, grâce à sa longueur, jusqu'à 9 m, et à sa légèreté ;
- la puissance est normalement supérieure à celle d'un aspirateur ordinaire ;
- pour le nettoyage, il suffit de vider la cuve tous les trois mois.
Cette installation présente deux inconvénients : elle coûte actuellement environ 2000 euros, et ce système n'est possible que si vous avez une maison !

Détails pratiques

Si vous avez à la fois des moquettes épaisses et des sols lisses : prenez un aspirateur traîneau vendu avec une « turbo brosse » : c'est une brosse cylindrique qui tourne sur les moquettes et tapis et les nettoie en profondeur, car le brossage soulève la poussière des fibres, et celle-ci est aspirée en même temps.

Sur certains aspirateurs, la commande et le variateur de puissance sont situés sur la poignée, et non sur l'appareil lui-même, pour ne pas se baisser !

Testez la maniabilité de l'aspirateur : les roues doivent vous permettre de le déplacer sans effort.

Vérifiez la longueur du fil : s'il est suffisamment long, vous n'aurez pas à changer de prise tout le temps.

L'enrouleur automatique : c'est un « plus » qui demande un peu de soin, sinon vous finirez rapidement par avoir un fil à enrouler manuellement ! Ne tirez pas le cordon au maximum, pour ménager l'enrouleur. En rangeant le cordon, contrôlez l'enroulement par touches successives, en guidant votre fil.

Vérifiez le niveau sonore de l'appareil : si vous avez une grande surface à aspirer, si vous voulez passer l'aspirateur lorsqu'un bébé dort ou sans déranger les voisins, choisissez un appareil silencieux...

Les accessoires

Ils sont généralement vendus avec l'aspirateur et rangés dans le capot.

Chacun à son utilisation, pour un ménage approfondi (voir chapitre 2) :

- la brosse « universelle », avec deux positions, pour sols durs ou sols textiles. Veillez à ce que la brosse soit munie de poils sur tout le pourtour et qu'ils soient bien rapprochés ;
- un suceur long et souple, pour nettoyer derrière les tuyaux, les radiateurs ;
- un suceur pour canapés ;
- une brosse ronde, munie de poils, pour les meubles et rideaux.

Pratique : L'aspirateur à main, dit « de table », est commode. Il est utilisé pour de petites surfaces : miettes de table, voiture... et pour un temps court, car il fonctionne sur batterie. La puissance est relativement faible. Il reste du domaine de l'accessoire.
Il coûte entre 40 et 70 euros.

Si vous êtes encore perplexe quant au choix de votre aspirateur, nous vous conseillons le site <http://choisirsonaspirateur.info>.

Comment nettoyer l'aspirateur ?
Vérifiez de temps en temps que les tuyaux ou la brosse ne sont pas bouchés, ou que le tuyau n'est pas percé.
Videz régulièrement le sac ou la boîte à poussière : sur certains modèles, un signal lumineux vous indique que le sac est à changer ou le réservoir à vider.
Nettoyez une fois par an la carrosserie de l'appareil avec une microfibre humide.

Astuce

Mettez dans votre « home GPS » les caractéristiques des sacs de votre aspirateur : c'est énervant de ne jamais retrouver, après une année, les sacs aspirateurs originaux... et en plus, au moment de les acheter, on n'a jamais sous la main les références !

Le nettoyeur à vapeur

Cet appareil est muni d'un réservoir d'eau qui, en chauffant, fournit de la vapeur. Celle-ci est projetée sur la surface à nettoyer grâce à un tuyau relié à différentes têtes d'application.
Ce système décolle la saleté et permet de nettoyer sans détergent. Vous nettoyez plus rapidement, sans effort et en profondeur.
Il est très bon pour la santé : la chaleur tue les acariens. Vous pouvez nettoyer régulièrement moquettes, matelas, doubles rideaux.

Nous vous renvoyons au chapitre 2, pour toutes ses applications.
Il peut être vendu avec un accessoire fer qui le transforme en centrale vapeur.
Son prix est de l'ordre de 200 à 400 euros.

Conseil de pro

Cet appareil est intéressant si vous prenez un temps de ménage suffisamment long (en effet, l'eau de la cuve prend quelques minutes à chauffer), et si votre logement est suffisamment grand pour l'utiliser souvent. Sinon, vous pouvez le louer pour une journée.

Il existe aussi des « pistolets » à vapeur : ils ont les mêmes avantages que le nettoyeur à vapeur. Vous les manipulez facilement pour les sanitaires, la hotte de cuisine... mais le réservoir est petit et le système n'est pas pratique pour les sols. Ils sont aussi moins puissants. Ils coûtent environ 50 euros.

À savoir
Il existe des appareils qui combinent les deux fonctions : aspirateur et nettoyeur vapeur.
L'avantage est la rapidité d'action : au lieu d'aspirer et de nettoyer ensuite, il suffit d'une seule opération, pour les sols, les vitres...
Cet appareil est un peu plus lourd qu'un aspirateur.
Comme pour tous les appareils combinés, lorsqu'une fonction vous lâche... vous ne pouvez plus utiliser l'appareil pour l'autre fonction...

Quelques critères de choix
Un grand réservoir permet une autonomie de travail plus longue, mais l'appareil est plus lourd. Pensez-y si vous devez porter l'appareil dans les escaliers. Vérifiez son poids vide et sa maniabilité.
La pression de vapeur : pour un résultat optimal, elle doit être supérieure ou égale à 4 bars.
Le variateur de débit de vapeur est appréciable : pour les surfaces fragiles – tissus de fauteuils, rideaux –, il faut un débit moindre que pour les carrelages.

Même si cela coûte un peu plus cher, prenez un modèle qui fournit les accessoires de nettoyage : raclette à vitres, brosses pour petites surfaces, pistolet à haute pression.
Certains modèles proposent en option le fer à vapeur : vous avez ainsi un combiné centrale à vapeur et appareil de nettoyage.
Comme pour tous les appareils, si une fonction tombe en panne, vous ne pouvez plus utiliser l'autre...
Il faut compter environ 350 euros pour le nettoyeur à vapeur. Les plus chers ne sont pas forcément les plus performants.

Les problèmes d'électricité

Les appareils ménagers peuvent provoquer quelques dysfonctionnements au niveau de l'installation électrique.
Voici en résumé le fonctionnement d'une installation électrique.

Dès que vous arrivez dans un nouveau logement, identifiez l'emplacement du compteur électrique. Vérifiez que les coupes circuits des différents appareils sont identifiées sur le schéma de l'installation électrique et modifiez l'étiquetage des appareils au compteur si nécessaire.

Quelques définitions d'électricité

Les appareils électriques et ampoules portent des lettres. Voici quelques pistes pour vous y retrouver au moment de changer un fusible ou d'acheter une ampoule :
- les volts (V) mesurent la tension – en France 220 V (appareillage normal et éclairage) ou 380 V (gros électroménager) ;
- les ampères (A) mesurent l'intensité électrique – les prises des pièces sont de 16 A; en cuisine, les prises du petit électroménager sont de 16 A et celles du lave-vaisselle, du four, de la table de cuisson sont de

32 A ; si le lave-linge est branché dans la salle de bains, la prise doit être de 32 A. Lorsque vous achetez des fusibles, c'est cette lettre qu'il faut regarder ;
- les watts (W) ou volt/ampère (V/A) indiquent la puissance : c'est ce qui est indiqué sur les ampoules. La consommation de courant est indiquée par le compteur en watt/heure (Wh).

Si « les plombs sautent » !

Le disjoncteur « local » de l'appareil ou « général » de la maison coupe automatiquement le courant lorsqu'il y a un problème électrique.
Un appareil défectueux fait disjoncter l'installation. Souvent, c'est le fer à repasser dont le réservoir est fendu et l'eau goutte sur la résistance électrique, ou le chauffe-eau qui est défectueux... Dans ce cas, débranchez l'appareil. Prenez votre lampe de poche et vérifiez le disjoncteur général ou les coupe-circuits. Remettez-le en fonctionnement.
Si les plombs sautent au disjoncteur général quand plusieurs appareils fonctionnent ensemble, par exemple le lave-linge, le lave-vaisselle et le four, c'est parce que la puissance totale fournie à votre logement n'est pas suffisante pour votre installation. Arrêtez les appareils et remettez le disjoncteur en marche.
Faites appel à votre fournisseur d'électricité pour qu'il vous aide à évaluer votre consommation et/ou modifie votre contrat.

Il existe un petit appareil, le « biorupteur», qui fonctionne comme un interrupteur. Vous le branchez sur le tableau électrique des circuits des pièces choisies. Il élimine les champs électriques de ces pièces, en déconnectant les circuits électriques, par exemple la nuit pour éviter de se trouver dans les circulations d'ondes.
Dès que vous actionnez un interrupteur de ces pièces, le biorupteur rétablit automatiquement la tension.

Même en mode veille, les équipements électriques, ordinateurs, télévisions consomment de l'électricité. Pour économiser de l'énergie, vous pouvez installer un coupe-veille, que vous reliez à plusieurs appareils.

Quand vous éteignez l'appareil principal, il met hors tension les équipements qui lui sont reliés.

Conseil de pro

Enroulez toujours les fils électriques des appareils – fers à repasser, sèche-cheveux... –, en partant de l'appareil et en allant vers la prise, et non l'inverse. Sinon, ils s'entortillent et les fils intérieurs en cuivre finissent par se casser. (cf. photo p. 234).

Constituer un classeur pour les fiches des appareils ménagers

De même que vous avez un home GPS, constituez un « machines GPS » ! Regroupez dans un seul classeur tout ce qui concerne vos appareils ménagers. Vous aurez tout sous la main en cas de panne ou lorsque vous décidez de changer d'appareil.

Pour chaque appareil, prenez une pochette plastique étiquetée avec le nom de l'appareil ; insérez-y :

- la facture du magasin, et la garantie correspondante ;
- le mode d'emploi ;
- les éléments intéressants : coordonnées du service après-vente, etc. ;
- les factures concernant les réparations effectuées sur cet appareil.

En cas de panne, vous trouvez tout de suite le mode d'emploi et vous vérifiez si vous pouvez agir vous-même.

Lorsque vous devez faire appel à un technicien, vous avez sous la main les références du SAV.

Si votre appareil est toujours sous garantie, vous avez immédiatement celle-ci et toutes les références de l'appareil.

Lorsqu'un « gros pépin » arrive, vérifiez la date d'achat, et totalisez le montant des réparations. Vous saurez rapidement si une nouvelle réparation vaut la peine ou s'il vaut mieux changer l'appareil.

Une fois par an, vérifiez le contenu de votre classeur (voir chapitre 3).

Conseil de pro

Il est indispensable de lire le mode d'emploi avant d'utiliser l'appareil !
Lisez la notice avec un Stabilo à la main et surlignez ce qui est important à savoir pour l'usage quotidien.
Faites, si c'est nécessaire, une photocopie de ces points principaux, et affichez-la, plastifiée, sur le côté de la machine : tous les utilisateurs seront ainsi au courant.

Pour une étude plus approfondie avant l'achat d'un appareil ménager, vous pouvez consulter les conseils du site <www.quechoisir.org>.

Lorsque vous êtes mécontent du fonctionnement d'un appareil, il nous semble judicieux d'en avertir par courrier le fabricant, qui cherche à améliorer la qualité et à fidéliser sa clientèle. C'est un service que vous lui rendez. En effet, un avis qui remonte jusqu'à lui correspond à environ vingt personnes mécontentes de ce même produit.
Nous sommes parfois surpris des gestes commerciaux qui en découlent : réductions ou consommables gratuits...

8

Santé et sécurité : suivez Mme Pomfresh

Équipez-vous pour soigner les genoux égratignés, la coupure d'un enfant ayant pris des initiatives en cuisine, le mal de ventre avant un examen ou un entretien...
Aménagez votre maison pour que jeunes enfants, malades ou personnes âgées y vivent en sécurité.

La santé

La pharmacie familiale

Une pharmacie familiale bien conçue est essentielle pour assurer les premiers soins et soulager petits bobos et gros chagrins. Sa constitution varie selon la composition de la famille, l'âge et les pathologies habituelles. Votre médecin et votre pharmacien vous aideront à la compléter.

Le lieu de la pharmacie à la maison

En général, elle se trouve dans la salle de bains. S'il y a des jeunes enfants, mettez-la en hauteur et non accessible à eux, si possible fermée à clef.

Prévoyez aussi un placard, une armoire, ou des boîtes assez vastes, pour un rangement facile et organisé.

Classez les produits en fonction de leur utilisation : les crèmes solaires ensemble, les sirops, les huiles essentielles, l'homéopathie...

Si vous avez un bébé, prévoyez une petite boîte, un petit compartiment avec ses propres médicaments.

De quoi est-elle constituée ?

Les indispensables, instruments et produits de soins. C'est le minimum à avoir :

- un thermomètre électronique (ayez une pile de rechange dans votre boîte à piles) ;
- du sparadrap et des pansements adhésifs ;
- des compresses stériles de différentes tailles ;
- des bandes élastiques et du bandage tubulaire pour les doigts ;
- une paire de ciseaux de petite taille et une pince à épiler pour les échardes et dards d'insectes ;
- une solution antiseptique ;
- une solution hydroalcoolique ;
- du sérum physiologique en doses uniques.

Les médicaments « classiques » pour les petit maux de tous les jours

• Médicament contre la douleur et la fièvre : l'aspirine est très efficace mais elle présente des contre-indications en cas d'ulcère ou d'allergie. Utilisez plutôt le paracétamol ou l'ibuprofène sous forme de Doliprane ou Efferalgan.

Un petit bémol : attention, la fièvre c'est un bon signe ; le corps réagit et crée ses propres défenses, donc utilisez toujours le paracétamol avec modération et en lien avec un médecin.

• Médicament antidiarrhéique (Smecta, charbon médicinal, Lactéol) et solution de réhydratation.
• Sirops pour la toux : les préparations sont multiples. On distingue les toux sèches sans secrétions et les toux grasses. Les antitussifs s'emploient en cas de toux sèche. Pour les toux grasses, prévoyez un fluidifiant bronchique qui aide à l'expectoration.
• Pommade pour soulager les piqûres d'insectes, comme l'Apaisyl.
• Antihistaminique pour les débuts d'allergie. Le Zyrtec est en vente libre, mais contactez toujours votre médecin avant de l'utiliser.

La trousse de secours

Nous vous proposons un assortiment de crèmes, d'huiles essentielles et d'homéopathie, à avoir à la maison pour éviter d'aller chez le médecin. Cette liste vous donnera des remèdes parfois anciens mais dont l'efficacité traverse les générations.
Voici les précautions d'emploi pour les huiles essentielles :
- interdiction d'injecter les huiles essentielles en intraveineuse ou intramusculaire ;
- interdiction de les utiliser pures dans le nez, dans les oreilles et sur les zones ano-génitales, et toutes

les muqueuses. Sur les zones corporelles sensibles, il faut diluer les huiles essentielles à une concentration maximale de 10 % ;
- interdiction de mettre des huiles essentielles pures et même diluées dans les yeux ;
- interdiction de faire des aérosols d'huiles essentielles chez les patients allergiques et asthmatiques ;
- les huiles essentielles sur la peau que l'on expose ensuite au soleil provoquent parfois des taches ;
- pour les enfants et la femme enceinte, il faut être très vigilant, vous reporter impérativement à un pharmacien ;
- les huiles essentielles se diluent dans l'huile végétale ou une solution alcoolisée.

Nous vous proposons cinq huiles essentielles et leurs applications :
Tea tree ou arbre à thé : utilisée pour les infections ORL, les plaies, les varices, la grippe, les plaies et pour les pathologies buccales (aphtes, stomatite, gingivite, abcès), et en cas de fatigue cardiaque. Est aussi utilisée pour le ménage.
Ravensare : antivirale et stimulante, immunitaire, antibactérienne. C'est un rééquilibrant général, décontractant musculaire, antalgique, neurotonique (énergétisante puissante mais non excitante). Elle est stimulante du système nerveux, relaxante et facilite aussi le sommeil.
Niaouli : recommandée comme antivirale (grippe, hépatite, herpès, zona), antibactérienne, fongicide, décongestionnante veineuse.
Lavande : utilisée pour calmer les angoisses, les insomnies, les crampes, les brûlures, les plaies, les bronchites asthmatiformes, les crampes musculaires, foulures...
Hélichryse italienne : utilisée pour les gencives enflées après une anesthésie. Quelques gouttes sur la joue, vous désenflez très vite. Pour calmer la douleur due à un coup, mélangez-la avec de l'huile végétale. C'est spectaculaire.

Voici une liste de baumes, huiles et onguents pour les maux les plus courants :
L'huile sacrée de Madagascar est conseillée pour l'eczéma, le psoriasis, l'herpès, les brûlures, les piqûres d'insectes. Elle s'applique en petite quantité par massage sur l'endroit à traiter.
L'huile d'argan est utilisée pour lutter contre le vieillissement de la peau. Elle relance et stimule les échanges et l'oxygénation des cellules. Elle est aussi utilisée pour adoucir les cheveux comme un baume et aussi en cas d'acné et de varicelle.
Le baume du tigre est utilisé depuis des milliers d'année en Asie. Il est composé de différentes plantes médicinales pour soulager la douleur. Il est utilisé en application externe sous forme d'onguent, d'huile ou de cataplasme. Il soulage les douleurs musculaires, les entorses, les contusions, les maux de tête. Attention à son utilisation : du fait de sa concentration, après l'avoir appliqué il est nécessaire de bien se laver les mains et surtout de ne pas en mettre près des yeux.
L'Homéoplasmine apaise tous les petits bobos de peau ; cette crème est à utiliser après trois ans : gerçures, coupures. Vous pouvez aussi en mettre sous les narines en cas de rhume persistant et d'irritation.
Le Rescue ou Remède aux cinq plantes du Dr Bach est employé pour tous les chocs physiques ou grosses émotions. Il est très utile dans les quelques minutes qui suivent l'annonce d'une mauvaise nouvelle ou juste avant un rendez-vous important où vous sentez le stress vous envahir. Versez quelques gouttes sous la langue.
Le Cephyl est l'aspirine homéopathique. Il est plus doux pour l'estomac surtout quand une personne n'a pas l'habitude de prendre des médicaments.
La propolis est utile pour les maux de gorge ; elle existe aussi une solution huileuse que l'on met dans le nez pour les sinusites. En crème, c'est aussi un excellent cicatrisant.
Le gel d'urgence a beaucoup d'applications :
- il apaise la douleur ;
- il désinfecte les petites plaies, écorchures, coupures, piqûres ;

- il nourrit et protège le revêtement épidermique ;
- il évite la formation d'un hématome en cas de contusion ;
- il est un antiallergique actif en cas de piqûre d'insecte ou de végétaux ;
- il favorise la résorption des inflammations dermatologiques ;
- il apaise l'inquiétude, l'angoisse, la peur ;
- il a une action anti-infectieuse, antibactérienne et anti-inflammatoire.

Le CitroBiotic. Les usages les plus fréquents de l'extrait de pépins de pamplemousse sont les maladies gastro-intestinales, mycoses, grippes et coups de froid, infections articulaires et nasales...

Le Tegarome du Dr Valnet apaise les petits accidents cutanés, coups de soleil, piqûres d'insectes, égratignures.

Contre nos « amis » les moustiques, mettez sur l'oreiller de la citronnelle mélangée à 3 ou 4 gouttes d'huile essentielle de géranium.

Pour les personnes qui voyagent et dont l'alimentation change brutalement, prenez des ferments lactiques en prévention, par exemple du Bioprotus 7000. Il assure un transit régulier, facilite une bonne assimilation des nutriments et renforce la capacité de l'organisme à résister aux infections microbiennes et virales.

En prévention hivernale ou lors de troubles digestifs, Lactibiane Enfant aide à stimuler les défenses immunitaires et à renforcer la flore de vos bambins.

Le Contrecoup de l'Abbé Perdrigeon est une solution d'application cutanée pour le traitement d'appoint d'ecchymoses et contusions (coups, bleus..). À appliquer dès que possible avec une compresse, deux à quatre fois par jour sur la lésion. C'est aussi un antiseptique des plaies superficielles. Il est très utile pour les jeunes enfants qui commencent à marcher, tombent et se cognent. Il évite les œufs de pigeon : la bosse « ne sort pas » quand il est posé immédiatement.

Contre les poux, fabriquez un spray (flacon en verre) avec 30 ml d'alcool à 60° ou 90°, 5 gouttes d'huile essentielle de lavande et 5 gouttes de tea tree. Pulvérisez sur la brosse une fois par semaine, vous éviterez ces vilains habitants des têtes des enfants.

Contre le mal des transports (voiture, avion, mal de mer), utilisez la formule homéopathique Cocculine® (composée de Cocculus, Tabaccum, Nux vomica, Petroleum).

Pour enlever une écharde du doigt sans faire crier vos chéris... préparez une solution de sulfate de magnésium et d'eau. Trempez le doigt le plus longtemps possible dans cette solution : cela fait sortir l'écharde et la rend plus facile à extraire. Vous trouverez les sachets de sulfate de magnésium en pharmacie.

Astuce

Après une anesthésie, une césarienne, pour retrouver un transit normal : pendant quelques repas mangez uniquement des pommes de terre cuites à l'eau, sans sel ; mangez-les nature... et le transit revient, c'est garanti !

Pour les petits accidents en cuisine

Prévoyez l'indispensable trousse de secours. Il arrive facilement de se couper, de se brûler en cuisinant. Prévoyez dans une petite trousse : un spray désinfectant de petite taille, des pansements, de la Biafine en cas de brûlure.

L'indispensable trousse de secours de sac

Vous tombez, un enfant se cogne, saigne... Emportez partout :

- une dose homéopathique d'Arnica en 9 CH pour les chocs, à donner juste après le choc ou un tube de granules d'Arnica 5 CH ou 9 CH (donnez 3 granules toutes les 2 heures après le choc) ;
- un ou deux pansements de tailles différentes ;
- un mini gel antiseptique ;
- un mini spray antiseptique ;
- des mouchoirs en papier ;

- un antalgique ;
- une dosette de sérum physiologique qui permet de nettoyer une plaie, du sable dans les yeux.

La trousse à pharmacie à emporter en voyage

Contre les maux divers (un mal de tête, une douleur articulaire, un début de fièvre...), disposer d'un antalgique à base de paracétamol (Doliprane®) ou d'aspirine (Céphyl®).

Contre les fatigues physiques et/ou nerveuses des activités un peu « sportives » et la survenue de crampes : se munir de vitamine C et de magnésium.

Contre les coups de pompe : quelques gouttes d'essence de menthe à disposer sur un morceau de sucre ou sur le bout d'un doigt que l'on suce.

Pour prévenir la sécheresse de la peau ou des lèvres exposées au soleil, au vent, au sel, ou au froid : Biafine, beurre de cacao, Homéoplasmine®.

Pour nettoyer puis protéger une plaie : teinture de Calendula appliquée avec une compresse stérile, pansements.

Pour aider à la cicatrisation : Tégarome®, mélange d'essences de plantes selon la recette du Dr Valnet (à base de lavande, de thym, de sauge, d'eucalyptus, de romarin, de cyprès, de niaouli et de géranium), Homéoplasmine®, huile essentielle d'Hélichryse.

Pour soigner les bleus et ecchymoses : teinture ou crème d'arnica.

Contre les tendinites, les entorses, les douleurs ligamentaires : baume du Pérou ou toute autre crème qui contient un révulsif (ça chauffe et ça détend les zones douloureuses), ou des petits aimants (en vente en pharmacie – marque Eporex® –, à fixer avec un collant adhésif) ; et l'inévitable bandage (prévoir une ou plusieurs bandes) qui sera fixé par une épingle de nourrice, à moins qu'il ne s'agisse de bandes élastiques autoadhésives.

Contre les dérangements intestinaux : Nux vomica ou Ipeca en homéopathie, du charbon, de l'argile

(en déposer une noisette dans le contenu d'un verre d'eau, laisser agir une ou deux heures, mélanger et boire le liquide légèrement « boueux », cette recette prévient la fameuse turista).
Contre les moustiques : essence de citronnelle, de géranium et de lavande.

Voilà pour l'essentiel, auquel on aura pris soin d'adjoindre, selon les besoins et endroits visités : la crème solaire, une pommade antimoustiques (à base d'essence de citronnelle, de géranium et de lavande), une pompe à venin (Aspivenin®) contre les piqûres de guêpes, d'abeilles, d'araignées, de moustiques, de frelons, de vives (poissons), de scorpions, de serpents, de plantes... et un tire-tique.

Derniers articles à mettre dans la trousse :
- une couverture de survie (simple toile comportant un côté aluminé à disposer du côté du corps pour en conserver la chaleur);
- quelques allumettes (avec le grattoir!) ou un briquet;
- un peu de coton hydrophile;
- des mouchoirs en papier.

Ne pas oublier la paire de ciseaux, des bouts de ficelle (nécessaires par exemple pour réaliser une attelle destinée à maintenir en place un doigt ou un pied accidenté en attendant l'arrivée dans un service d'urgences) et des épingles de nourrice.

Côté papiers...

Rangez les ordonnances dans des dossiers : un par membre de la famille, pour les enfants rangez-les dans les carnets de santé respectifs une fois le traitement terminé. Pendant le traitement, nous vous proposons de les laisser en vue sur le frigo avec un aimant... chacun le sien.

Doit-on jeter un médicament entamé ?

À jeter : tout médicament délivré sur ordonnance doit être éliminé à la fin du traitement. Le mieux est de le rapporter à votre pharmacien, qui en fera le tri et le donnera à des organismes humanitaires. À jeter aussi, un collyre entamé depuis dix jours ainsi que les médicaments dons vous avez perdu la notice et la date de péremption.
À garder : les pommades, les sirops, les antiseptiques entamés à condition qu'ils soient bien rebouchés.

Faites le tri une fois par an de la pharmacie familiale. À vous de la constituer ou de la compléter en fonction des pathologies que vous rencontrez le plus fréquemment, ou de celles dont vous souffrez.
Nous vous invitons à revisiter votre pharmacie, à essayer certains de ces produits, nous les utilisons pour nos familles. Maintenant, à vous de jouer !

Et pour en savoir plus :
- Dominique Baudoux, *L'Aromathérapie : se soigner par les huiles essentielles*, éditions Amyris ;

Vivre à la maison en toute sécurité

Quelques conseils généraux

Aérez dix minutes par jour en été comme en hiver, en ouvrant les fenêtres, l'air intérieur est renouvelé et cela réduit la concentration des polluants de la maison. Adaptez l'aération à vos activités : ménage, bricolage, séchage du linge nécessitent plus d'aération.
À la maison, pour votre santé, veillez à ce que l'air se renouvelle. La ventilation permet de renouveler l'air en assurant une circulation générale et permanente. Elle peut être naturelle – l'air circule dans la maison

par des entrées d'air « neuf » et des sorties d'air « pollué » (bouches et grilles d'aération) – ou mécanique – la VMC (ventilation mécanique contrôlée) est un système électrique de renouvellement automatique et continu de l'air.

Pour une ventilation efficace :
- ne bouchez surtout pas les entrées d'air ni les grilles ou bouches d'extraction, ne les cachez pas derrière un meuble ou un revêtement ;
- entretenez-les en dépoussiérant ou en nettoyant les grilles, entrées d'air et bouche d'extraction au moins une fois par an ;
- ne bloquez pas les systèmes de ventilation, même par –5 °C ;
- tous les trois ans faites vérifier votre VMC par un spécialiste.

Aérer et ventiler favorisent votre santé mais aussi votre sécurité.

Quelques facteurs de risques à la maison

Les risques particuliers liés au gaz dans la maison

Si la maison est alimentée au gaz de ville, repérez le robinet d'arrivée générale du gaz. Il est en général situé avant le compteur de gaz.

Si vous utilisez une bonbonne de gaz, fermez le robinet tous les soirs au moins, et si possible lorsque vous ne l'utilisez pas pendant un long moment.

Fermez le robinet de gaz de la cuisinière lorsque vous ne l'utilisez pas, et au moins tous les soirs.

Aérez les pièces où se trouvent des appareils à gaz et vérifiez les ventilations, VMC, bouches d'aération...

Faites ramoner une fois par an les conduits de cheminée (évacuation des gaz brûlés), c'est obligatoire pour les assurances ; en cas de chaudière défectueuse et d'accident, l'assureur vous réclamera les factures d'entretien et de ramonage.

Faites vérifier régulièrement le réglage des appareils à gaz.

Changez le raccordement du tuyau de la cuisinière à gaz tous les cinq ans.

Que faire en cas de *fuite de gaz* :
- n'allumez surtout aucune flamme : cigarette, allumette, bougie ;
- n'utilisez aucun appareil électrique pouvant provoquer une étincelle (pas même l'interrupteur ou le téléphone portable) ;
- ouvrez les fenêtres ;
- fermez le robinet général d'arrivée de gaz ;
- faites sortir les enfants de la maison ;
- appelez les pompiers depuis l'extérieur de la maison et attendez les secours.

Sachez aussi que le *monoxyde de carbone* est un gaz mortel incolore et inodore, donc particulièrement difficile à détecter. Il est produit notamment par le fonctionnement d'appareils ménagers ou par les gaz de combustion d'une cheminée ou d'appareils de chauffage. Donc ne bouchez pas les bouches d'aération de votre logement, respectez les conseils d'utilisation de vos appareils, faites contrôler régulièrement vos installations par des professionnels, aérez régulièrement.
S'il est difficile à détecter, les signes d'une intoxication doivent vous alerter. Prenez-les au sérieux, chaque année plus de trois cents personnes meurent intoxiquées au monoxyde de carbone.

Les risques liés à l'électricité
Vous aménagez votre salle de bains, votre cuisine, veillez toujours à ce que les normes de sécurité soit respectées : les prises doivent être distantes des points d'eau pour le branchement des appareils ménagers ; exigez des prises de terre. Si vous voulez être assuré que les normes sont respectées, des organismes peuvent passer à votre domicile et vérifier les installations. Pour en savoir plus, nous vous renvoyons au site de Consuel, <www.consuel.com>, ou à la société Promotelec, qui fait aussi des diagnostics, <www.promotelec.com>.

L'eau à la maison peut aussi être dangereuse
Le danger lié à l'eau, ce sont les brûlures dues à un dérèglement du chauffe-eau ou un défaut de sur-

veillance. Pour éviter cela, vous pouvez installer un robinet d'eau thermostatique qui bloque la température maximale de l'eau. Ce robinet évite les brûlures, les consommations trop fortes d'eau chaude, et limite aussi les dépôts calcaires : en effet, une température trop élevée accentue le dépôt de tartre dans les canalisations. Pour obtenir une température supérieure, il suffit de débloquer la bague de sécurité.
Localisez le robinet d'arrivée générale d'eau de la maison (en général avant le compteur). Protégez ce dernier contre le froid.
Une eau trop calcaire (« dure* ») provoque le dépôt de tartre sur les résistances des appareils, dans les canalisations, sur les tissus...
Il est possible d'installer un adoucisseur d'eau sur un ou plusieurs appareils précis, plutôt que d'installer un adoucisseur à l'arrivée d'eau dans la maison : en effet, une eau trop douce provoque une corrosion des canalisations, et donc des risques de fuites, et elle est moins bonne à la consommation car elle est enrichie en sodium.
Un autre système consiste à installer un appareil antitartre magnétique. Il crée un champ magnétique puissant qui modifie les molécules et évite leur incrustation.
Nouveau : le « stop douche » permet de ne pas faire couler l'eau pendant le savonnage, en retrouvant votre réglage d'eau d'avant. C'est un substitut idéal au mitigeur thermostatique pour ceux qui sont en location ou qui ne sont pas bricoleurs. Il suffit de le visser à la base du tuyau de douche. (Source : <www.econo-ecolo.org>.)
Vous pouvez aussi limiter la consommation d'eau en réduisant la pression d'arrivée d'eau dans la douche. Il suffit d'installer un joint spécial dans le flexible de celle-ci.
Vérifiez de temps en temps le compteur d'eau pour détecter les fuites. Notez le chiffre le soir en vous couchant et le lendemain matin : si les chiffres sont différents alors que vous n'avez pas utilisé d'eau, il est fort probable que vous ayez une fuite d'eau (peut-être invisible, dans une cloison...).

Vérifiez qu'il n'y a pas de fuites dans les chasses d'eau, les robinets de chauffe-eau...
Quelques chiffres qui font frémir ! Un robinet qui goutte, c'est 35 000 litres d'eau perdus par an. Une chasse d'eau qui fuit, ce sont 25 litres d'eau par heure, soit un total de 220 000 litres par an, qui s'écoulent ! (Source : Syndicat des eaux d'Île-de-France.)

En cas de grosse fuite – rupture de canalisation ou de ballon d'eau chaude –, fermez le robinet d'arrivée d'eau correspondant et appelez les pompiers, en urgence ! puis faites venir le plombier, et prévenez votre assurance s'il s'agit de rechercher un dégât des eaux (ou le syndic si vous êtes locataire, ou si les voisins sont impliqués).

Aménager la maison pour vivre en toute sécurité

La sécurité à la maison est la préoccupation de tous, notamment des parents. Les accidents domestiques sont la principale cause de décès chez les jeunes enfants. Ils sont plus fréquents qu'on ne le pense généralement. La prévention des risques domestiques commence par une bonne information et des règles à respecter.
Nous vous proposons de lister les dangers et nous vous indiquons quelques astuces pour les éviter.

Les brûlures
Les principaux responsables en sont :
- manches et poignées de casseroles ;
- poêles ;
- cuisinière et porte de four ;
- fer à repasser branché ;
- eau chaude trop chaude ;
- produits dangereux...

Se brûler peut arriver dans toutes les pièces : l'enfant peut boire un liquide trop chaud, ou renverser un thé bouillant dans le salon ; il peut se brûler dans le bain si le thermostat du chauffe-eau est en mauvais état. Nous vous invitons à la plus grande vigilance : vérifiez la température du bain, les réglages des robinets.

En cuisine, il faut avoir une vigilance absolue, mettez vos manches de casserole et de poêle vers les plans de travail ; fermez les portes pour que l'enfant n'ait pas accès seul aux appareils de cuisine : c'est trop tentant d'imiter maman et de mettre sa dînette en plastique dans le micro-ondes ou un gâteau en pâte à modeler dans le four.

Les risques d'incendie
Ils proviennent des :
- allumettes et briquets ;
- produits inflammables ;
- mauvaises installations électriques ;
- aérosols...

Le feu dans la cheminée, les bougies parfumées qui ressemblent aux bougies d'anniversaire, sont fascinants, et pourtant le danger est bien là. Mettez hors de portée les objets risquant de brûler votre enfant et/ou pouvant provoquer un incendie, comme une bougie sur une table basse, ou une boîte d'allumettes trop facile à attraper. Très jeune, en vous imitant, l'enfant est capable de craquer une allumette.

Les risques liés au bricolage
Ils sont dus aux :
- échelles et escabeaux instables ;
- outils branchés (perceuse, scie...) ;
- produits dangereux ou toxiques – y compris les vapeurs ;
- petites pièces risquant d'être avalées par les plus petits ;
- outils lourds ou tranchants.

Quand vous bricolez, les enfants enregistrent tous vos gestes, impliquez-les mais restez attentif au rangement des outils, débranchez la perceuse...

Les chutes dans la maison

Elles sont fréquentes et « trop bêtes » : elles sont souvent dues aux sols glissants ou mouillés, au tapis mal fixé, à la marche de l'escalier loupée, à des fenêtres laissées ouvertes. Un jeune enfant peut chuter de sa table à langer, de sa chaise haute ou du lit de ses parents. Nous vous suggérons de ne jamais laisser un jeune enfant seul sur votre lit.

Souvent aussi, nous nous précipitons pour ouvrir la porte, répondre au téléphone, et c'est là que les accidents arrivent. Il en va de notre responsabilité pour éviter tous ces accidents.

Pour les enfants

Fermez vos fenêtres avec de jeunes enfants : l'Institut national de prévention et d'éducation pour la santé a présenté une étude indiquant que la moitié des chutes de jeunes enfants par la fenêtre a lieu pendant la préparation des repas.

Et bien sûr ne laissez jamais un enfant sans surveillance !

Que faire pour les éviter :

- ne laissez jamais votre enfant sans surveillance sur une table à langer, installez-vous bien pour le changer en ayant tout à portée de main ;
- ne placez jamais de meubles ou d'objets sous vos fenêtres ou sur le balcon, votre enfant peut grimper et tomber ;
- installez des systèmes de sécurité qui bloquent l'ouverture des fenêtres ;
- veillez à ce que votre enfant ne puisse pas escalader votre balcon ou passer à travers les barreaux ;
- vérifiez les garde-corps des fenêtres et rehaussez si nécessaire avec du plexiglas ;
- pour les tout-petits, installez des barrières de sécurité dans les escaliers et apprenez à vos enfants à descendre et monter les escaliers en se tenant ;
- si vous utilisez une chaise haute, vérifiez qu'elle porte la mention « conforme aux exigences de sécurité », et utilisez la sangle d'entrejambe en la fermant.

Les électrocutions

Elles arrivent quand :

- les prises sont non sécurisées (les prises conformes sont à éclipse) ;
- les multiprises et rallonges sont visibles et accessibles ;
- des objets électriques restent branchés dans la salle de bains – fer, séchoir à cheveux... en jouant un enfant peut les plonger dans l'eau ;
- les fils électriques sont dénudés ou usés.

Un enfant peut s'électrocuter avec des prises, des appareils électriques ou des installations défectueuses. Dès qu'il commence à se déplacer à quatre pattes, il est attiré par les prises ; il peut s'électrocuter en y glissant les doigts ou de petits objets en métal. Attention, l'eau à proximité augmente les risques d'électrocution.

L'idéal est d'équiper vos prises de dispositifs de sécurité. Et, pour éviter les risques :

- interdisez de toucher aux prises ;
- installez des prises à éclipse ou des cache-prises à ventouse ou à clé ;
- ne laissez pas de rallonge électrique branchée sans aucun appareil relié ;
- ne surchargez pas vos prises électriques avec des multiprises ;
- n'ouvrez jamais l'eau du robinet à proximité d'un appareil électrique ;
- débranchez tous les appareils après utilisation (sèche-cheveux, rasoir, robot...).

Les intoxications

Elles sont fréquentes chez les enfants. Attention aux :

- médicaments ;
- produits ménagers ;
- produits dangereux ;
- plantes ou fleurs toxiques ;
- produits de bricolage (peintures, colles...) ;
- parfums ;
- alcools ;
- cosmétiques...

Tous les produits ménagers ou de bricolage doivent être hors de la portée des enfants. L'accident arrive trop vite, les ingestions de produits dangereux sont fréquentes car nous oublions de ranger le Destop, l'eau de Javel...
Nous vous conseillons vivement d'acheter des produits munis de bouchons de sécurité et de ne jamais les transvaser dans un autre contenant.

Nous vous rappelons ici les items indiquant la toxicité des produits. Apprenez à reconnaître le danger de ceux-ci et surtout ne les laissez jamais à portée de main des enfants. Idéalement, mettez-les dans un placard fermé, en hauteur.

Sigles à connaître

ÇA TUE
Très toxique

ÇA POLLUE
Dangereux pour l'environnement

ÇA EMPOISONNE
Produit nocif

ÇA RONGE
Produit corrosif, irritant par contact ou ingestion

ÇA FLAMBE
Produit inflammable

ÇA EXPLOSE
Produit explosif sous l'effet de la chaleur, d'un choc ou d'un frottement.

Les noyades dans le bain ou les piscines
Ne laissez jamais un enfant sans surveillance dans le bain, même quelques secondes. N'allez pas décrocher le téléphone... ou bien prenez-le dans vos bras dans une serviette. Un jeune enfant peut se noyer dans 20 cm d'eau.

Les risques liés au mobilier
Vérifiez les fixations de vos meubles hauts, ne laissez jamais quelque chose chanceler, par exemple une

table à repasser mal calée qui peut tomber sur un tout-petit se déplaçant à quatre pattes...

Assurer la sécurité des personnes âgées à la maison

Les accidents des personnes âgées dans la maison sont surtout dus aux chutes. Voici quelques conseils pour les éviter :
- les obstacles au sol peuvent être nombreux à l'intérieur d'une maison, il faut ranger, ramasser ce qui traîne ;
- fixez tous les fils au mur pour éviter de se prendre les pieds dedans ;
- choisissez des revêtements de sol non glissants, mettez sous les tapis une mousse qui les empêche de glisser ;
- dans la salle de bains, collez des pastilles autocollantes au fond de la douche. Il existe des cabines de douche équipées de sièges moulés dans la cabine, la personne peut ainsi se laver assise ;
- dans la cuisine, évitez de placer ce dont vous avez le plus besoin en hauteur ; le maximum de choses doit être à portée de main ;
- si vous utilisez tabouret ou escabeau, assurez-vous de sa stabilité ;
- il est important de bien s'éclairer, il est fréquent que par souci d'économie une personne âgée n'allume pas, et c'est là que la chute arrive ;
- fixez une rampe à bonne hauteur et facile à tenir dans l'escalier.

Aménager la chambre d'un malade

Lorsqu'une personne doit être alitée pour plusieurs jours, il est bon de veiller à son environnement. Il suffit de quelques petites choses pour que le confort soit assuré et que le malade se sente entouré d'affection :
- choisissez une chambre calme, si c'est possible, et ordonnée – le désordre fatigue. Évitez de faire trop de bruit près de la chambre. Disposez la tête du lit de côté par rapport à la source de la lumière (comme dans les hôpitaux), si c'est faisable ;

- faites le ménage soigneusement et régulièrement. Profitez d'un moment le matin, quand le malade se lève, pour aérer la chambre et refaire le lit : changez les draps et son pyjama, un jour sur deux quand le malade a beaucoup de fièvre pendant plusieurs jours ;
- vérifiez les oreillers, qu'ils soient en nombre suffisant et de taille adaptée aux goûts du malade ; que couette ou couvertures soient suffisantes ;
- déposez à côté du lit une petite table ou une chaise, pour que la personne ait tout à portée de main (médicaments, verre et eau, lecture ou jeux, radio...) ;
- si vous préparez un plateau pour le repas au lit, soignez la présentation de celui-ci. Mettez un napperon ou une petite serviette en papier. Soignez la présentation des plats : quand on est malade, on n'a pas d'appétit, et cela donne envie de manger quand c'est joli. Prévoyez une quantité suffisante mais pas trop abondante : évitez de garder les restes d'un repas lorsqu'il s'agit d'une maladie contagieuse ;
- venez régulièrement voir le malade si vous pouvez : on s'ennuie quand on est au lit longtemps ! Et on peut avoir l'impression d'être oublié ;
- veillez à suivre les prescriptions médicales. Veillez à faire boire beaucoup le malade.

Que faire face à un accident domestique

Sans être secouriste, voici six gestes indispensables à connaître car ils peuvent sauver la vie. Ils sont simples et ne demandent aucune compétence particulière, ils sont à la portée de tous.

La première chose est d'alerter les secours le plus rapidement possible afin que les moyens adaptés à la situation soient envoyés sur place. Les secours alertés peuvent vous guider sur les gestes d'urgence à mettre

en place. N'oubliez jamais que chaque seconde peut compter.
Soyez le plus précis possible dans vos indications :
- lieu et numéro d'appel ;
- lieu de l'accident (accès, étage, code...) ;
- type d'accident (électrocution, malaise...) ;
- l'état apparent des victimes, et leurs réactions ;
- les premiers gestes effectués et les réactions ;
- le nombre de personnes concernées.

18	Pompiers	15	SAMU (valable aussi pour les intoxications)
17	Police	112	Numéro d'urgence européen

Ces numéros sont à afficher de manière visible chez vous. Quand l'accident survient, en général dans la panique, nous ne savons plus quel numéro appeler.

À savoir

Pour les vacances, le gouvernement a mis en place un site « Conseil Famille Vacances » qui rappelle les gestes simples afin de prévenir les accidents pendant les vacances. Consultez www.travail-solidarite.gouv.fr.

Que faire face à un saignement important
Examinez la plaie, s'il n'y a pas de corps étranger à l'intérieur de celle-ci, placez un chiffon dessus et compressez-la avec la paume. Allongez la personne et couvrez-la, une perte de sang importante peut la mettre en état de choc et entraîner une baisse de température. Prévenez les secours. Surveillez la personne et ne la laissez pas s'endormir. Ne relâchez pas la pression sur la plaie avant que les secours ne vous le demandent.

Que faire face à une personne qui s'étouffe

La première chose à faire est d'expulser le corps étranger. Donnez des claques dans le dos en utilisant le plat de la main. Si le corps étranger n'est pas expulsé, placez-vous derrière la personne, placez vos mains au-dessus du nombril et faites plusieurs pressions. Alternez claques dans le dos et pressions sur le ventre jusqu'à l'expulsion du corps étranger. Calmez la personne et faites-la asseoir. Prévenez les secours.

Que faire face à une personne qui s'évanouit

Et comment savoir si oui ou non elle a fait un AVC (accident vasculaire cérébral) :
- lui demander de sourire ;
- lui demander de lever les deux bras ;
- lui demander de prononcer une phrase simple, du type « Le soleil est magnifique aujourd'hui ».

Si la personne a du mal à exécuter l'une de ces tâches, appelez le 15 et décrivez les symptômes au répartiteur du Samu.

Que faire face à une intoxication

Appelez tout de suite le 15. En fonction du produit ingéré, le médecin vous indiquera que faire. N'écoutez pas votre grand-mère, et n'absorbez aucun liquide supplémentaire (ni eau, ni lait...) sauf avis médical.

9

Voyager en tapis volant

« Mieux vaut un tapis persan volé qu'un tapis volant percé... »*
Même sans tapis volant,
nous rêvons de partir
en voyage...

* *Astérix chez Rahazade*,
de René Goscinny et Albert Uderzo.

Nous rêvons de partir en voyage ou en vacances, imaginant déjà la destination idéale, que ce soit pour un week-end ou plusieurs semaines.
Pour éviter le stress et les oublis, le mieux est de faire la liste de ce qui vous sera utile, selon le voyage. Vous pouvez par exemple le faire pour :
- week-end à la campagne ;
- séjour au ski ;
- vacances à la mer ;
- séjour chez des amis ;
- voyage d'affaires...

Les formalités administratives

• Vérifiez la validité de votre passeport, au minimum quinze jours avant de partir, puisque c'est le délai maximum pour obtenir un passeport.
• Vérifiez aussi votre carte nationale d'identité et celles de vos enfants. La délivrance se fait sous dix à quinze jours.
• Faites-en une photocopie que vous emporterez avec vous et que vous laisserez dans la location ou à l'hôtel, et une autre que vous laisserez chez vous, dans le home GPS.
• Demandez si un visa est nécessaire pour entrer dans le pays où vous vous rendez.
• Vérifiez vos cartes de crédit : validité, possibilité d'emploi dans le pays...
• Renseignez-vous au sujet des assurances nécessaires.
• N'oubliez pas les cartes de réduction si vous en avez.

À savoir

Pensez à faire faire la carte européenne d'assurance maladie.
Cette carte permet à l'assuré de bénéficier, lors d'un séjour temporaire (vacances, études, stages ou déplacement professionnel) dans un Etat membre de l'Espace économique européen (EEE) ou en Suisse, de la prise en charge des dépenses de santé (prestations en nature), selon la législation sociale et les formalités en vigueur dans le pays de séjour.
Seuls les soins médicalement nécessaires sont couverts.
Il s'agit des traitements qui évitent à un assuré de rentrer dans son pays pour se faire soigner et lui permettent de terminer son séjour dans des conditions médicales sûres.
Si vous n'avez pas la carte européenne, vous devez régler les frais des soins médicaux reçus dans le pays de séjour.
Conservez alors toutes les factures et justificatifs de paiement et présentez-les au retour à votre organisme d'assurance maladie pour en obtenir le remboursement.
Pensez à en faire la demande à votre centre de Sécurité sociale au moins quatre semaines avant le départ.

- Effectuez les vaccinations obligatoires : votre médecin les connaît, parfois les opérateurs vous les indiquent.
- Si vous partez avec votre chien, faites actualiser chez le vétérinaire son carnet de vaccination européen. Très important s'il mord une personne.
- Prévoyez le change en monnaie locale (petite somme) et/ou traveller's chèques. Commandez-les à la banque à l'avance – au minimum trois semaines, si la carte bleue internationale n'est pas acceptée dans le pays.
- N'oubliez pas de prendre votre permis de conduire.

Conseil de pro

Rangez toujours au même endroit vos billets de train ou d'avion ! Et notez cet emplacement sur votre agenda à la date du départ si vous êtes très distrait.

Les bagages

Renseignez-vous sur le temps qu'il fait là où vous partez ! Cela vous évitera d'acheter sur place un bonnet ou un pantalon en toile légère !
En fin de chapitre, nous vous proposons quelques listes téléchargeables d'affaires à emporter, selon les voyages. Appropriez-vous-les ! Sur chacune, nous laissons des cases vides pour ajouter ce qui vous convient.
Selon le nombre de jours et/ou selon la possibilité de lavage et de séchage sur place, adaptez le nombre de vêtements.
Pour la Bretagne nord, quinze jours sous la pluie, il vous faudra plus de rechange que pour trois semaines sur la Côte d'Azur...

Pratique

En rentrant de vacances, vous vous rendez compte que plusieurs choses emportées ne sont pas sorties de la valise... Notez-les sur une liste (que vous glissez dans votre home GPS), qui vous servira de référence l'an prochain, pour ne pas repartir encombré...

Choisissez bien le « contenant » : valise rigide, souple ? sac de voyage ?
La malle est réservée aux déménagements... Voyagez léger ! On a souvent tendance à emporter plus d'affaires qu'on n'en utilise en réalité. Les « aux cas où » prennent de la place et sont lourds !

Conseil
Mieux deux bagages moyens qu'un seul énorme !

Pour un séjour court, où vous portez vous-même votre bagage, prenez une valise souple – plus légère –, à roulettes.

Si votre valise doit voyager en soute d'avion, avec changements, préférez une valise rigide, avec un système sûr de fermeture. Pour la repérer facilement sur les tapis à bagages d'aéroport, mettez un signe distinctif.
Pour un court séjour, ou un séjour en camping, le sac de voyage (ou à dos) est plus pratique.
Pour transporter des tenues habillées, surtout en voiture, prévoyez un « car-bag » : sac-cintre qui se plie par le milieu.

À savoir
Si vous partez en train, n'hésitez pas à utiliser le service « livraison de bagages » : vous pouvez demander ce service lors de l'achat de votre billet de train, en téléphonant au 36 35 « bagages », ou sur le site <www.voyages-sncf.com/solutions-bagages>.
24 heures avant votre départ, une personne passe chercher vos bagages. Ils seront livrés dans les 48 heures suivant votre arrivée à destination.
Très utile pour les personnes âgées, en cas de lumbago ou autre impossibilité de porter...
N'oubliez pas d'étiqueter vos bagages !

Comment faire sa valise

Dans une valise trop grande pour le contenu, les vêtements vont se froisser davantage. Adaptez le contenant au contenu !

Conseils de base
Prenez des vêtements pratiques, qui se froissent peu et sont faciles à laver.
Conjuguez des ensembles de couleurs simples : par exemple, un pantalon noir qui va avec tous les hauts...

La composition de votre valise
Au fond, placez les objets lourds et durs : livres, sèche-cheveux...
Bourrez les chaussures avec les chaussettes, pour gagner de la place avant de les placer dans un sac ou une petite housse, puis installez-les également au fond.

Dans les creux, fourrez les sous-vêtements et petits objets.
Placez les pyjamas et affaires de toilette – sauf si vous emportez un « vanity-case ».
Glissez les sous-vêtements dans les trous, ou préférez une jolie pochette, que vous posez le plus à plat possible.
Puis posez les vêtements qui ne se froissent pas (pulls, tee-shirts...) : étalez-les le plus possible pour prendre moins de place. Ils se froisseront moins.
À cette étape, placez les objets fragiles.
Puis disposez les pantalons, les jupes : là aussi, veillez à les étaler au maximum de la surface de la valise.
Enfin, mettez les vestes : pliez-les sur l'envers, épaule contre épaule, manche dans la manche enfilée. Ou bien posez le haut de la veste à plat en laissant dépasser le bas hors de la valise, remplissez de linge superposé à plat, puis rabattez le bas vers l'intérieur. La veste sera moins froissée.
Les chemises et chemisiers sont sur le dessus. Bourrez les cols avec les foulards, maillots de bain, gants...
À chaque « niveau », s'il y a des creux, remplissez-les avec de petits objets.

Emportez toujours au fond de votre bagage un sac en nylon, très léger, pour rapporter vos souvenirs ! Et un sac à linge sale en tissu. Si vous n'en avez pas, prenez une taie d'oreiller en coton fin et léger. (Le linge sale dans un sac plastique, c'est terrible pour l'odorat au retour des vacances !)
Prévoyez aussi un petit sac à dos, très utile pour vos visites touristiques, où vous mettrez la bouteille d'eau, le chapeau, etc.

Astuces
Pour une robe habillée, très fragile, intercalez du papier de soie entre les plis.
Glissez une jupe plissée dans un collant, pour qu'elle ne se froisse pas.
Si vous emportez des bijoux fantaisie, placez-les dans une petite sacoche souple, compartimentée.
Pour les bijoux de valeur, nous vous conseillons vive-

ment de les porter sur vous, ou glissez-les dans votre sac à main.
Glissez dans la valise le nécessaire à couture d'hôtel... mieux vaut prévoir !
Pour un voyage court, prenez des échantillons de cosmétiques, ou de petits volumes, plutôt que de gros flacons, dans une petite pochette. En avion, vous pourrez les garder en cabine, et pour les autres moyens de transport, c'est plus léger !

Faire un sac de voyage
La technique est un peu différente de celle de la valise : placez les objets les plus lourds du côté des roulettes, puis roulez les vêtements pour qu'ils ne se froissent pas : pantalons, tee-shirts...

Le bagage à main

Pour voyager, prenez avec vous dans votre sac à main ou dans un grand fourre-tout :
- une gourde ou une bouteille d'eau ;
- un petit pique-nique (aucun couvert si vous voyagez en avion) ;
- livres et/ou magazines pour vous et les enfants ;
- un ou deux jeux de voyage : Uno, 1000 bornes, 7 familles, cartes.
- les enfants n'oublieront pas leur PSP ou DS et leur MP3, mais pensez au chargeur et à l'adaptateur du chargeur pour la voiture. Rangez-les à l'arrivée ;
- votre carnet de voyage ;
- et quelques feuilles de papier essuie-tout pour prévenir les catastrophes !

Conseil de pro

Dès que vous arrivez, si vous le pouvez, défaites votre valise et suspendez vos vêtements : ils seront peu froissés et vous n'aurez presque pas besoin de les repasser. Au mieux, un petit séjour dans la salle de bains après votre douche bien chaude suffira !

Si vous prenez l'avion ou le train, laissez à portée de main un gilet ou une écharpe : la climatisation a des effets « indésirables » !

Comment laisser la maison quand on part longtemps

Posez-vous la question : « Comment j'aime retrouver ma maison en revenant de vacances ? »
En ordre, en désordre, avec du beurre rance dans le frigo, les poubelles pleines... ou des draps qui sentent bon le propre ?

Anecdote : c'était la veille des grandes vacances (nous avions la très grande chance de partir deux mois et demi – quand l'école reprenait le 15 septembre, après la cueillette des mûres) : ma mère nous faisait faire de grands tris pour préparer la rentrée et elle nous répétait aussi : « Range ta chambre ! »

Mieux vaut partir en laissant la maison en ordre, les poubelles vidées, le lave-vaisselle vidé, le frigo vide et propre, et le bac à linge vide ou presque, l'aspi passé, le sol de la cuisine propre, ainsi que les W.-C. nickel !
Rentrer de vacances, de week-end, d'un long voyage, dans une maison propre redonne de l'énergie.
Ce besoin d'ordre et de propreté varie en fonction de l'âge, du sexe et de notre état... Un ado n'est pas comme sa grand-mère.... Certains sont moins sensibles au désordre.
C'est à vous de déterminer ce que vous voulez faire avant de partir. Si vous n'avez pas le temps ni l'énergie pour tout ranger, déléguez à une aide à domicile, qui le fera après votre départ... et le top, c'est qu'elle revienne passer « un petit coup » juste avant votre retour ! Cela peut éviter quelques différends conjugaux.

C'est mon expérience : mon mari reste à la maison alors que je suis déjà partie en vacances avec les enfants.
Au retour, les chemises de la semaine ne sont pas lavées, le sol de la cuisine a gardé le souvenir de quelques repas pris en célibataire ou avec des copains.
Moi, je ne vois que ça ! Alors que Loïc a pris du temps pour ranger des étagères ou passer l'aspi dans les chambres... ou faire les réparations de la maison...

Ranger, nettoyer, trier avant de quitter notre « home » évite vraiment que des « indésirables » investissent les lieux : nous nommons ici les cafards, les souris, les mites alimentaires et celles qui se régalent de nos plus beaux pulls de laine.
Dans le chapitre 2, nous vous proposons un plan de « grand ménage saisonnier ».

Pensez aussi à vider votre congélateur, la coupure de courant pendant votre absence est fatale pour les aliments qui y sont conservés.
Prévoyez les menus des deux dernières semaines avant le départ avec le contenu du congélateur et du frigo. Si vous ne pouvez manger toutes vos denrées, faites-en profiter des voisins !
Gardez toujours un petit fond d'épicerie pour improviser un repas vite préparé le jour du retour. Pâtes sauce bolognaise, soupe en brick...

En partant, fermez l'arrivée du gaz sur la cuisinière, coupez le chauffage électrique.

Si vous quittez une maison de vacances, prévoyez les hivers rigoureux : fermez l'arrivée d'eau et vidangez les robinets pour que les canalisations ne claquent pas avec le froid ! Ou si vous revenez avant, laissez le chauffage avec un réglage thermostatique minimum.
En famille, avant de partir, jouez à « qui fait quoi » ; chacun s'occupe d'une tâche à accomplir avant le départ.

Conseil de pro

Pour les étourdi(e)s : placez vos clefs de maison de manière à les retrouver rapidement en arrivant devant la porte... Rien de tel qu'un trousseau de clefs au fond du sac, au fond du coffre de la voiture, le soir à 23 h 40, avec des enfants endormis.

Avant de partir, rangez de manière systématique vos clefs de voiture, de cadenas de moto, le bip du garage, dans un endroit précis que vous pouvez noter sur votre agenda au jour de votre arrivée...
Les réparateurs de vélos et de motos croulent sous le travail de sciage de cadenas en septembre !

Astuce

En préparant votre itinéraire de voyage, ne rentrez pas votre adresse sur votre GPS. En cas de vol du GPS ou de l'iPod sur la route des vacances, les méchants voleurs identifieraient immédiatement votre résidence. Pour tromper l'ennemi, indiquez la gendarmerie ou le commissariat le plus proche.

Fiches téléchargeables sur <www.lescarnetsdelinfo.com>

Fiche technique n° 1 - Liste des choses à faire avant de quitter sa maison et partir tranquille

À faire avant de quitter la maison
❒ débrancher et dégivrer le frigidaire ❒ le laisser ouvert ❒ ouvrir le lave-vaisselle ❒ sortir les poubelles ❒ bien fermer les robinets ❒ fermer le gaz / chauffage /eau ❒ vérifier que la fonction « répondeur » du téléphone fonctionne ❒ vaporiser un spray aux huiles essentielles assainissant ou une bombe insecticide ❒ débrancher les appareils électriques excepté le téléphone et l'alarme ❒ fermer les volets ❒ vérifier que toutes les fenêtres sont bien fermées ❒ éteindre toutes les lumières ❒ emporter la clef de la maison !

Fiche technique n° 2 - Liste des vêtements à emporter pour les enfants (séjour été ou hiver)

Pour les enfants (séjour été)	Pour les enfants (séjour été)
❒ sous-vêtements	❒ sous-vêtements
❒ tee-shirts	❒ tee-shirts
❒ pantalons / shorts	❒ pantalons
❒ jupes / robes	❒ sweat-shirts
❒ sweat-shirts	❒ pulls / gilets
❒ pulls / gilets	❒ pyjamas / robe de chambre ou polaire
❒ pyjamas	❒ chaussettes
❒ chaussettes	❒ chaussures / chaussons
❒ chaussures / chaussons	
❒ trousse de toilette (produits usuels)	❒ trousse de toilette et stick à lèvres
❒ mouchoirs (papier ou tissu)	❒ mouchoirs
❒ maillots de bain	❒ combinaisons de ski
❒ lunettes de soleil	❒ chaussettes de ski
❒ casquette ou bob	❒ bottes de pluie / K-way
❒ bonnet de bain / lunettes de piscine	❒ bonnet / gants
❒ serviettes de plage	❒ doudoune
❒ crème solaire	❒ après-ski
❒ crème anti-moustique	
❒ imperméable léger	
Pour les camps	
❒ duvet / tapis de sol	❒ duvet / tapis de sol
❒ quart / gamelles	❒ quart / gamelles
❒ serviettes de table	❒ serviettes de table
❒ serviettes de toilette	❒ serviettes de toilette
❒ sacs à linge	❒ sacs à linge
❒ médicaments prescrits	❒ médicaments prescrits
❒ lampe de poche	❒ lampe de poche
❒ peluches/jeux	❒ peluches / jeux
❒ livres	❒ livres
❒ papier à lettres / enveloppes timbrées	❒ papier à lettres / enveloppes timbrées
❒ carte nationale d'identité	❒ carte nationale d'identité
❒ appareil photo	❒ appareil photo jetable
❒ fiche de santé	❒ fiche de santé
❒ argent de poche	❒ argent de poche

Fiche technique n° 3 - Liste des affaires à prendre pour voyager avec son bébé

Pour les voyages avec un bébé
❒ couches / pot ❒ biberons / chauffe-biberon[1] ❒ eau ❒ tétines ❒ peluches ; le doudou ! ❒ lit de bébé / cozy / sac kangourou / écharpe de portage ❒ pyjamas / body ❒ chaussettes / chaussons ❒ vêtements ❒ trousse de change ❒ carnet de santé / médicaments ❒ jouets / livres ❒ anneau de dentition et crème pour les poussées dentaires ❒ kleenex / bavoir / sérum physiologique / thermomètre frontal

1. Il existe des chauffe-biberons et petits pots à brancher sur l'allume-cigare (marque Beaba).

En avion, un bébé a besoin de déglutir (problème d'oreilles). Pensez à lui faire sucer sa tétine, le faire boire ou sucer son pouce.

Fiche technique n° 4 - Liste des objets utiles pour voyager en voiture

Pour les voyages en voiture	
❒ cartes routières / itinéraire (GPS mis à jour) ❒ guides touristiques ❒ sacs en plastique (poubelle ou vomissements...) ❒ lingettes / change bébé ❒ boissons ❒ biscuits salés, fruits secs[2]	❒ livres, livres-disques, jouets ❒ cassettes, CD, DVD ❒ papier-toilette ❒ paracétamol ❒ brumisateur ❒ papiers et numéro de téléphone pour dépannage ❒ vignette verte assurance à jour

2. Les bonbons et biscuits sucrés énervent les enfants. Donnez-leur plutôt des fruits secs et uniquement de l'eau, les jus sont pleins de sucre.

Fiche technique n° 5 - Liste des vêtements pour les adultes été/hiver

Pour un séjour en été

- ❐ sous-vêtements
- ❐ chaussettes
- ❐ tee-shirts
- ❐ chemises
- ❐ pantalons / shorts
- ❐ jupes / robes
- ❐ sweat-shirts
- ❐ pulls / gilets
- ❐ pyjamas / chemise de nuit
- ❐ chaussures / chaussons
- ❐ imperméable léger
- ❐ serviette de toilette en nid d'abeille ou en microfibre, très pratique pour la rando et qui prend très peu de place
- ❐ trousse de toilette (produits usuels)
- ❐ mouchoirs
- ❐ maquillage / coton démaquillant
- ❐ protections périodiques
- ❐ médicaments / pansements
- ❐ brosse, peigne, shampoing...
- ❐ sèche-cheveux / barrettes, bandeau...
- ❐ rasoir / lotion...
- ❐ nécessaire à ongles / pince à épiler
- ❐ accessoires : ceintures, bijoux
- ❐ maillots de bain
- ❐ lunettes de soleil
- ❐ casquette / bob
- ❐ bonnet de bain / lunettes
- ❐ serviettes de plage
- ❐ chaussures de plage
- ❐ crème solaire
- ❐ crème apaisante contre les brûlures
- ❐ appareil photo / caméscope
- ❐ papiers d'identité
- ❐ billets de train, d'avion
- ❐ cartes routières
- ❐ argent
- ❐ portable et numéros de téléphone utiles
- ❐ clé USB
- ❐ chargeur portable
- ❐ papiers de voiture
- ❐ cadeau pour hôtes

Pour un séjour en hiver (montagne ou campagne, bord de mer...)

- ❐ sous-vêtements
- ❐ chaussettes / collants
- ❐ tee-shirts
- ❐ 1 chemise + 1 cravate !
- ❐ pantalons
- ❐ jupes / robes
- ❐ sweat-shirts
- ❐ pulls / gilets
- ❐ pyjamas / chemise de nuit
- ❐ chaussures / chaussons
- ❐ doudoune
- ❐ chapeau de pluie
- ❐ combinaisons de ski
- ❐ chaussettes de ski
- ❐ bottes de pluie / K-way
- ❐ bonnet / gants
- ❐ crème solaire protectrice / stick à lèvres
- ❐ lunettes de soleil
- ❐ trousse de toilette (produits usuels)

▷

▷

- ❒ linge de toilette en microfibre ou nid d'abeille pour gain de place
- ❒ mouchoirs
- ❒ maquillage / coton démaquillant
- ❒ protections périodiques
- ❒ médicaments / pansements
- ❒ brosse, peigne, shampoing...
- ❒ sèche-cheveux / barrettes, bandeau...
- ❒ rasoir / lotion...
- ❒ nécessaire à ongles / pince à épiler
- ❒ accessoires : ceintures, bijoux, foulards, écharpes
- ❒ appareil photo / caméscope
- ❒ papiers d'identité
- ❒ billets de train, d'avion
- ❒ cartes routières
- ❒ argent
- ❒ portable et numéros de téléphone utiles
- ❒ clé USB
- ❒ chargeur portable
- ❒ papiers de la voiture
- ❒ cadeau pour hôtes

Fiche technique n° 6 - Liste des vêtements à emporter pour un voyage pro

Pour un voyage professionnel

- ❒ sous-vêtements
- ❒ chaussettes /collants (prévoir les paires de rechange)
- ❒ chemises / cravates
- ❒ pantalons / costume
- ❒ jupes / robes
- ❒ tailleur
- ❒ pyjama / chemise de nuit
- ❒ chaussures (1 paire de rechange)
- ❒ imperméable léger / chapeau de pluie ou parapluie
- ❒ trousse de toilette (produits usuels)
- ❒ mouchoirs
- ❒ maquillage / coton démaquillant
- ❒ protections périodiques
- ❒ médicaments / pansements
- ❒ brosse, peigne, shampoing...
- ❒ sèche-cheveux / barrettes...
- ❒ rasoir / lotion...
- ❒ nécessaire à ongles / pince à épiler
- ❒ accessoires : ceinture, bijoux, foulard...
- ❒ appareil photo / caméscope
- ❒ papiers d'identité
- ❒ billets de train, d'avion
- ❒ adresses et itinéraires
- ❒ argent
- ❒ portable et numéros de téléphone utiles
- ❒ chargeur portable
- ❒ dossiers professionnels
- ❒ ordinateur
- ❒ clé USB
- ❒ papiers de la voiture
- ❒ cadeau pour hôtes

Fiche technique n° 7 - À faire, à cocher avant de partir en vacances

Préparatifs des vacances	
❒ vaccins ❒ validité des pièces d'identité ❒ visas ❒ faire réviser la voiture ❒ gonfler les pneus, faire le plein	❒ devises étrangères ❒ faire suivre le courrier ❒ gardiennage animaux ❒ contrat d'assistance

Fiche technique n° 8 - Liste des affaires à emporter lorsque vous louez pour les vacances

Pour partir en location	
❒ draps (de dessous) ❒ housses de couette ou draps de dessus[1] ❒ taies d'oreiller ❒ linge de toilette ❒ gants de toilette ❒ serviettes de table / nappes ❒ torchons / essuie-mains ❒ éponges ❒ produits d'entretien : produit vaisselle, « Cif gel » ; produit pour nettoyer le sol ❒ pastilles de lave-vaisselle : inutile d'acheter un gros carton ❒ dosettes pour la machine à laver le linge (par exemple : cinq jours, cinq pastilles) ❒ lampe torche ❒ sac à courses pliable ❒ sac isotherme ❒ sacs-poubelles ❒ insecticide	❒ papier toilette ❒ boîtes en plastique ❒ canif ❒ sopalin / papier alu ❒ lait bébé ❒ conserves pour premier repas ❒ minimum pour le premier petit déjeuner (café et filtres, thé, chocolat, céréales) ❒ liste de courses pour l'arrivée... c'est sympa de la faire ensemble pendant le trajet ! ❒ trousse pharmacie de base (cf. liste « la pharmacie de voyage »[2]) ❒ allumettes ❒ prendre la liste des équivalences proposée dans le chapitre 6, fiche technique n° 2 ❒ quelques recettes adaptées à la saison et à la région

1. Renseignez-vous avant de partir pour savoir s'il y a des couettes ou couvertures.
2. Voir chapitre 8.

Et si vous partez pour une longue marche, plusieurs mois avec un minimum de chargement, voilà un petit kit... Vous êtes prêt à faire le tour du monde !

Fiche technique n° 9 - Liste des affaires à emporter pour un long voyage

Pour partir loin et voyager léger... et même faire le tour du monde

- ❒ un carnet, une gomme et un crayon, des mini-crayons de couleur et / ou une mini-boîte de peinture[1]
- ❒ mini-crème en échantillon
- ❒ pastille de micro pure (pour rendre l'eau buvable)
- ❒ ficelle
- ❒ brosse à dents dont on scie le manche à la moitié
- ❒ dentifrice et fil dentaire
- ❒ savon / gel douche
- ❒ shampoing
- ❒ peigne
- ❒ serviettes rafraîchissantes (x 2)
- ❒ gel hydroalcoolique
- ❒ pour les filles, serviettes hygiéniques, tampons
- ❒ épingles de sûreté
- ❒ nécessaire à couture
- ❒ mouchoirs en papier
- ❒ miroir de poche
- ❒ nécessaire à ongles
- ❒ boules Quies
- ❒ pince à épiler
- ❒ allumettes / briquet (attention : pas possible en avion)
- ❒ ciseaux / canif (à mettre en soute si voyage en avion)
- ❒ infusette de thé
- ❒ résistance électrique

Côté pharmacie[2]

- ❒ gel d'arnica
- ❒ Baume du tigre
- ❒ Compeed
- ❒ pansements
- ❒ dose d'arnica 7 CH ou 9 CH
- ❒ Rescue
- ❒ Tegarome
- ❒ Glifanan
- ❒ dose d'Oscillococcinum
- ❒ Fervex

1. Pour « croquer » les meilleurs moments ou les plus beaux paysages.
2. Voir chapitre 8.

10

Comment les fées reçoivent-elles ?

Le sourire, c'est par excellence le geste qui invite. Il signifie qu'une porte s'ouvre aimablement pour la communication. Recevoir quelqu'un, c'est partager un moment, vivre un temps privilégié dans une relation vivante, sympathique et conviviale !
La barre est haute, mais voici quelques petites mesures simples pour y arriver !
Dans ce chapitre, vous trouverez quelques règles utiles pour recevoir ou être reçu de façon un peu « formelle ».
Entre amis, en famille, à vous d'inventer la façon de recevoir qui vous ressemble le plus !

Recevoir pour un séjour

Les amis sont invités ou s'invitent ! Sachez préciser délicatement la durée du séjour, sinon ils ne vont pas partir ! C'est vrai aussi pour la famille : les beaux-parents qui s'invitent, la famille avec un enfant insupportable qui vient profiter de votre piscine ou de votre campagne...

« Venez passer un week-end avec nous... ou quelques jours pendant les vacances ! » Passez une sorte de « contrat oral » : « On est bien d'accord, on vous attend vers telle heure... » ou : « Comme vous l'aviez annoncé, vous repartez dimanche soir... »

Commencez par préparer la chambre que vous leur destinez : une chambre d'amis ou celle d'un enfant.

Nettoyez un peu plus à fond, vérifiez que la corbeille à papiers est propre.

Faites le lit avec des draps propres, des couvertures en nombre suffisant, ou installez une couette en mettant une belle housse.

Videz l'armoire ou la commode et les tiroirs de la table de nuit. Si cela n'est pas possible, parce que c'est une chambre habituellement occupée, laissez au moins une étagère complète et une partie de la penderie, et/ou le premier tiroir de la commode et les tiroirs de la table de nuit.

Vérifiez qu'il y a des cintres en nombre suffisant.

Un petit bouquet de fleurs fraîches donne une note colorée et accueillante.

Une étagère débarrassée, la poubelle propre, du gel douche, le verre à dents propre permettront à vos hôtes d'arriver dans une salle de bains nickel !

Préparez le linge de toilette pour chaque personne.

Prévoyez le repas de l'arrivée : un dîner froid ou facile à réchauffer (il peut toujours y avoir une grève de TGV, un enfant malade en voiture, ou un coup de fil interminable au moment de partir) !

À l'arrivée, une fois les manteaux posés, conduisez vos amis à leur chambre ; proposez-leur de prendre

un peu de temps pour défaire leurs bagages et se rafraîchir. Indiquez-leur les sanitaires !
Proposez un rafraîchissement.
S'ils viennent pour la première fois, faites-leur visiter la maison. Faites part des activités que vous avez pensé organiser pour eux et avec eux. Soyez attentifs à ce qui leur ferait plaisir : s'ils habitent en ville, ils préfèrent une balade en forêt à la visite du musée local...

Le soir, renseignez-vous sur leurs habitudes pour le petit déjeuner : thé, café, pain, biscottes...
Indiquez vos horaires habituels pour que chacun se sente respecté et à l'aise, aussi bien vous qui recevez que vos amis.
Voici un exemple : nous décidons de faire une balade cet été en montagne. Certains se levant à 10 h, nous ne démarrerons pas avant 11 h. Comme les plus jeunes enfants seront debout dès 8 h... à 12 h il faudra déjà faire la pause pique-nique... source de tensions ! Conclusion : communiquez sur les plannings et l'organisation, quitte à faire plusieurs groupes.

Pendant leur séjour chez vous, la chambre des invités est le lieu de leur intimité, alors, « toc, toc, toc » : frappez avant d'entrer, et attendez la réponse avant de passer à l'acte !

Pour les repas, jouez la carte de la simplicité : vos amis viennent passer de bons moments avec vous, ne vous acharnez pas aux fourneaux ! Proposez-leur de cuisiner avec vous... ou pour vous ! Vous découvrirez des talents cachés.
Pour un séjour de plusieurs jours, essayez d'être disponible, évitez d'inviter d'autres personnes sauf si cela réjouit vos hôtes.

Lors du départ, reconduisez jusqu'à la porte, jusqu'à la barrière du jardin, la personne que vous avez reçue chez vous. C'est une règle de savoir-vivre qui s'applique aussi pour une courte visite.

Être reçu pour un week-end, des vacances

Quelques règles d'or

Lorsque vous êtes invité pour quelques jours, même chez des amis, efforcez-vous de respecter l'exactitude, appelée aussi « la politesse des rois » : la lourde charge qui vous incombe ne vous dispense pas d'être à l'heure et de ne pas faire attendre les autres. Plus on a de choses à faire, plus il nous faut être ponctuels ! Et vous, aimez-vous attendre ?
Prévoyez une marge de « sécurité », anticipez pour ne pas être happé au moment de partir. Décidez de ne pas répondre au téléphone, fixez un horaire de départ et tâchez de vous y tenir ! En cas de catastrophe imprévisible, ayez la gentillesse de prévenir du retard approximatif.

À votre arrivée, il est agréable pour vos hôtes que vous vous conformiez aux habitudes de la maison.
Indiquez si un régime alimentaire vous est prescrit.
Proposez aussi de prendre en main les courses, d'établir un menu et de vous mettre en cuisine, certaines maîtresses de maison acceptent avec joie, d'autres non.
Proposez de vous associer aux travaux de jardinage. Si c'est le moment de décaper les volets, bricolez ensemble.

Discrétion ! C'est une habitude qui facilite les relations et qui ouvrira à nouveau les portes de la maison qui vous accueille !
Lorsque vous êtes invité chez quelqu'un, celui-ci vous ouvre l'intimité de sa maison et c'est alors qu'il vous faut user de discrétion et de respect !
Vous pouvez admirer les photos de famille et vous exclamer devant le dessin du petit dernier affiché sur le frigidaire… mais vous n'allez pas fouiller dans

les tiroirs de la chambre que vous occupez, et encore moins trier le courrier qui arrive, même si vous attendez une réponse urgente !
Utilisez avec discrétion les installations (téléphone, Internet...) que l'on vous propose volontiers si vous ne disposez pas des vôtres.
Ce que vous avez vécu ou partagé chez vos hôtes vous appartient. Sachez rester dans la confidentialité.
Faites preuve aussi de discrétion pendant les conversations ou les repas, avec votre téléphone, par exemple...
Les agissements des uns et des autres ne sont pas forcément en accord avec les vôtres, mettez votre réactivité au placard ! Évitez les commentaires qui « tuent » !

Si vous êtes invité en famille avec des enfants, rappelez leur quelques règles de base : salle de bain propre pour le suivant, chasse d'eau tirée, et participation aux TIF de la maison qui les accueille.

En partant, laissez votre chambre propre, ordonnée, les saletés dans la poubelle, regardez sous les lits si rien ne traîne.
Demandez à votre hôte s'il souhaite que vous défassiez le lit. Si oui, faites-le et posez les draps pliés sur le lit.

Remerciez vos hôtes de leur invitation !

Arrivez avec un « petit quelque chose », douceurs ou cadeau plus personnel, fleurs, même à la campagne.
Voici quelques idées de cadeaux pour un court séjour :
- une belle plante que l'on pourra replanter dans le jardin ;
- un élément de déco, si vous connaissez les goûts et l'intérieur (cadre, nappe, bougie parfumée, un jolie théière...) ;
- si vos amis s'installent, un transat, une cafetière (osez aussi demander, vous éviterez de tomber à côté !) ;
- des chocolats, des friandises à partager, du bon vin...

Après votre séjour, remerciez de l'accueil reçu par ce qu'on appelait autrefois la « lettre de château »* ; maintenant, c'est un SMS, un e-mail ou un appel téléphonique, où vous mettez en valeur ce qui vous a particulièrement plu pendant votre séjour : « J'ai été très sensible à la simplicité de votre accueil, j'ai beaucoup aimé cette soirée tranquille... »

Recevoir pour un repas

« Une table servie, c'est un rendez-vous des arts. À celui qui la prépare, il revient de combiner ses effets pour qu'il se dégage de l'ensemble cette saveur définitive, la plus belle et la plus profonde qui émane d'un beau repas, la joie de vivre ! » (Paulette Bernège, *Le Ménage simplifié ou la Vie en rose*, 1935...)
Eh oui, recevoir est un art !
Frédérique Loeb, conseiller en innovation, écrit : « Notre monde du tout virtuel a relancé les invitations à la maison » – c'est plutôt sympathique !
Vous pouvez recevoir simplement, autour d'un apéritif convivial et qui permet de marier les saveurs.
Ou vous pouvez inviter pour un repas : cela va du simple appel pour proposer une pizza entre amis au dîner un peu formel avec les collègues de travail...

Les préparatifs
Anticipez pour ne pas être stressé à la dernière minute. Faites votre « rétro-planning »* si le dîner exige une invitation formelle et des préparatifs. Dans ce cas :

• Trois semaines avant, envoyez les invitations – c'est plus correct par carton que par e-mail, même si cela vous paraît un peu désuet. Pensez à votre menu : simple et à base d'ingrédients déjà préparés si vous n'avez pas l'étoffe d'un chef ou tout simplement pas beaucoup de temps (mieux vaut préparer un repas simple, cuit à point, avec des petits détails soignés, que se lancer dans quelque chose de compliqué qui risque de rater...).

• Entre dix jours et quatre jours avant, et parfois l'avant-veille, assurez-vous que vos invités ont répondu, vous serez ainsi fixé sur le nombre de convives. Relancez-les par e-mail ou en envoyant un SMS. Passez vos commandes (traiteur, boulanger...) ou listez avec précision vos achats. Pensez à la décoration : l'harmonie d'une table bien présentée est importante : la nappe, les serviettes, la décoration (fleurs ou bougies...) forment un tout agréable à regarder et qui invite à la dégustation !

• Quelques jours avant, achetez tout ce dont vous aurez besoin pour le repas et la décoration.

Préparez votre **plan de table**. Voici quelques règles pour vous aider à le composer :
- celui et celle qui reçoivent se font face, en France au centre de la table, en Angleterre aux extrémités ;
- quand le nombre de convives est un multiple de quatre, la table peut être présidée par deux femmes, la maîtresse de maison et son invitée d'honneur, ou par deux hommes ;
- une femme célibataire qui reçoit préside avec un parent ou une autre femme ;
- à la droite de celle qui reçoit, placez l'homme invité d'honneur, soit par son âge, soit par sa fonction ;
- à la droite de celui qui invite, la femme invitée d'honneur, soit par son âge, soit par sa fonction ;
- puis alternez hommes et femmes par ordre décroissant d'« importance ». Chaque personne est importante, mais, dans le cadre d'un protocole, il est d'usage de respecter cette petite règle ;
- une exception est faite pour les jeunes mariés, que l'on ne sépare pas pendant la première année de mariage ;
- lorsque le nombre d'invités est impair, deux hommes ou deux femmes se retrouvent nécessairement côte à côte ;
- pour une femme célibataire, on tient compte de sa situation professionnelle ;
- un ecclésiastique se place à droite de la maîtresse de maison ;
- une personne invitée pour la première fois passe avant l'invité déjà venu ;

- lors d'un repas moins formel, cherchez surtout à placer les invités selon les affinités ;
- indiquez la place de chacun : déposez un petit carton devant chaque assiette – petit jeu très amusant à déléguer aux enfants avant l'arrivée des invités, ou précisez à chacun la place qui lui revient.

• La veille : préparez déjà les plats qui peuvent être faits à l'avance (terrine, mousse, gâteau au chocolat...).
Si vous le pouvez, préparez votre table : cela vous permettra de voir si la nappe que vous vouliez mettre est sans taches et sans faux plis... Prévoyez les surprises !
N'oubliez pas les serviettes de table, papier ou tissu !
Un joli pliage simple fait partie du plaisir des yeux, sur l'assiette ou sur le côté gauche si l'entrée est servie sur l'assiette avant le début du repas.

Mettre le couvert

« Dresser la table » s'employait autrefois lorsqu'il n'y avait pas de table fixe pour les repas. On installait des tréteaux surmontés d'une planche que l'on habillait de la nappe.
Celle-ci est un élément décoratif qui contribue à l'harmonie de la table et met « en appétit » : tous les sens sont en éveil lors d'un repas !
On répartit les assiettes autour de la table, en prévoyant environ un espace minimum de 60 cm pour chaque convive.
Puis on place le couteau à droite, le tranchant de la lame vers l'assiette, la fourchette à gauche.
S'il y a plusieurs plats qui nécessitent des couverts différents, on place les couverts utilisés en premier à l'extérieur, et ceux qui sont utilisés en dernier le plus près de l'assiette). Les couverts dits « à dessert » sont placés au-dessus de l'assiette.
La disposition des verres telle qu'elle est présentée sur le schéma ci-dessous se nomme « en grappe de raisin » : les verres sont toujours à droite, et le pain se place à gauche.
Lorsqu'on met le couvert, les dents des fourchettes sont-elles placées contre la nappe ou à l'envers ?

Jusqu'au XIXe siècle, elles l'étaient systématiquement dents contre la nappe (dans les familles nobles, les armoiries étaient gravées sur le dos de la fourchette). Actuellement, il n'y a pas de règle imposée : si un motif orne le couvert, laissez-le apparent.

Couverts et verres

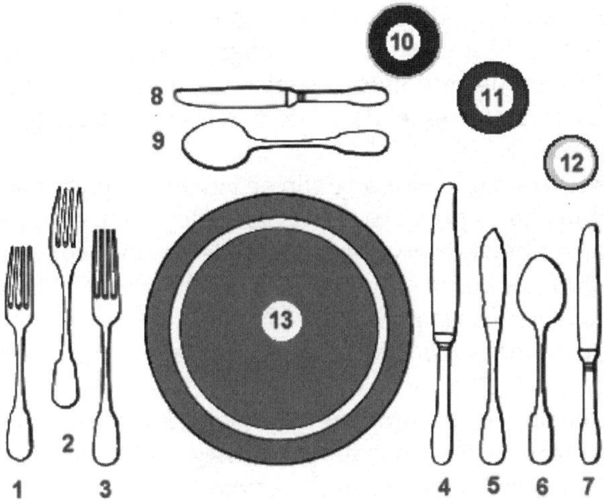

1 : fourchette à dessert pour l'entrée froide
2 : fourchette à poisson pour l'entrée chaude
3 : fourchette pour le plat principal
4 : couteau pour le plat principal
5 : couteau à poisson
6 : cuiller à soupe pour le potage
7 : couteau pour l'entrée froide.
8 : couteau pour le dessert
9 : cuiller pour le dessert
10 : verre à eau
11 : verre à vin rouge
12 : verre à vin blanc

Ce schéma présente la disposition des grands dîners de gala ! Nous trouvons souvent les verres placés le long des couverts à dessert mais le *nec plus ultra* est comme ci-dessus !

Le jour J

Préparez à l'avance les « accessoires » : carafes d'eau sur la table, couverts de service, couverts de rechange, assiettes à fromage et assiettes à dessert, sur une petite table proche.
Prévoyez un petit décor de table : un bouquet bas pour ne pas gêner les conversations, ou quelques bougies sans odeur pour ne pas interférer avec les effluves du rôti ou la dégustation des vins.
Terminez la préparation du repas et laissez votre cuisine le plus ordonnée possible : le lave-vaisselle vidé, l'évier vide ; les plats prêts à recevoir les aliments chauds...
Débarrassez le vestiaire afin de laisser des portemanteaux libres pour vos invités et nettoyez les W.-C., en laissant une réserve de papier toilette, un savon neuf et une serviette propre pour le lavabo : c'est la « carte de visite » de la maison !
Parfumez la pièce juste avant l'arrivée... et prévoyez un quart d'heure ou quelques minutes de relaxation en respirant profondément, même si la mayonnaise a raté ! Ce n'est pas grave ! Pensez plutôt au plaisir d'être avec ceux que vous recevez !

Vos invités arrivent

Débarrassez-les de leur manteau et du petit « quelque chose » qu'ils vous apportent !
Vous passez ensuite à l'étape « épineuse » des **présentations** :
- la personne la moins « importante » par l'âge ou la position sociale est nommée d'abord ;
- la femme est toujours considérée comme plus importante que l'homme, sauf s'il s'agit d'une femme très jeune par rapport à un monsieur très âgé.

Exemple : vous dites à l'invité principal : « Monsieur Tartampion, je vous présente Monsieur Dupont », ou vous dites à votre patron : « Monsieur Duval, je vous présente ma cousine, Isabelle Dupuis. » Et ensuite, à mon amie Hortense : « Je te présente mon patron, Monsieur Delaporte. »

Lorsque vous vous présentez vous-même, prononcez votre nom à voix haute et distincte, pour ne pas laisser votre interlocuteur se demander tout au long de la soirée comment vous vous appelez...

Poignée de main, bise ou baisemain

Serrer la main est tout un art : « Méfiez-vous des doigts mous et prompts à se dérober, des doigts inconsistants qui fondent comme beurre en poêle, des doigts impertinents qui dédaignent de s'offrir », écrivait Paul Reboux dans son *Nouveau savoir-vivre*, en 1931 ! Nos amis les Anglais n'ont pas ce problème : ils « shake hands » ! Bref, offrez une poignée de main cordiale !

Embrasser est réservé à une relation d'amitié proche, évitez d'embrasser systématiquement et surtout embrassez vraiment : les baisers dans le vide sont destinés à l'air que vous respirez et non à la personne !

Le baisemain est un peu désuet mais délicieux pour une femme à recevoir, voluptueux dans son geste pour les personnes qui sont autour... Il ne se pratique jamais dans les lieux publics. « Convié à un dîner, on se contentera de baiser la main de la maîtresse de maison venue dans le vestibule vous accueillir. Il faut à mon avis serrer la main des autres dames présentes si elles sont nombreuses, pour éviter que l'effet répétitif de ce geste n'ait un côté quelque peu ridicule. [...] On doit s'incliner vers la main que l'on vous tend et non l'élever jusqu'à soi. Il faut simplement effleurer la main des lèvres et non y appuyer un gros baiser sonore ou au contraire ne faire qu'un simulacre, ce qui, dans l'un ou l'autre cas, serait peu courtois... » (Jacques Gandouin, *Guide du protocole et des usages*.)

La conversation

C'est à vous qui recevez d'être attentif à ce que la conversation s'engage entre tous vos invités, et que personne ne reste en retrait à cause d'un parleur intarissable ! Jouez le rôle de distributeur de parole attentif à chacun.

Ayez des sujets de conversation « en réserve », vous y aurez pensé avant, et surtout engagez la conversation sous forme de question ouverte :

- « Qu'est ce que vous avez le plus aimé lors de votre dernier voyage, vos dernières vacances ? »
- « Quel film avez-vous vu ces dernières semaines, quelle exposition ? »

À vous, en fonction de vos invités, de leurs affinités, de leurs goûts, de les préparer, parfois même par écrit comme un pense-bête.

Le menu

Vous avez prévu un menu qui ne vous oblige pas à être toute la soirée en cuisine.

Pensez à des plats faciles à manger et qui ne soient pas trop « dépaysants » : évitez fruits de mer, ou plats typiques très épicés... sauf si vous avez invité pour une soirée salsa !

Si vous n'avez aucune idée, ou si vous souhaitez vous faire un petit carnet de plats déjà servis cette saison, le site <www.maboiteadiners.com> peut vous rendre service.

Le plat même le plus simple devient plus appétissant s'il est joliment présenté : évitez de poser la poêle directement sur la table...

Le vin

Il est très important pour accompagner votre repas. Comment le choisir ? Si vous avez une bonne cave, tout va bien. Sinon, faites-vous conseiller par un ami expert ou le caviste de votre quartier.

Nous vous proposons en fin de chapitre un petit tableau récapitulatif qui peut vous tirer d'affaire... ou vous donner envie d'en savoir plus sur cette science !

Le site <www.PlatsNetVins.com> vous emmène très loin ! Celui de <www.lena-bradford.com> vous donnera de bons conseils dans l'achat des vins.

Voici quelques règles basiques :
- si votre vin voyage, attendez quelques semaines avant de le servir, pour qu'il repose et retrouve tous ses arômes ;
- servez les vins blancs avant les vins rouges, les vins légers avant les vins corsés, les vins frais avant les vins chambrés* ;

- maintenez l'unité régionale entre un plat typique et le vin ;
- servez un grand vin avec un plat simple, pour ne pas masquer le goût du vin ;
- débouchez votre bouteille à l'avance pour que le vin ait le temps de s'oxygéner – découpez la capsule sous la bague avant de retirer le bouchon ; sentez ensuite celui-ci, le vin peut être « bouchonné » (une dégradation s'est produite pendant la fermentation du vin, provoquant une odeur de moisi et un goût de carton mouillé) ;
- servez le vin en laissant l'étiquette visible, surtout s'il s'agit d'un grand cru ;
- si un invité vous offre une bouteille, servez-la si elle s'accommode avec votre menu. Parfois votre invité vous stipule de la boire plus tard en petit comité ou pour une autre occasion : dans ce cas, remerciez-le par un e-mail ou un texto pour dire : « Ce soir nous avons ouvert ton vin, quel bon moment ! »

Les fromages
Un repas « classique » comporte toujours un plateau de fromages.
Préparez-le au moins une heure avant le repas, pour que les fromages prennent toute leur saveur.
Le plateau doit être présenté de manière à donner envie de se servir : retirez une entame de chaque fromage, cela permet de voir le degré d'affinage et donne aux convives une idée de la façon de le couper !
Placez sur le plateau le couteau à fromages.

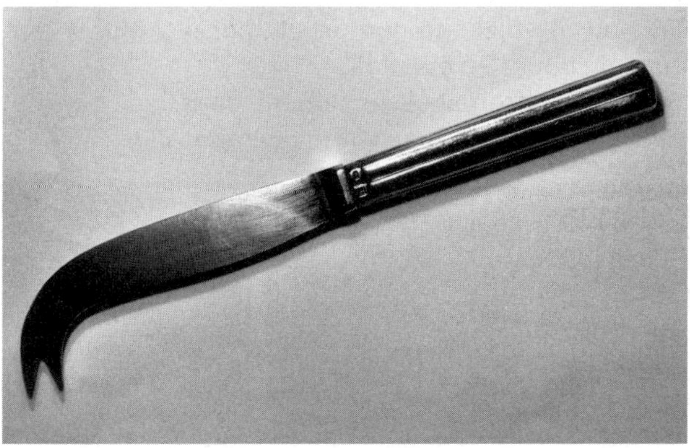

Présentez au moins quatre fromages. Par exemple :
- un fromage doux : chaource, reblochon, saint-paulin...
- un fromage typé : camembert, pont-l'évêque, cendré...
- un fromage fort : roquefort, maroilles, munster...
- un fromage à pâte cuite : emmental, comté, beaufort...

Les fromages forts se servent avec du beurre : mettez un petit beurrier avec son couteau à beurre sur le plateau ou sur la table.

D'autres éléments peuvent renforcer le goût du fromage, comme le cumin (pour le munster), ou la confiture de cerises noires au piment (pour l'ossau-iraty basque) !

Prévoyez des parts suffisantes pour que chacune puisse se servir, mais pas trop grosses car elles « découragent » en fin de repas !

Quand vous êtes invité, comment couper le fromage ?

Sans en faire « un fromage », il est désagréable de couper le « nez » des fromages et de laisser la croûte aux derniers...

Pour les petits fromages ronds, carrés, en cœur ou pyramides : coupez en portions à partir du centre.

Pour les petits fromages cylindriques (bûchettes de chèvre) : coupez en rondelles.

Pour les grands fromages en pointe (brie...) : surtout, là, on ne coupe pas le nez ! couper en éventail sur toute la longueur de la portion.

Grosses portions (saint-nectaire...) : coupez en tranches à partir de la pointe jusqu'à mi-portion. Puis coupez le reste en éventail.

Portions de bleus (roquefort...) : posez à plat la portion et coupez en éventail.

Seuls deux fromages se servent dans leur boîte et avec une cuiller : le vacherin et le mont-d'or.

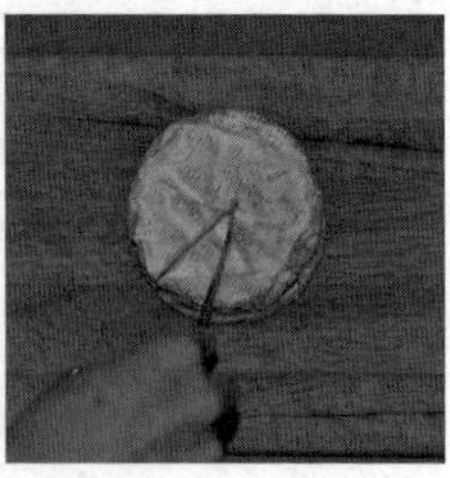

À table !

C'est à vous d'indiquer que l'on peut passer à table : évitez de faire traîner l'apéritif, pour que la soirée ne s'éternise pas...

Indiquez à chacun sa place, selon le plan de table établi – voir ci-dessus.

Les hommes attendent pour s'asseoir que les femmes soient installées.

Présentez d'abord le plat à la femme la plus importante, puis à toutes les autres femmes, puis à l'homme le plus important...

Si le repas est plus simple, on peut faire « passer » le plat d'un convive à l'autre... L'entrée déjà servie sur assiette vous facilite la tâche !

Conseil de pro

L'apéritif étant souvent copieux et « à rallonge », vous pouvez passer directement au plat principal ! C'est heureux quand les convives tardent à arriver.

La maîtresse ou le maître de maison, s'il reçoit seul, commence à manger lorsque tous sont servis, et tout le monde commence alors à déguster vos délices...

Évitez de servir des plats difficiles à manger : moules, spaghettis, petits pois, artichauts non préparés... tache sur la veste garantie !!

Certains aliments se mangent avec la fourchette uniquement : la salade, les pommes de terre, les œufs... c'est une règle de bonne manière.

Posez la carafe d'eau sur la table mais ne la proposez pas. En revanche, veillez à ce que le verre de vin de vos invités ne reste pas vide : c'est en général une fonction masculine.

Et après le repas...

C'est à vous de proposer de « passer au salon » (si vous en avez un !) ou de prendre place dans les canapés ! Vous proposez café, infusions ou digestifs... le plateau est déjà prêt, arrangez-vous pour débarras-

ser discrètement la table du salon des vestiges de l'apéritif avant le repas.
Avec le déca ou la tisane, prévoyez de petits chocolats ou offrez ceux que vos hôtes vous ont offerts.
Lorsque vos invités partent, raccompagnez-les jusqu'à la porte.

Être reçu pour un dîner ou un déjeuner

Répondez à une invitation, par oui ou par non, dans les délais demandés, sans laisser celui qui vous invite dans l'incertitude, sans vous justifier...
Arrivez à l'heure sans abuser du « quart d'heure local ».
Prévenez si vous êtes très en retard, en précisant de ne pas vous attendre... ce que les gens feront, sauf si vous êtes l'invité d'honneur.
N'arrivez pas les mains vides : offrez un bouquet de fleurs, des chocolats, une bouteille de vin... des livres pour les enfants...

Les mots « magiques », oui, non, bonjour, bonsoir, merci... sont toujours suivis de Monsieur, Madame, ou du prénom de la personne à qui l'on s'adresse : nommer la personne, c'est la faire exister. Un « bonjour » à la cantonade n'est pas perçu de façon personnelle.

Pour engager la conversation, posez quelques questions et faites parler vos voisins ! Évitez les sujets qui « fâchent »...
À table, soyez attentif à vos voisin(e)s même si l'un(e) d'entre eux (elles) vous semble ennuyeux (se) ! Dans ce cas, efforcez-vous de trouver une chose que vous aimez en lui ou elle et tout passera mieux...
Éteignez votre téléphone portable ou laissez-le dans votre manteau, sauf si vous êtes médecin de garde ou si l'aîné de vos enfants garde la fratrie !

Annoncez tout de suite que vous serez peut-être dérangé...
Sachez partir ! C'est vous qui êtes invité qui donnez le signal du départ ! Si vous êtes l'invité d'honneur, les autres attendront votre départ pour se retirer ensuite...
Oublier l'heure signifie que vous ne vous ennuyez pas, mais n'obligez pas la personne qui vous reçoit à des stratagèmes pour rappeler que le temps passe !

Conseil de pro

Vous pouvez aussi avec simplicité dire en arrivant l'heure à laquelle vous souhaitez partir surtout si vous avez un avion le lendemain à 7 h 00. Nous l'avons testé pour vous et c'est beaucoup plus confortable de se lever et de partir tandis que personne n'ose et que certains dorment au fond des canapés.

Remerciez les jours suivants par un SMS, un e-mail ou un coup de fil.

Passer un peu de temps avec quelqu'un

Aller voir quelqu'un crée et/ou renforce les liens : il peut s'agir d'aller voir une jeune maman, de passer un petit moment avec un malade, ou de faire connaissance avec un nouveau voisin...

Recevoir

Lorsque vous recevez, vous attendez cette visite : essayez de ne pas faire attendre la personne qui se déplace pour vous voir.
Évitez les coups de fil pendant ce temps partagé.
Proposez une boisson selon l'heure ou la saison.

Être reçu

Prévenez de votre venue ! Vous êtes certainement toujours le bienvenu... mais pas forcément à l'heure qui vous arrange, vous ! Il vaut mieux respecter l'horaire de celui qui vous reçoit. Et arrivez à l'heure qui a été convenue.
Les visites les plus courtes sont les meilleures ! Sachez partir ! C'est celui qui vient rendre visite qui doit signaler son départ.
Les règles de courtoisie sont les mêmes que pour un séjour.

Dans les « lieux publics »

Lorsque vous marchez dans la rue, laissez le « haut du pavé », c'est-à-dire le côté du trottoir près des maisons, aux femmes, aux personnes âgées, aux gens chargés (poussettes, caddies, valises...) que vous croisez.
Dans l'escalier, devant une porte, il est de bon ton qu'un homme s'efface ou cède le pas à une femme ou à une personne plus âgée.
Si vous êtes en train de bavarder avec une ou plusieurs personnes, évitez de « boucher » l'entrée d'un magasin, la bouche de métro, ou de monopoliser les trottoirs étroits : cela oblige les gens à faire un détour, car il est peu délicat de passer entre deux personnes qui sont en train de parler ensemble...
Soyez discret avec votre téléphone portable : vous risquez d'avoir tout l'autobus chez vous si vous lancez à tue-tête une invitation, en précisant votre adresse et le code !
Soyons attentifs aux autres au quotidien : tenir la porte, céder son strapontin, aider quelqu'un à descendre une poussette dans les escaliers, attendre dans l'ascenseur la personne qui va monter... Petits détails qui rendent la vie plus agréable et plus légère...
Cela peut arriver de marcher sur les pieds de quelqu'un,

surtout les jours de grève dans les transports publics ! Employez de préférence la formule « Excusez-moi » ou « Pardon ». (Si vous dites : « Je m'excuse », vous ne présentez pas vos excuses, vous vous excusez vous-même !)

Les cadeaux

Lorsque quelqu'un vous offre un cadeau, ouvrez le paquet devant la personne et manifestez votre reconnaissance, même si vous trouvez cela horrible... Dans ce cas précis, on peut réhabiliter le mensonge...
Lorsqu'un enfant reçoit de l'argent, aidez-le à remercier en indiquant ce qu'il a choisi d'acheter avec ces liquidités. Cela crée une relation autour d'un cadeau qui, sinon, peut rester très immatériel.
Faire un cadeau montre qu'on pense à la personne... plus par l'attention qu'il manifeste que par le prix du cadeau.
Les « bons cadeaux » sont un bon moyen d'offrir quelque chose, parce que la personne peut acheter ce qui lui fait vraiment plaisir ou ce dont elle a besoin. Mais faites preuve d'imagination et d'inventivité : un cadeau bien choisi fera très plaisir parce qu'il est personnalisé !

Fiche technique n° 1 - Quelques accords entre les plats et les vins

Plat	Type de vin	Exemples
Hors-d'œuvre divers sans vinaigrette	vin « guilleret », blanc, rosé rouge clairet	côtes-de-saint-mont rosé, bandol rosé, carcassonne, vin d'Ardèche, sylvaner
Charcuterie, « cochonnailles » et salaisons	vin blanc sec et parfumé vin rouge bouqueté et souple vin de pays	pinot noir d'Alsace, saint-pourçain, pinot gris, buzet, vouvray
Foie gras	vin blanc moelleux champagne	sauternes, barsac, monbazillac
Terrines et pâtés	vin plus ou moins corsé servi frais rouge ou rosé blanc sec, vin de pays	côtes-de-provence, tavel, médoc, beaujolais, chinon, corbières gros plant pays nantais
Terrines et pâtés de poisson	vin blanc sec, moelleux, demi sec	graves, entre-deux-mers sancerre, chablis, gewurztraminer
Coquillages, fruits de mer	vin blanc sec	graves, entre-deux-mers, muscadet, sancerre, chablis, mâcon, châteauneuf-du-pape blanc
Poissons en sauce	vin blanc sec	chablis, pinot blanc d'Alsace, muscadet, gros plant du pays nantais
Pâtes et feuilletages	vin blanc, rosé, rouge sec	vins de Touraine, d'Anjou
Entrées froides	vin blanc sec ou moelleux	pinot gris d'Alsace, sauvignon, côtes-de-gascogne
Entrées chaudes	vin de pays rouge ou rosé vin blanc sec ou demi-sec	sylvaner, graves, riesling anjou rouge
Rôtis (viandes blanches, volailles)	vin rouge pas trop corsé	médoc, graves, beaujolais, bourgueil, vins de Corse

▷

Ragoûts	vin rouge ayant du caractère	brouilly, chiroubles châteauneuf-du-pape
Grillades (viandes rouges), gibier	vin rouge typé, charpenté, corsé	côtes-de-beaune, gigondas, moulin à vent, côtes-du-ventoux margaux, pomerol
Pot-au-feu et potées	vin de pays ou de terroir	Pinot noir d'Alsace, minervois, beaujolais nouveau
Salades (peu vinaigrées)	vin souple et pas trop acide, sinon : eau	chinon rosé, vins d'Anjou, sylvaner
Fromages		
Pâte sèche cuite	vin blanc et rouge typé	côtes-de-bourg, côtes-du-jura (blanc), savoie
Pâte sèche (pressée)	vin de pays fruité	côtes-de-provence rouge, mâcon blanc, côtes-de-marmandais blanc
Pâte molle (fleurie)	vin rouge avec tonus	vin de Bourgogne rouge
Pâte molle lavée	vin rouge corsé, vin blanc aromatique	vin de pays de l'Aude rouge
Pâte persillée	vin rouge tendre et frais vin blanc liquoreux	médoc, cahors loupiac, sainte-croix-du-mont, vin de paille
Pâtisserie	vin doux naturel, champagne rosés demi-secs blancs moelleux	rivesaltes, banyuls, muscat, rosé d'Anjou, cabernet d'Anjou vouvray, sauternes, gewurztraminer
Biscuits et petits fours	vin naturel vin pétillant et mousseux vin de liqueur	rivesaltes, banyuls, muscat, clairette de Die, blanquette de Limoux, crémants, pineau des Charentes, frontignan
Tartes	vin blanc épanoui vin de liqueur	monbazillac, bordeaux moelleux, coteaux-du-layon... pineau des Charentes, frontignan

11

Coudre avec des doigts de fée

La couture n’est plus enseignée à l’école, les abécédaires de nos grands-mères brodés à l’école primaire sont désormais des pièces de collection.

Et vous, qu’avez-vous reçu comme héritage dans la pratique de la couture ?

Nous avons à explorer nos talents... Avec un peu technique, vous pourrez vous débrouillez avec une aiguillée...

En premier lieu, nous souhaitons vous poser une question : avez-vous une boîte à couture ou uniquement le nécessaire de l'hôtel 4 étoiles ?
Si vous avez une boîte à couture ou une trousse, ouvrons-la et regardons... En général, il y a un fouillis de boutons, aiguilles, épingles, fils en tout genre.

Que faudrait-il trouver dans votre trousse à couture

La trousse

Elle doit contenir :
- des ciseaux de couture de taille moyenne. Attention : ne coupez jamais du papier avec ces ciseaux, cela les abîme et la lame peut ensuite avoir quelques points d'accroche ;
- des épingles de bonne qualité avec tête de couleur, suffisamment fines pour ne pas marquer les tissus fins comme la soie. (Si vous utilisez des épingles de mauvaise qualité pour des montages avec le fer à repasser, les têtes d'épingle fondent, le plastique fondu colle au tissu, et c'est la catastrophe). Ou des épingles en métal simple.
- des fils tous textiles : noir, blanc, marine, marron ;
- un crayon à papier ;
- un mètre ruban ;
- une règle.

Ces trois derniers éléments sont utilisés pour une couture plus élaborée avec un patron.

Ajoutez toujours :
- le dé à coudre, que l'on place sur le majeur de la main qui tient l'aiguille. Il permet de pousser l'aiguille en gagnant du temps et vous protégera le majeur de blessures dues à celle-ci. Il est en métal et couvert de poinçons – ce sont ces marques qui permettent d'éviter que l'aiguille ne glisse sur le dé ;

- le « découd vite » ou découseur, qui permet de découdre très rapidement un ourlet, une couture faite par erreur. Le « découd vite », souvent fourni dans les machines à coudre, se trouve dans tous les rayons mercerie. Ce petit outil comprend une lame qui permet de défaire et de couper des coutures sans risque d'accident malencontreux. Attention à vos petites têtes blondes !

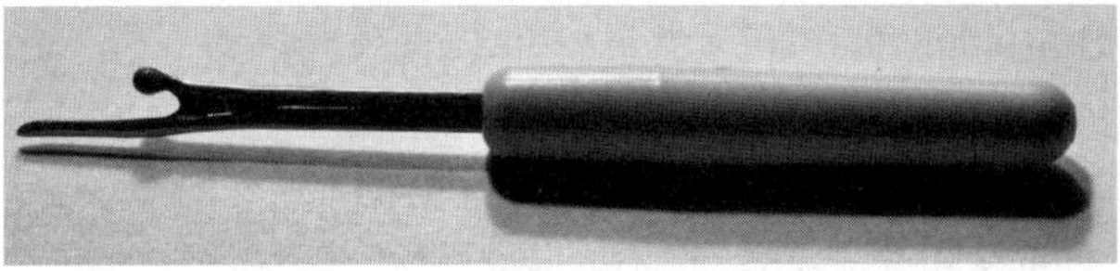

Où aller pour « composer » votre boîte à couture ou trousse ?

En mercerie ou dans le coin couture des supermarchés : il y a un grand choix.

Encore faut-il savoir choisir, distinguer une aiguille d'une épingle ; un fil à repriser, un fil à broder et un fil à coudre.

Les aiguilles et les épingles

Distinction majeure entre aiguilles et épingles : l'aiguille a un « trou », ou plus exactement un chas, dans lequel vous passez un fil ; l'épingle n'en a pas...

Les aiguilles servent à coudre et se distinguent les unes des autres par :

- leur longueur : courte, mi-courte ou longue ;
- leur grosseur : numérotée de 1 pour les plus grosses à 12 pour les plus fines ;
- la forme de leur pointe : par exemple, celles destinées au cuir sont biseautées ou à facettes.

Quelle aiguille pour quel travail : ouvrage ou raccommodage ?

Utilisez toujours des aiguilles de bonne qualité, non usées, qui n'accrochent pas le tissu.

Les aiguilles longues sont les plus répandues, les mi-longues permettent en principe des points plus petits. Les plus courtes sont utilisées pour les points d'ornementation, de broderie.

Pour la tapisserie ainsi que pour le point de croix, utilisez une aiguille spéciale. Elle a un bout légèrement arrondi.
Attention, c'est votre main qui vous dira si vous avez choisi la bonne aiguille : si vous avez une petite main, vous serez sûrement plus à l'aise avec des aiguilles courtes.
Dans le commerce vous trouverez des paquets d'aiguilles de différentes tailles, c'est l'idéal....

pour coudre et repriser	aiguille longue
pour la laine	aiguille assez grosse à chas allongé
pour le cuir	aiguille à cuir de sellier dont la pointe est à facettes
pour la broderie	aiguille à broder fine à bout pointu
pour la tapisserie	aiguille spéciale tapisserie grosse à bout rond

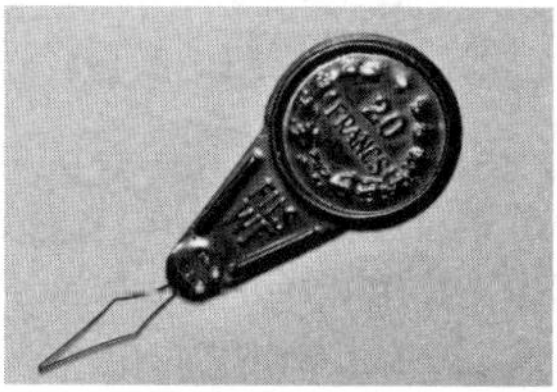

Enfilez le fil sans vous arracher les yeux... ou perdre patience. Dans le commerce on trouve des enfile-aiguilles.

Astuces

Prenez un tout petit bout de papier, pliez-le en deux, glissez le fil à l'intérieur et enfilez le tout dans le chas.
Si l'enfilage s'avère trop difficile, prenez votre fil par l'autre bout.

COMMENT CHOISIR LES FILS ?

Les fils à coudre, en machine ou à la main : plus la torsion entre les fils qui les composent est forte, plus ils sont résistants (c'est le câblé).
Les fils à broder, qui, eux, seront décoratifs et serviront à réaliser des points d'ornementation.

Le fil draperie permet d'assembler des tissus lourds et épais. À la main comme en machine, utilisez une aiguille adaptée. Par exemple, si vous cousez du jean, prenez une aiguille spéciale « tissu épais ».
Pour repriser, il y a dans le commerce des fils de différentes couleurs assemblés en tresse en coton ou en laine adaptés à de petits raccommodages.
Ce qui caractérise un fil est sa grosseur (le câblé) et sa qualité. Réalisez vous-même ce petit test : déroulez un peu de fil et observez sa régularité. S'il ne semble pas homogène, il a de grandes chances de se casser et/ou de faire des nœuds.

Soyons pratique : pour tout coudre, le fil synthétique ultrarésistant tout textile est parfait, il résiste au fer à repasser, et au lavage à 95 °C.
Le fil de coton est utilisé pour assembler des tissus fins et réaliser des coutures souples.

Quelques conseils généraux de couture

Pour coudre dans de bonnes conditions, vous devez vous équiper et regrouper le matériel en un même endroit. Ne négligez pas la lumière et une bonne table. Comme pour la cuisine et le ménage, la position est très importante : coudre sur ses genoux n'est vraiment pas la meilleure position !
Un bon ouvrier a toujours ses outils, la couturière aussi !
Installez-vous près de la lumière et posez votre ouvrage ou vêtement à travailler bien à plat sur une table.
Observez quelques règles essentielles :
- asseyez-vous correctement le dos droit, les pieds à plat par terre en gardant les coudes libres ;
- utilisez le dé à coudre, qui coiffe le majeur et protège des petites blessures ;
- préparez des aiguillées de longueur normale, 35 cm environ. Trop courtes, elles provoquent de multiples

arrêts et départs. Trop longues, elles ralentissent le mouvement de la main et occasionnent des emmêlements et nœuds en tout genre ;
- tenez l'aiguille correctement : l'index et le pouce tiennent l'aiguille, le dé la soutient, le chas étant fixé dans l'un des poinçons du dé ;
- veillez à la manipulation des ciseaux : la lame arrondie glisse sur la table, les ciseaux forment avec celle-ci un angle réduit : aucun danger ainsi de piquer la table ou de couper le tissu maladroitement ;
- nos grands-mères avaient de très jolies chaises basses que l'on plaçait près d'une fenêtre ou près du feu... autre époque, mais tout de même ces chaises sont très agréables pour travailler...

Petit lexique de couturière

Parlons ensemble chiffons. Si vous voulez coudre, réparer, créer un vêtement ou un élément de déco pour votre maison, mieux vaut connaître le tissu. Pour le choisir, plusieurs paramètres entrent en jeu : le textile, le tissage, et l'aspect du tissu.

Connaître les textiles

Dans le chapitre 5, vous trouverez plus de détails sur les textiles. Nous ne faisons que les citer ici.

Les fibres textiles naturelles animales

Soie, laine, alpaga, cachemire, mohair ou angora, poil de chameau et poil de lapin.

Les fibres textiles végétales

Le lin et le coton sont bien connus pour être d'un emploi très fréquent et très varié. En revanche, d'autres fibres naturelles comme la ramie (plante d'Asie orientale dont les tiges fournissent une fibre textile) sont pratiquement inconnues dans nos pays.

Les fibres chimiques artificielles ou synthétiques
Polaire, microfibre, polyester, viscose...

Sens du tissu, tissage, envers-endroit

Lorsque vous vous mettez à coudre, connaître le sens du tissu, connaître les types de tissage et reconnaître l'endroit de l'envers vous aideront à savoir comment vous y prendre et à adapter le matériel et la technique.

Le sens d'un tissu
Un tissu se définit comme un entrecroisement de fils :
- le fil de chaîne est le fil tendu dans la longueur, pendant le tissage du tissu ;
- le fil de trame est le fil passé en largeur entre les fils de chaîne alternativement dessus ou sous le fil de chaîne.

Certains tissus, comme la feutrine, la polaire, la maille, ne sont pas fabriqués selon la technique du métier à tisser mais par feutrage, par agglomération de particules, ou par tricotage. Vous ne pourrez pas les travailler comme un tissu classique, ils peuvent se détendre, s'user plus facilement.

Le tissu a deux droits fils : le sens de la lisière (ou bord du tissu) dans la longueur du tissu ou chaîne, et le sens de la trame ou largeur du tissu (la trame est perpendiculaire aux deux lisières).

La grosseur de ces fils joue bien sûr sur l'épaisseur du tissu, tout comme le nombre de fils au cm^2.

Enfin, si vous vous lancez dans la couture, sachez que les tissus existent en plusieurs largeurs : de 0,90 m à 2,50 m de large.

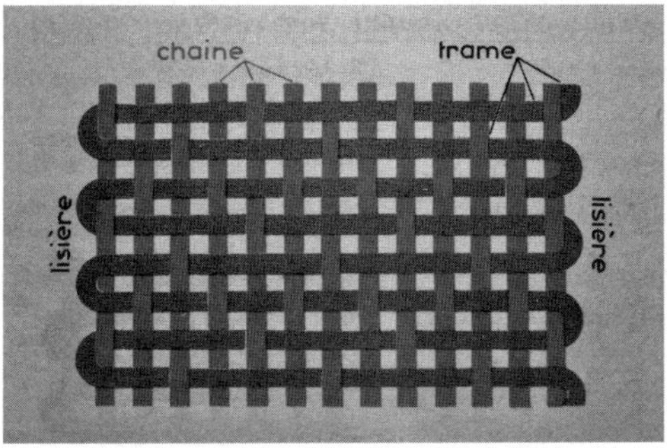

Le tissage

Le tissage consiste à croiser deux séries de fils : le fil de chaîne et le fil de trame, mais c'est la manière d'entrecroiser ce fil de trame sur le fil de chaîne qui donne ce que l'on appelle l'armure du tissu.

Il existe trois modes de tissage :

- l'armure toile est courante pour les cotonnades, l'étamine de lin ou de coton, le voile de soie ;
- l'armure sergé est courante pour les tissus de laine, type flanelle ou gabardine. Cette armure permet des motifs, des chevrons. C'est l'armure des tissus utilisés pour les costumes d'homme, pour les tailleurs ;
- l'armure satin est celle que l'on retrouve dans les satins de coton, de soie, et les satins synthétiques.

Les armures combinées permettent d'obtenir des effets de tissage grâce au fil de trame et en combinant les armures, ce sont les damassés*, les velours, les éponges, le nid d'abeille* (linge de toilette), la moire...

Les tulles et les dentelles sont des tissages particuliers.

L'aspect des tissus et comment reconnaître l'endroit de l'envers d'un tissu...

Utilisons nos sens : ici, la vue et le toucher.

Certains tissus grattent, certains sont doux, lisses (en velours, en satin, en soie...), certains même ont du poil.

Reconnaître le sens du tissu vous donnera des indications pour coudre et l'aspect vous permettra de reconnaître l'endroit :

- pour les tissus en velours, le côté lisse ou côtelé ;
- pour les tissus imprimés, la face imprimée est l'endroit (attention au sens des motifs lors de la coupe) ;
- pour les tissus en flanelle de laine, qui semblent être identiques des deux côtés, mettez le tissu face à vous et regardez-le de près : le tissu est à l'endroit si le fil va de gauche à droite en montant.

Coudre à la main

Armez-vous de patience, maîtrisez un peu les techniques et soyez prêt à travailler avec précision !
Sinon passez au chapitre suivant et déléguez votre ouvrage à une tante, une grand-mère, ou au point retouche de votre supermarché ou de votre quartier.

Les points de base

Point devant : utile pour les assemblages simples qui ne requièrent pas une grande solidité	Succession de points réguliers droits et horizontaux	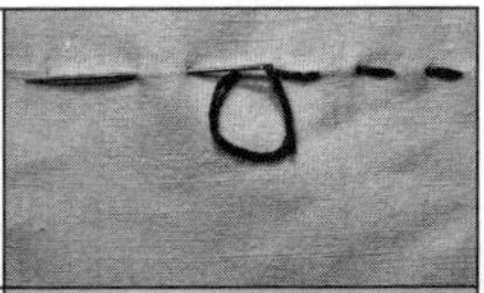
Point arrière : s'emploie pour confectionner une couture solide	Sur l'endroit, il représente comme un point souple et plus en relief. Sur l'envers, il présente des intervalles réguliers	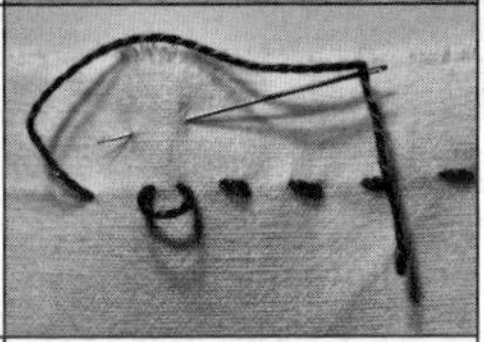
Point de piqûre : point très solide. C'est celui de la machine à coudre	Sur l'endroit, succession de points arrière qui se touchent en ligne continue de points réguliers et égaux. Sur l'envers, intervalles croisés.	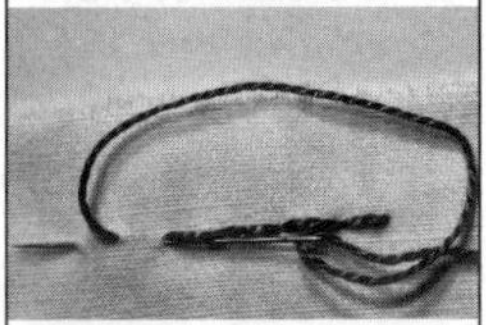
Point de fronce : point de devant exécuté sur une pièce d'étoffe dont on veut ramener l'ampleur à une certaine largeur	Succession de points réguliers droits et horizontaux. Passer deux ou trois lignes de points de devant	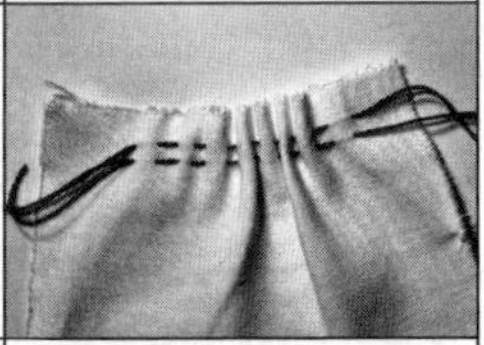
Point tailleur ou bâti tailleur : permet de tracer la forme d'un patron sur un tissu plié ou en double. Écarter les tissus et couper entre les deux étoffes. Les points restant sur chaque étoffe délimitent le patron	Sur l'endroit, alternance de points devant avec des points avec boucle	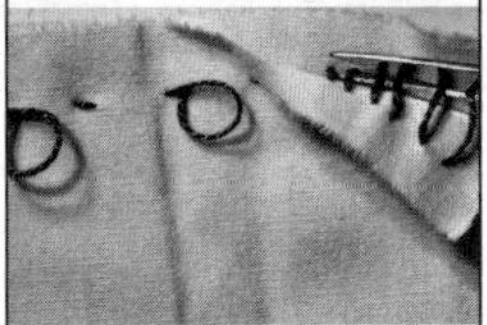

▷

Point de surfil : termine et consolide les bords coupés des tissus qui risquent de s'effilocher	Succession de points couchés obliquement et à cheval au bord du tissu.	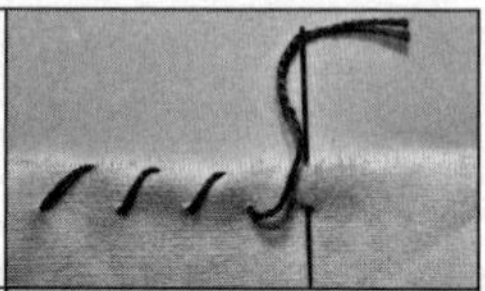
Point d'ourlet : utile pour les ourlets et toutes les coutures de finitions	Succession de points qui ne prennent qu'un ou deux fils de l'étoffe	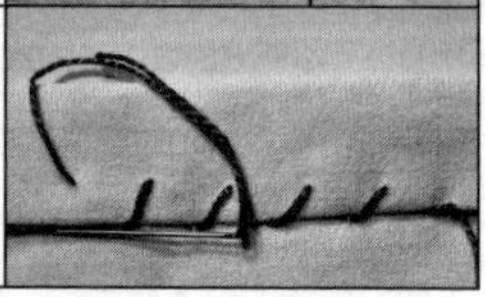

Conseil de pro

En couture à la main, il est préférable de ne pas faire de nœuds, car ils sont disgracieux. Pour commencer ou terminer une couture, faites toujours deux points l'un sur l'autre : vous assurez ainsi la solidité de votre travail.

Raccommoder

Comment réparer, faire durer et ne pas jeter. En couture aussi, soyons un peu écolo...

Comment coudre un bouton sans s'énerver ?
Un vêtement auquel il manque un bouton est souvent délaissé... alors, courage !
Pour recoudre un bouton, il faut :
- au préalable, vérifiez que le bouton est identique aux autres. Placez-le bien en face de la boutonnière et, s'il y en a plusieurs, dans l'alignement des autres boutons ;
- choisissez le fil de la même couleur que le tissu ou que le bouton, ou la couleur utilisée pour les autres boutons. Parfois, sur une chemise bleue les boutons sont tous cousus en orange, c'est décoratif... ouvrez bien les yeux ;
- cousez avec une aiguillée double, ce qui renforce la couture ;
- enfilez le fil sous le tissu, passez trois ou quatre fois dans les trous du bouton, piquez l'aiguille entre le tissu et le bouton ;

- entourez le fils plusieurs fois autour du bouton afin de lui faire une petite queue (pour faciliter le boutonnage) ;
- repassez une dernière fois dans le bouton et faites un triple nœud sur l'envers du tissu.

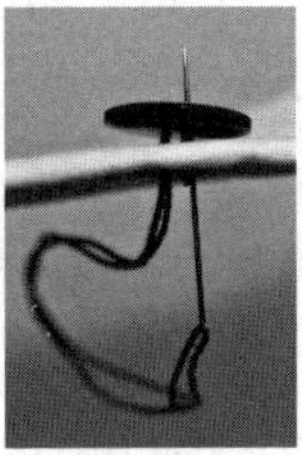

Attention

Les boutons sont généralement cousus dans le sens de la boutonnière (parallèle à celle-ci). Coup d'œil : les boutonnières des chemises sont à la verticale, sauf celle du col et parfois celle du dernier bouton du bas.

Pour les boutons à quatre trous : ils sont généralement cousus avec le fil en parallèle pour les chemises ou vêtements habillés et en X pour les vêtements plus décontractés.

Que faire face à un trou ?

Un jean troué, une nappe avec un accroc peuvent être reprisés avec un morceau de toile thermocollante.
Il suffit, comme pour les ourlets, de choisir une couleur de toile qui s'ajuste au support et de coller avec le fer sur l'envers du vêtement, en respectant le temps de pose et de repos comme indiqué sur la pochette de la toile vendue.
La température du fer doit respecter la nature des tissus raccommodés.
Attention ensuite à respecter la température de lavage afin que l'effet thermocollant perdure.

Marche à suivre pour appliquer un morceau de toile thermocollante

Réparer un trou par application d'une toile thermocollante est particulièrement facile, mais pas de précipitation :

- préparez la réparation en rapprochant les tissus par une piqûre soit à la main soit à la machine ;
- préparez la pièce thermocollante : ajoutez à celle-ci 1 cm de plus que les dimensions de la déchirure, arrondissez les angles de la toile pour éviter qu'ils ne s'arrachent une fois posés ;
- réparez : préchauffez le tissu à réparer ; posez la pièce thermocollée par-dessus la déchirure, en veillant à apposer le côté brillant enduit de colle sur le tissu et non l'inverse ; fixez en exerçant une pression au fer.

Ces morceaux de toile thermocollante sont vendus en grande surface et dans les merceries. Ils coûtent environ 2,30 euro la pièce.

Un trou peut aussi être caché par une pièce de tissu à coudre à la main, un motif de type écusson. Restez créatif : cacher un trou peut être un moyen de « customiser » un vêtement !

À vous de voir quel est le moyen le plus adapté : l'application, le thermocollé, ou la reprise.

Faire un ourlet

L'ourlet classique

Pour préparer votre ourlet, vous devez avoir votre mètre ruban, un fer à repasser et votre boîte à épingles. Ensuite :

- marquez d'abord à l'aide des épingles la hauteur que vous désirez ;
- calculez 2,5 cm à partir ce cette ligne, et coupez l'excédent si nécessaire ;
- faites un rentré de 0,5 cm sur l'envers du tissu et marquez-le au fer à repasser ;
- faites ensuite un deuxième rentré de 2 cm environ, pour arriver sur la ligne signalée par les épingles ;
- fixez votre ourlet avec des épingles.

À vous de jouer... Cousez au point invisible, c'est-à-dire un point qui ne prend qu'un fil de la face du tissu visible porté. Ce point se réalise sur l'envers du tissu de droite à gauche en démarrant avec un nœud caché dans l'ourlet.

Ce point d'ourlet comme décrit sur le dessin doit être régulier, et l'aiguille pique au ras du rentré tout au bord.

Si vous faites un ourlet de rideaux, comptez 5 à 10 cm.

L'ourlet à points glissés ou invisibles
Il est invisible. Faites un point devant sous l'ourlet en soulevant un ou deux fils de tissu. Glissez l'aiguille sous l'ourlet et ressortez-la dans l'ourlet 0,5 cm plus à gauche.

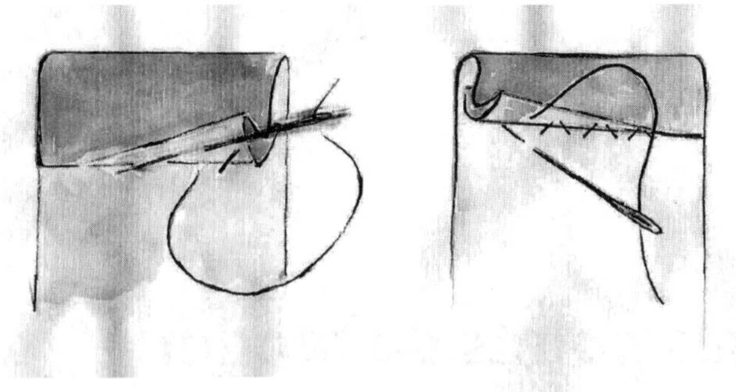

Le faux ourlet ou comment rallonger un vêtement
Vous l'utiliserez lorsqu'un vêtement ou un rideau manque de longueur. Il suffit d'ajouter une bande que vous coudrez sur la pièce existante.
Ainsi la hauteur de l'ourlet sera récupérée pour rallonger le tissu.
Très utile pour faire durer robes et jupes de fillette... ces fameuses robes qui tournent et que les filles ne veulent pas lâcher...

L'ourlet thermocollé pour les récalcitrants aux travaux d'aiguilles...
Vous devez être équipé de votre trousse de base, du thermocollant adapté en fonction de la qualité du tissu (il en existe plusieurs dans le commerce) et de votre table à repasser. On utilise une bande étroite que l'on place à l'intérieur du tissu rabattu qui forme l'ourlet.
Ce type d'ourlet est très facile à réaliser, mais il faut éviter d'utiliser les thermocollants pour des textiles qui passent souvent en machine comme les jeans des enfants.

Il est utile pour les ourlets plats : jupes, doubles rideaux et pantalons en toile de coton fine ou en drap de laine.

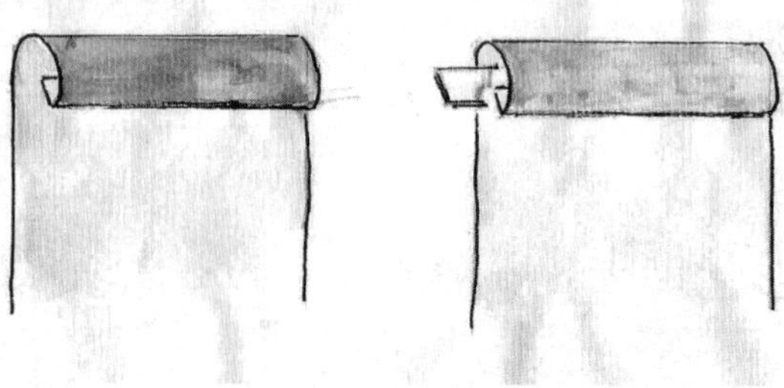

Quelques points de broderie

Ce sont des points utilisés pour décorer un vêtement ou broder le prénom d'un enfant, broder aussi la destination d'un sac : sac à linge, sac à jouets, etc.

Point de tige

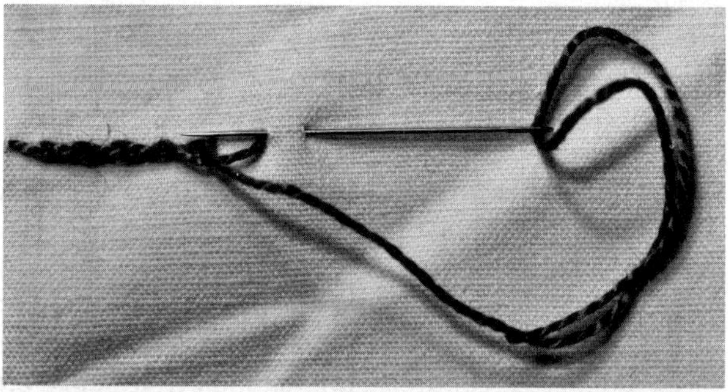

Sur l'endroit, il se présente comme une succession de points égaux en relief qui paraissent s'enrouler comme un lierre, et sur l'envers comme une ligne de points en piqûre.

Point de croix
Le point de croix s'exécute en ligne horizontale et en ligne verticale. Sur l'endroit il présente des croix

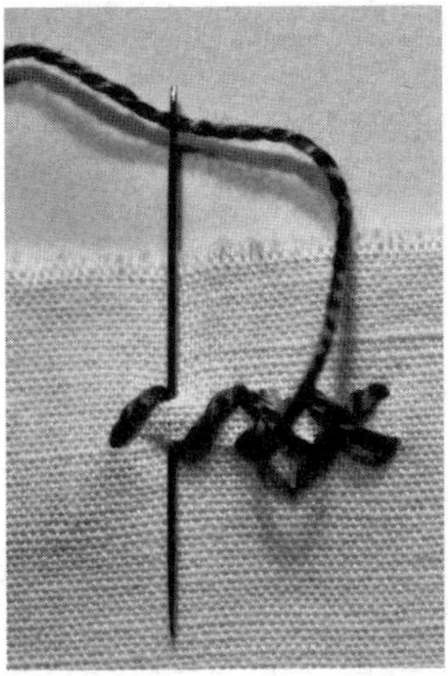

toutes orientées dans le même sens. Sur l'envers, en ligne horizontale, des doubles traits verticaux; en ligne verticale, deux lignes formées de traits simples à droite, traits doubles à gauche. Chaque croix s'inscrit dans un carré dont elle représente les diagonales.

Pour le plaisir... cousons ensemble... à la machine !

À QUOI ÇA RESSEMBLE, UNE MACHINE À COUDRE ???

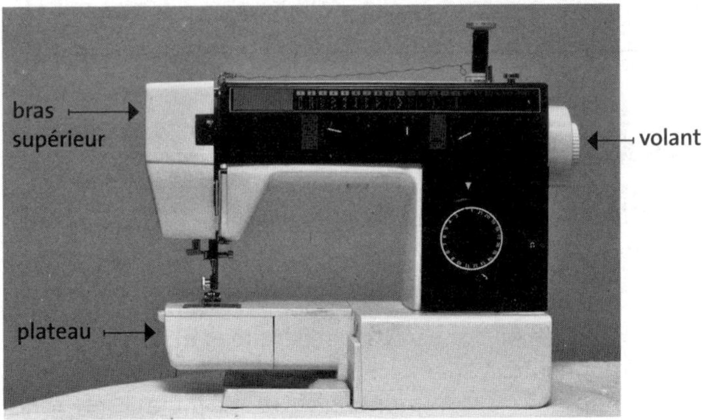

Un peu de vocabulaire :
- le bras supérieur renferme le mécanisme qui commande aiguille, pied-de-biche, levier, tendeur de fil ;
- le plateau ou table renferme le mécanisme inférieur actionnant la griffe et la canette ;
- le volant transmet le mouvement imprimé par le

monteur au mécanisme par l'intermédiaire d'une courroie ;
- l'aiguille comprend la pointe dans laquelle se trouve le chas et le talon qui pénètre dans le porte-aiguille – ce talon est en général aplati d'un côté ;
- le porte-aiguille maintient l'aiguille grâce à une vis de serrage ;
- le pied-de-biche est une pièce métallique fendue dont la forme rappelle celle du pied de biche. Les machines sont équipées de multiples pieds (à boutonnière, à ourlet, à froncer, etc.) ;
- la canette, petite bobine en métal ou en plastique sur laquelle est enroulé le fil du dessous, est bloquée dans une boîte à canette rangée dans le plateau. Une encoche permet la sortie du fil.
Voilà pour les principaux éléments.

Conseil de pro

Pour obtenir une belle couture avec votre machine il est nécessaire de la régler avec minutie. La tension du fil et celle de la canette vous garantissent la régularité de la couture. C'est important de faire des réglages, pour cela reportez-vous à votre manuel d'utilisation.

Quelques notions pour utiliser une machine à coudre

Surtout, conservez le livret d'utilisation de votre machine, vous vous y reporterez car les machines sont de plus en plus sophistiquées et ont des fonctionnalités variées.
Apprenez à comprendre votre machine : son fonctionnement, l'enfilage du fil, la préparation de la canette, le réglage de la tension, de la largeur d'un point, le changement des pieds-de-biche en fonction de la couture désirée.
Installez-vous devant votre machine à coudre.
Première étape : mettez le fil dans la machine (le fil du haut vient jusqu'à l'aiguille, le fil du bas provient de la

canette, qui se situe toujours sous le pied-de-biche, à l'horizontale ou à la verticale).
Quand la machine est en marche : on peut voir l'aiguille descendre et s'enfoncer dans les fentes de la grille, la canette se trouve en dessous.

Astuces

Pour que vos coutures soient régulières : utilisez toujours la même qualité de fil pour celui du dessus et celui du dessous. Pour coudre les tissus fins à la machine, mettez du papier ou du « non-tissé* » sous le tissu pour le tenir , avant d'y faire la piqûre. Ainsi, le tissu ne glisse pas sous le pied-de-biche.

Réalisez un sac à chaussures avec une chemise d'homme usée au col

Durée : 1 heure, une fois le matériel rassemblé !
Utilisez une chemise d'homme non cintrée, c'est-à-dire n'ayant pas de pinces d'ajustement ni devant ni derrière.
Coupez la chemise le long des coutures de côté. Ôtez le col et les manches.
Une fois ces opérations effectuées, mettez sur une table les deux morceaux de tissu, de façon à pouvoir tailler un rectangle de 35 cm x 45 cm. Gardez la patte de boutonnage (là où sont les boutons) toujours boutonnée au milieu de la pièce du devant, elle sera un élément de décoration.
Mettez les deux pièces endroit contre endroit. Sur l'extrémité haute de chacune, préparez un rentré de 2 cm à l'aide de votre fer à repasser, piquez à la machine les deux ourlets puis les coutures de côté et passez un lien dans les ourlets à l'aide d'une épingle à nourrice.

Attention

Pour bâtir et piquer à la machine avec des épingles, placez toujours les épingles perpendiculaires au tissu de façon à ne pas gêner l'entraînement de la machine.

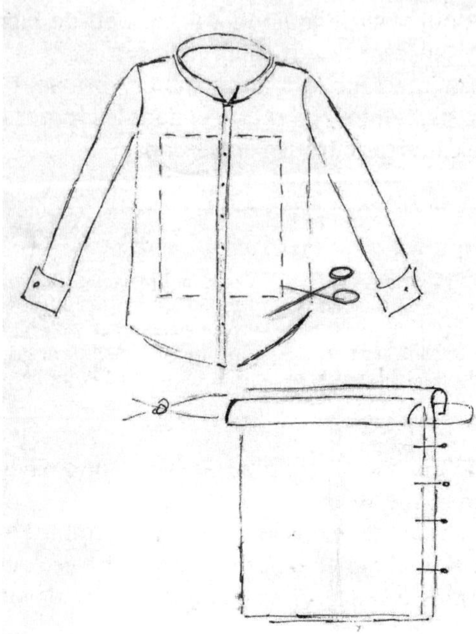

À vous maintenant d'y mettre vos souliers préférés et de voyager...

Coudre est un plaisir quand on réalise soi-même un vêtement, un objet de décoration. Cela nécessite quelques apprentissages et un peu de technique, mais quelle satisfaction d'avoir enfin écumé sa pile de raccommodage ou d'avoir pu réaliser une robe qui tourne pour une princesse en herbe !

Pour en savoir plus :
Lotta Jansdotter, *Couture facile*, Marabout.
Et nos livres « chouchous » :
- Céline Dupuy, *De filles en aiguilles*, Marabout ;
- Astrid Le Prévost, *Intemporel pour enfants* et *Intemporel pour bébés*, Flammarion.

Annexe
La boîte à outils

Les choses s'usent et finissent par nous user nous-mêmes si nous ne les remettons pas en bon état rapidement.
Il est un minimum de base que l'on peut faire soi-même, sans faire appel à des spécialistes.
Équipez-vous d'une boîte bien compartimentée, avec peu d'outils, mais de bonne qualité :
« Ce qui est trop bon marché finit par coûter cher... » C'est aussi vrai pour les outils.

Les outils

Voici une liste d'outils pour faire face aux petits travaux courants :

Outils	Prix
Un jeu de tournevis : - 2 à lame plate, un de 5 mm et un de 14 mm - 2 cruciformes, un petit et un grand - 1 tournevis d'électricien	12 euros
Une pince multiprise	14 euros
Une pince tenaille	10 euros
Un jeu de clefs mixtes	10 euros
Un marteau	8 euros
Un cutter, un canif, une paire de ciseaux	5 euros
Une lime demi-ronde à bois	11 euros
Une lime plate à acier	8 euros
Deux serre-joints	18 euros
Une perceuse avec des forets adaptés (bois, fer)	60 euros
Un ciseau à bois	8 euros

Le matériel

Il vous faut aussi un minimum de matériel pour bricoler :

Matériel	Prix
Clous de tailles différentes	3 euros le sachet
Vis de tailles différentes et chevilles adaptées aux vis	5 euros le sachet
Crochets X (pour tableaux)	6 euros
Une boîte de joints de tailles différentes pour la robinetterie	5 euros
Fusibles adaptés à votre installation	2,50 euros l'un

Ruban adhésif ou chatterton	2 euros
Un mètre métallique enroulé de 3 m	5 euros
Une burette de lubrifiant : huile, gel ou graisse	4 euros
Papier de verre de différents grains, 0 (fin) et 000 (très fin)	4 euros
Un bouchon de bouteille en liège ou faux liège	
Lampe de poche	5 euros
Fil de fer de 1 mm de diamètre	3 euros

Les produits

Produits	Prix
Colles - colle à bois	3 euros le tube de 250 g
- colle universelle : pour papier, carton, tissu	5 euros
- colle instantanée (cyanoacrylate) pour vaisselle, métal	3 euros
- colle contact (néoprène) pour tous usages	5 euros
Mastic d'étanchéité au silicone pour les sanitaires	5 euros
Enduit de rebouchage de fissures	8 euros le tube moyen
Mastic à vitres (si vos fenêtres ont un encadrement en bois)	3 euros

À savoir :

Une colle « fixe tout » ne correspond pas à tous les matériaux. Munissez-vous de colles spécifiques.

Bibliographie

Michel Bontemps, *La Santé sans médicaments*, éditions le Club.

Patrick Mioulane, *Dites-le avec des fleurs*, Larousse.

Béatrice Carrot et Véronique Bévière, *Marre de préparer les repas !?*, éditions Les Carnets de l'Info.

Michel Dogna, *Prenez en main votre santé : toutes les maladies courantes*, Guy Trédaniel éditeur.

Allô Docteur ? Sept médecins homéopathes répondent aux urgences familiales, Maloine.

Dominique Baudoux, *Guide pratique d'aromathérapie familiale et scientifique* et *Mes 12 huiles essentielles préférées dans 100 formules très efficaces pour 300 maladies*, éditions Inspir.

Dominique Baudoux, *L'Aromathérapie : se soigner par les huiles essentielles*, éditions Amyris.

Rachel Strauss et Céline Petit, *Ma maison au naturel : l'entretien*, Rustica, 2009.

Lotta Jansdotter et Meiko Arquillos, *Couture facile*, Les Cahiers Marabout, 2009.

Céline Dupuy, Emmanuelle Javelle, Stéphanie Hure et Anne Bullat-Piscaglia, *De filles en aiguilles*, Marabout, 2006.

Michel Droulhiole, *Hop ! c'est propre*, Leduc Éditions, 2008.

Astrid Le Provost, *Intemporel pour les bébés : modèles et patrons de 0 à 3 ans*, Flammarion, 2007.

Astrid Le Provost, *Intemporel pour les enfants : modèles et patrons de 2 à 8 ans*, Flammarion, 2008.

Claire Mazoyer et Béatrice Carrot, *Je suis débordé(e) à la maison !*, Éditions Les Carnets de l'Info, 2008.

Dominique Loreau, *L'Art de la simplicité*, Marabout, 2007.

Claire Mazoyer et Laure Manver, *L'Entretien du linge*, Wolters Kluwer France, 2009.

Raffa, *Le Grand Ménage : mes recettes pour une maison propre naturellement*, éditions Soliflor, 2009.

Collectif, *Le Savoir-vivre d'aujourd'hui*, Larousse 2003.

Yves Camdeborde, Thierry Faucher, Thierry Breton, Rodolphe Paquin et Sylvia Gabet, *Qu'est-ce qu'on mange ce soir ? 130 menus faciles et rapides à préparer à l'avance*, Minerva, 2003.

Stéphanie Donaldson, *Secrets d'antan à la maison*, éditions Soline, 2001.

Jacques Gandouin, *Guide du protocole et des usages*, Le Livre de poche, 1993.

« Webographie »

- Site de téléchargement des fiches techniques du livre : www.lescarnetsdelinfo.com
- Location de matériel d'entretien : www.kiloutou.fr
- Jeu pour découvrir les astuces du nettoyage à la maison : www.astruc.net
- Modules de rangement : www.happyspace.fr
- Débarras d'objets : www.recupe.net.fr, www.emmaus-france.org et www.ebay.fr
- Brocantes et vide-greniers : www.vide-greniers.org

- Étiquettes thermocollantes : www.A-qui-s.fr

- Site d'information sur l'eau : www.C.I.Eau.com

- Site d'information sur les noix de lavage : www.noix-de-lavage.be

- Site du Programme national Nutrition et Santé : www.mangerbouger.fr

- Préparation des menus et recettes : www.marmiton.org, www.Koocook.com

- Site du Centre d'information de la viande : www.civ-viande.org

- Études comparatives des appareils ménagers, Union des consommateurs : www.quechoisir.org

- Organismes de contrôle des installations électriques : www.consuel.com et www.promotelec.com

- Bagages accompagnés : www.voyages-sncf.com/solutions-bagages

- Idées pour recevoir : www.maboiteadiners.com

- Conseils en vin : www.PlatsNetVins.com et www.lena-bradford.com

Glossaire

Vous trouverez ici la signification des mots suivis d'un astérisque employés tout au long de ce livre.

Abrasif : agit par frottement sur une tache. Soit sous forme de gel, ou de poudre, soit comme tampon ou éponge grattante.

Alèse : housse de protection des matelas en coton, parfois imperméabilisée.

Antiseptique : produit désinfectant utilisé sur un milieu vivant, comme la peau.

Antibactérien : produit désinfectant utilisé sur une surface inerte : un plan de travail, un sol...

Boulocher : la laine forme de petites boules à la surface des pulls, surtout sur les zones de frottement : manches, devant du pull.

Chambré : un vin chambré est un vin à la température de la pièce dans laquelle il va être servi : pour atteindre cette température, laisser votre bouteille dans cette pièce la veille du repas.

Crêpe : c'est une matière plastique, un peu gaufrée, dont on fait des brosses pour nettoyer le nubuck, le daim ou la peau retournée.
C'est aussi un mode de tissage.

Damassé : tissu qui présente des dessins dans le tissage.

Date de péremption : deux sigles sont utilisés.
DLC = date limite de consommation : ce sigle concerne les produits frais. La qualité du produit est garantie jusqu'à la date indiquée sur l'emballage ; il peut encore être consommé dans les deux jours qui suivent, mais le fabricant n'engage plus sa responsabilité.

DLUO = date limite d'utilisation optimale : ce sigle est apposé sur les conserves.
Il y a moins de risques à consommer ce produit si la date est dépassée de quelques jours, voire d'une à deux semaines, mais la qualité peut s'en ressentir.

Décolorer : perdre sa couleur au fil des lavages.

Déteindre : le tissu « crache » sa teinture dans l'eau de lavage. Il faut faire attention surtout aux premiers lavages.

Détergence : pouvoir d'un produit à éliminer la saleté ou les impuretés.

Eau dure : c'est une eau qui contient beaucoup de sels calcaires, qui se déposent sur les résistances des appareils, sur le linge, sur les surfaces sanitaires...

Encolure : partie du col du vêtement. (Par exemple, encolure en V, pour un pull.)

Feutrer : à la suite d'un lavage inadéquat, la laine prend l'aspect du feutre : elle devient épaisse et raide.

« Lettre de château » : lettre que l'on écrivait autrefois pour remercier quelqu'un qui vous avait reçu pour un séjour de quelques jours. Il était de bon ton de l'envoyer assez rapidement après ce séjour.

Lustrer : on dit qu'un tissu foncé lustre lorsqu'il devient brillant soit à cause de l'usure, soit à cause de la chaleur directe du fer sur le tissu.
Le deuxième sens du mot « lustrer » est « faire briller » (chaussures, meuble ciré...).

Microfibre : c'est une fibre très fine de polyamide, polyester ou autres matières synthétiques.
Sa finesse et sa structure lui confèrent douceur, légèreté et un grand pouvoir absorbant (à sec ou mouillée).
Selon le tissage des microfibres, on peut l'utiliser pour différents emplois : carrés d'essuyage, mouilleurs de vitres, serpillières...
Très résistante à l'usure, elle dure très longtemps.
Elle se lave en machine à température élevée, ce qui assure une bonne décontamination du chiffon.

Nid d'abeille : mode de tissage du coton, en forme d'alvéole. Surtout utilisé pour les serviettes de toilette.

Non-tissé : tissu composé de fibres textiles irrégulières, agglomérées (ni tissées, ni tricotées).

Pattemouille : c'est un tissu blanc, fin, que l'on humidifie et que l'on pose entre le tissu et le fer, pour éviter d'abîmer les tissus fragiles ou éviter qu'ils ne « lustrent».

Rétro-planning : façon de planifier une action en fonction d'une date « butoir » : partant de cette échéance, on fixe des actions à faire, jusqu'à la date d'aujourd'hui.

VMC : ventilation mécanique contrôlée : système d'aération et de renouvellement de l'air grâce à des ventilateurs électriques.

Index

Remerciements

Merci à Laurence, pour ses conseils précieux et pertinents.

Merci à Franck, pour son soutien et sa disponibilité.

Merci à Sylvine, Claire, Aurore, Laurence, Anne-Françoise, Odile et Caroline, pour leur aide.

Merci à mes amis du lundi et du vendredi, pour leur soutien.

3, rue Française, 75001 Paris

Diffusion : Volumen
Mise en pages : Clémentine Hède
Imprimé en France
Imprimerie France Quercy-Mercuès

ISBN 978-2-9166-2877-6
Dépôt légal : juin 2010